Gedichte und kritische Informationen
zu Bibel, Kirche und Glauben
reimbibel.de

Wolfgang Klosterhalfen
Das Beste aus Klosterhalfens kleiner Reimbibel
Eine poetische Kurzfassung und Kritik
des wichtigsten Buchs der Welt
BoD, 2024, 104 Seiten, 6.66 €
reimbibel.de/db

Wolfgang Klosterhalfen
Klosterhalfens kleine Reimbibel
Das Alte Testament
Eine poetische Darstellung und Kritik
BoD, 2024, 98 Seiten, 6.66 €
reimbibel.de/at

Wolfgang Klosterhalfen
Klosterhalfens kleine Reimbibel
Das Neue Testament
Eine poetische Darstellung und Kritik
BoD, 2024, 88 Seiten, 6.66 €
reimbibel.de/nt

Wolfgang Klosterhalfen

Klosterhalfens kleine Reimbibel

Eine poetische Darstellung und Kritik des wichtigsten Buchs der Welt

AD MINOREM ECCLESIARUM GLORIAM

Cranachs Bild hat ein Problem:
Adam schuf der Herr aus Lehm.
Adam hatte keinen Nabel.
Nabel gab´s ab Kain und Abel.

Siehe dazu aber: Wikipedia Evolution sowie Big Family, Alibri, 2022.

Adam und Eva im Paradies (Sündenfall)
Lucas Cranach d.Ä., 1531
bpk / Gemäldegalerie, SMB
Jörg P. Anders / Jörg P. Anders

Cranachs Bild gefällt nicht allen,
ist im Handel durchgefallen.
Wegen Evas nackter Brüste
schrieb man mir aus Norderstedt,

dass man nun Bedenken hätt,
folglich ich was ändern müsste.
Denn der Amazon-Versand
Eva zu erotisch fand.

Also kam es zur Zensur:
Eva jetzt mit Balken nur.
Näheres hier: reimbibel.de/amazon

Juli 2024
© Wolfgang Klosterhalfen
ISBN: 9783738619577
Texteditor: Scribus 1.5.8
Herstellung und Verlag:
BoD – Books on Demand,
Norderstedt

Vorwort

Seit Jahrtausenden werden auf unserer Erde tausende von Göttern verehrt. Bei aller Verschiedenheit ist diesen Göttern gemeinsam, dass sie sich verborgen halten und Zweifel an ihrer Existenz nicht ausräumen können oder nicht ausräumen wollen. Sehr viele Anhänger haben zwei monotheistische und miteinander verwandte Religionen:
das Christentum und der Islam. Beide Glaubenslehren wurden nicht nur durch das Wort, sondern auch mit dem Schwert verbreitet. Basis des christlichen Glaubens ist die Bibel, eine Sammlung von Schriften meist unbekannter Autoren der Antike. Die Bibel ist wegen ihrer extrem starken Wirkungen auf den Lauf der Geschichte und auf das Leben von Milliarden von Menschen das wichtigste Buch der Welt. Sie enthält großartige Literatur, sie predigt die Nächstenliebe, sie spendet Trost, aber sie stiftet auch an zu Intoleranz, Unterdrückung, Hass und Gewalt. Kriege wurden immer wieder durch religiöse Führer angefangen oder unterstützt.
Derzeit leiden zig Millionen Menschen unter Putin und dem Chef der russisch-orthodoxen Kirche, Patriarch Kyrill I., die eine Wiederherstellung des „heiligen Rus" anstreben, zu dem sie Russland, Weißrussland und die Ukraine zählen.

Viele Christen behaupten, die Bibel sei die unverzichtbare Basis moralischen Verhaltens, denn ohne Gott sei alles erlaubt. Trotz ihrer großen Bedeutung lesen aber hierzulande nur 4% der Bevölkerung häufig in der Bibel:
reimbibel.de/statistik.htm.
Für aufgeklärte oder nie religiös indoktrinierte Menschen ist die Bibel aber nicht heilig, sondern von Menschen geschriebenes und zusammengestelltes Reden über Gott und die Welt.
Die Bibel ist schlecht editiert und im Grunde blasphemisch. Sie stellt Gott im Alten Testament nicht als einen Gott der Liebe, sondern als einen besonders jähzornigen und gewaltbereiteten Psychopathen dar, der immer wieder in seiner krankhaften Eifersucht Verehrung befiehlt, droht, mordet und morden lässt.

Ein großer Teil der Heil´gen Schrift
ist voller Wut und Zorn und Gift.
Zwar hat sie auch paar gute Stellen,
doch mehr gibt´s von den kriminellen.
Die Bibel ist ein böses Buch,
der Menschheit wurde sie zum Fluch.

Mit meiner Reimbibel möchte ich auf unterhaltsame Weise über wichtige Inhalte und Probleme der Bibel und des Glaubens informieren und auf die Notwendigkeit einer klaren Trennung von Kirche und Staat hinweisen. Vor allem sollten die Schulen religiöse, politische und ethische Fragen mit allen Kindern gemeinsam besprechen. Schüler und Schülerinnen sollten nicht einer religiösen Gehirnwäsche unterzogen und darin bestärkt werden, nicht nachprüfbaren Unsinn zu glauben, der von staatlich bezahlten Religionslehrern und Religionslehrerinnen auch heute noch gebetsmühlenartig vorgetragen wird.
Intensiv gläubigen Juden, Christen und Muslimen werden meine Gedichte und Texte vermutlich nicht gefallen. Vielleicht helfen sie aber schon weitgehend vom Glauben abgefallenen Menschen, religiösen Restalkohol und damit einhergehende Angst und Schuldgefühle abzubauen.

Wolfgang Klosterhalfen, Düsseldorf
Juli 2024, wk@reimbibel.de

GENESIS (DAS 1. BUCH MOSE)
Gott erschafft Himmel und Erde 15
Gott erschafft Adam, den Garten Eden und Eva 16
Sündenfall und Vertreibung aus dem Paradies 16
Denksport für Freiwillige 18
Das göttliche Kainsmal 19
Hat Kain seine Schwester geschwängert? 19
Adam wird 930 Jahre alt 19
Gott ertränkt fast alle Menschen und Tiere 19
Der Noah-Bund 20
Die babylonische Sprachverwirrung 20
Abraham soll ins Land der Kanaaniter ziehen 20
Gott straft den von Abraham getäuschten Pharao 21
Der Abraham-Bund 21
Die Prophezeiung der ägyptischen Gefangenschaft 21
Beschneidung der Vorhaut als Bundeszeichen 21
Die Vernichtung von Sodom und Gomorrha 21
Lot bietet den Männern von Sodom seine Töchter an 22
Lots Frau erstarrt zur Salzsäule 22
Lots Töchter lassen sich von ihrem Vater schwängern 22
Abraham schickt Mutter und Sohn in die Wüste 22
Abrahams blinder Gehorsam 22
Jakob überlistet seinen sterbenden Vater 22
Gott verspricht Jakob Land und Volk 23
Laban beutet Jakob aus 23
Gott renkt Jakob die Hüfte aus 23
Jakobs Söhne morden, rauben und verschleppen 24
Josef in Ägypten 24
Onan und Thamar tricksen 25
Jakob segnet seine Söhne 26

EXODUS (DAS 2. BUCH MOSE)
Die Hebammen weigern sich, Knaben zu töten 26
Mose erschlägt einen Ägypter 26
Gott offenbart sich dem Mose 26
Zippora macht Mose zu ihrem Blutbräutigam 27
Ägypten wird von zehn Plagen heimgesucht 27
Der Auszug aus Ägypten 28
Gott ertränkt das Heer der Ägypter im Meer 28
Mose besiegt die Amalekiter 28
Die Zehn Gebote 28
Regeln zum Schutz von hebräischen Sklaven 29
Strafen bei Körperverletzungen und Tötungen 29
Sozialethische Richtlinien 30
Hexen sind umzubringen 30
Mose soll drei Völker vertreiben 30
Die Bundeslade 30
Mose zerstört das goldene Kalb 31
Gott lässt aus Eifersucht 3.000 Menschen töten 31

LEVITIKUS (DAS 3. BUCH MOSE)
Vorschriften für die Darbringung von Tieropfern 31
Gott spuckt tödliches Feuer 32
Das Verbot, unreine Tiere zu essen 32
Gott hält Hasen für Wiederkäuer 33
Gottes lächerliche Leprabehandlung 33
Wer nicht opfert oder Blut isst wird ausgerottet 33
Todesstrafe für Missachtung einer Opfervorschrift 33
Todesstrafe für Ehebrecher und Homosexuelle 33
Gebrechlichen wird verboten, Opfer zu bringen 34
Alle sollen sich am Versöhnungstag kasteien 34
Die Steinigung eines Gotteslästerers 34
Regeln für die Lohnarbeit von verarmten Brüdern 34
Regeln für Menschenhandel und Sklaverei 34
Gott droht abscheuliche Strafen an 34

NUMERI (DAS 4. BUCH MOSE)
Der göttliche Dreck-Weihwasser-Ehebruch-Test 35
Gott erscheint als Wolke und als Feuer 35
Wachteln vom Himmel und eine große Plage 35
Die Meisten dürfen nicht ins Gelobte Land 35
Die Steinigung eines Holzsammlers 35
250 Aufrührer und deren Familien fahren zur Hölle 35
Priester und Leviten lassen sich vom Volk ernähren 36
Das Kuhasche-Reinigungswasser-Ritual 36
Gott ermordet Hungernde durch Giftschlangen 36
Moses Zauberstab 36
Die Tötung von 24.000 Israeliten 36
Gott möchte bei Neumond sniffen 36
Mose lässt morden, vergewaltigen, entführen und rauben 37
Was geschah mit den 32.000 geraubten Jungfrauen? 37

DEUTERONOMIUM (DAS 5. BUCH MOSE)
Gott lässt das gesamte Volk von Sihon ermorden 37
Mose ruft zur Indoktrination von Kindern auf 37
Was die Israeliten beim Genozid beachten sollen 37
Auch ein Gott braucht Liebe 38
Völkervertreibung und Altarschändung 38
Der göttliche Überwachungsstaat 38
Instruktionen zu Mord, Raub und Zerstörung 38
Die Töchter der Feinde dürfen vergewaltigt werden 38
Widerspenstige Söhne sind zu steinigen 39
Steinigung bei vorehelichem Verkehr von Frauen 38
Kinder und Enkel von Huren sollen ausgeschlossen werden 39
Scheidungsrecht zugunsten des Mannes 39
Gott droht mit fürchterlichen Plagen 39
Mose darf nicht ins gelobte Land 40
Über die Bücher Mose 40

JOSUA
Die Überquerung des Jordans 41
Die Mauern von Jericho werden demoliert 41
Josua lässt Achan und dessen Kinder steinigen 41
Josua lässt alle Einwohner von Ai umbringen 41
Die Israeliten vernichten 31 Königreiche 41
Der Landtag von Sichem 42

DAS BUCH DER RICHTER
Die Judäer erobern Siedlungsgebiete 42
Sebulon kassiert Zinsen 42
Gott straft, hilft, straft und hilft Israel 42
Debora eint verschiedene israelitische Stämme 43
Jael tötet den Heerführer Sisera mit einem Nagel 43
Gideon prüft die Glaubwürdigkeit Gottes 43
300 Wasserlecker vernichten 120.000 Männer 44
Jothams Fabel vom Dornbusch 44
Gott verkauft erneut die Israeliten als Sklaven 44
Jephthah opfert Gott seine Tochter 44
Simson: Supermann und Selbstmord-Attentäter 45
Eine untreue Ehefrau wird vergewaltigt und zerstückt............................. 45
Gott ergreift Partei im Bürgerkrieg 46
Die Benjamiter nehmen sich die Töchter der Feinde 46

ÜBER DAS BUCH RUTH 46

1. BUCH SAMUEL
Hanna lobt den Herrn und bekommt sechs Kinder 46
Gott kündigt einen Doppelmord an 46
Gott erschlägt 50.000 Menschen 47
Der Prophet Samuel warnt vor der Monarchie 47
Vernichtung der Amalekiter und Entmachtung Sauls 47
David und Goliath 47
David erbeutet 200 Vorhäute von Feinden 47
David liebt einen Mann 47
David läuft zu den Philistern über 48

2. BUCH SAMUEL
David lässt einen Jüngling ermorden 48
David wird König und Staatsgründer 48
Jerusalem wird Zentrum des Reiches 48
Gott erschlägt Usa im Zorn 48
David lässt Gefangene ermorden 48
Gott tötet das Kind von König David und Bathseba 49
Massenmord oder Zwangsarbeit? 49
Davids Sohn Amnon vergewaltigt seine Schwester 49
Absaloms Aufstand gegen König David 49
Davids Neffe Joab ermordet Absalom 50
Davids Neffe Joab ermordet Amasa 50
David liefert zwei Söhne und fünf Enkel Sauls als Opfer für Gott aus 50
Davids Dankgebet 50

1. BUCH VON DEN KÖNIGEN
König Salomo lässt seinen Bruder Adonia ermorden 50
Das salomonische Urteil 51
König Salomos heidnischer Harem 51
König Jerobeam: Frevel und Strafankündigung 51
Gott will sich an König Baseas Kindern rächen 51
Elia schlachtet die falschen Propheten 51

2. BUCH VON DEN KÖNIGEN
Elia tötet einen Hauptmann mit Feuer vom Himmel 52
Elisa verflucht 42 junge Burschen 52
Elisa zaubert und bewirtet seine Feinde 52
Gott täuscht und vertreibt die Aramäer 52
Die Tötung und Schändung von Joram und Isebel 52
Jehu lässt 70 Söhne sowie Propheten des Baal töten 52
Die Israeliten werden nach Assyrien verschleppt 53
Ein Engel ermordet 185.000 assyrische Soldaten 53
Gott kündigt eine weitere Volksvertreibung an 53
Die Bestrafung des Königreichs Juda 53

2. BUCH DER CHRONIKEN
König Ahas wird bestraft 54
König Hiskias Opfergaben 54
Gott straft König Manasse 54
Grund und Dauer der babylonischen Gefangenschaft 54

ESRA
Gott ist ausländerfeindlich 54

ESTHER
Die Juden vernichten 75.000 Menschen 55

HIOB
Gott und der Satan plagen Hiob 55
Das Theodizee-Problem 57

AUS DEN PSALMEN 58

SPRICHWÖRTER (SPRÜCHE SALOMOS) 59

KOHELET (DER PREDIGER SALOMO)
Alles ist eitel 60
Alles hat seine Zeit 60
Wir Menschen sind auch nur Tiere 61
Glücklich die Toten, elend die Armen 61
Unrecht, nutzloser Reichtum und Glück 61
Kohelet warnt vor den Frauen 61
Kohelet rät, das Leben zu genießen 61
Einsicht 61

DAS HOHELIED 62

JESAJA
Die Untreue des Volkes 63
Das Gericht über Jerusalem 63
Schwerter zu Pflugscharen 63
Gott will den Frauen ihren Schmuck und ihre Männer nehmen 63
Die Ankündigung der Vernichtung Assurs 64
Die Ankündigung des messianischen Reiches 64
Die Ankündigung der Vernichtung Babels 64
Die betrunkenen Priester 64
Die Prophezeiung des Gerichts über Edom 64
Die Verheißung des messianischen Heils 64
Gott erschafft das Übel und den Frieden 65
Das vierte Lied vom Gottesknecht 65
Gott verheißt den Gerechten Lohn 65
Schweinefleischessern drohen furchtbare Strafen 65

JEREMIA
Gott kündigt Götzendienern furchtbare Strafen an 65

AUS DEN KLAGELIEDERN JEREMIAS 66

HESEKIEL
Hesekiels Vision und Berufung 66
Gott kündigt eine Hungersnot an 67
Väter werden ihre Kinder und Kinder ihre Väter essen 67
Strafandrohung gegen Land und Volk 67
Gott kündigt an, Kinder und Frauen töten zu lassen 67
Drohung gegen das untreue Jerusalem 67
Das Ende der Sippenhaft 68
Gott schärft und poliert sein Schwert 68
Das Gleichnis von den unzüchtigen Schwestern 68
Die untreuen Hirten 68
Der gute Hirte 68
Gott füttert Vögel und Feldtiere mit Heiden 68

DANIEL
Daniel wird Berater des Königs von Babylon 68
Daniel deutet einen Traum des Königs 69
Daniels Freunde im Feuerofen 69
Daniel deutet den Traum vom gefällten Baum 69
Das Menetekel an der Wand des Palastes 69
Daniel in der Löwengrube 69

HOSEA
Das Gericht über die Priester 70
Gott als Motte und Made 70
Gott will Feuer in Judas Städte schicken 70
Gott will Kinder zerschmettern 70

JOEL
Die Ankündigung von Frieden und guten Ernten 70
Gott kündigt einen schrecklichen Wutanfall an 70
Macht Pflugscharen zu Schwertern! 70

AMOS
Das Gericht über die Völker 70
Amos kündigt Erniedrigung, Mord und Vertreibung an 70

JONA
Bestrafung und Errettung des Propheten Jona 71

MICHA
Micha droht dem Volk Israels 71

NAHUM
Das drohende Gericht über Ninive 72

HAGGAI
Das Volk soll Gott einen neuen Tempel bauen 72

SACHARJA
Gott kündigt Grauenvolles an 72

MALEACHI
Gott droht, mit Kot zu werfen 72
Gott kündigt an, die Gottlosen zu verbrennen 72

Aus dem Neuen Testament

DIE ECHTEN BRIEFE DES PAULUS
An die Römer 73
Homo-Sex 74
An die Korinther (I) 77
An die Korinther (II) 80
Jesu Quasisuizid 80
An die Galater 82
An die Philipper 82
An die Thessalonicher (I) 83
An Titus 83
An Philemon 84

DIE EVANGELIEN DER SYNOPTIKER (MARKUS, MATTHÄUS, LUKAS)

Die angebliche Volkszählung unter Augustus 84
Abstammung und Zeugung 84
Der Jungfrauensohn 85
Das Krippenkind 87
Die Sterndeuter 87
Die Flucht nach Ägypten 87
Die Beschneidung der Vorhaut 87
Der zwölfjährige Jesus im Tempel 88
Johannes der Täufer 88
Versuchungsgeschichten 88
Die „Bergpredigt" („Feldrede") 89
Die Frauen 94
Heilung von Kranken, Scheintoten und Toten 96
Teufelsaustreibungen 95
Weitere Wundertaten Jesu 96
Jesus spricht zu seinen Jüngern 96
Jesu Jünger Simon alias Petrus der „Kirchen-Fels" 98
Judas Ischkariot, Rebell und „Verräter" 99
Jesus spricht zu den Pharisäern 99
Jesu Taufe und die Kindersegnung ohne Taufe 100
Jesu Höllenpredigten 101
Der Papst 102
Der Reiche in der Hölle 102
Das Himmelreich 103
Gerichtspredigten 103
Das Passahmahl 105
Oblatenzauber 105
Im Garten Gethsemane 106
Jesu Verurteilung und die Frage der Schuld 106
Die Kreuzigung 107
Der Betrug der Hohepriester 108
Das leere Grab 108
Die Auferstehung 109
Jesus erscheint seinen Anhänger/inne/n 109
Der angebliche Missionsbefehl 109
Jesu Himmelfahrt 109

DAS EVANGELIUM DES JOHANNES

Johannes der Täufer begegnet Jesus 110
Die Wandlung von Wasser in Wein 110
Der Gottessohn bringt das ewige Leben 111
Jesus und die Frau am Brunnen 111
Der vom himmlischen Vater beauftragte Sohn 111
Der werfe den ersten Stein 112
Jesu Selbstzeugnis 114
Die wundersame Wiederbelebung des Lazarus 115
Judas als Teufel und Dieb 113
Jesu letzte Worte an seine Jünger 113
Der ungläubige Thomas 115

DIE APOSTELGESCHICHTE
Aus dem Vorwort 115
Die Ausgießung des Heiligen Geistes 115
Petrus heilt einen Lahmen 116
Die „Unterschlagung" des Ananias 116
Die Bekehrung des Saulus 116
Die Vision des Petrus 117
Das Ende des Herodes 117
Die 1. Missionsreise des Paulus 117
Das „Apostelkonzil" in Jerusalem 118
Die 2. und 3. Missionsreise des Paulus 118
Paulus´ Verhaftung und Gefangenschaft 119
Paulus überlebt Schiffbruch und Schlangenbiss 119
Paulus in Rom 120

PSEUDOPAULINISCHE UND WEITERE BRIEFE
„Paulus" an die Epheser 120
„Paulus" an die Kolosser 120
„Paulus" an Timotheus (I und II) 121
Böse Priester 122
Aus den Briefen des „Petrus" (I und II) 122
Aus dem Brief des „Johannes" (II) 124
Aus dem Brief des „Johannes" (III) 125
An die Hebräer 125
Prügelchristen 127
Der Brief des „Jakobus" 127

DIE OFFENBARUNG DES JOHANNES 128

ANHANG
Liebe in der Bibel 135
Die Briefe des Wolfgang an den „lieben" Gott 141
Die Briefe des Wolfgang an die Christen 142
Aus der Kriminalgeschichte des Christentums 143
Antiklerikale Zitate 145
Christi Höllenfahrt 153
Kirchenkritiker/innen in der BRD 154
Interview mit dem Autor der Reimbibel 159
Halt und Orientierung durch die Bibel? 163
Kritik am staatlich organisierten und finanzierten Religionsunterricht ... 164
Schluss mit der religiösen Indoktrination an Schulen 172
Was glauben die Deutschen noch? 172
Ethikunterricht 172
Reimbibeln für Schüler und Schülerinnen 173
Die Briefe des René an Max Hofer 173
Josephs Legenden 174
Kirchenkritische Plakate 175
§ 166 StGB 176

Reaktionen auf die Reimbibel 176
Religionskritik 177
Bibel oder Koran? 177
Staatsleistungen 178
Staatliche Mitfinanzierung von Kirchentagen 178
Zum Streit um die professionelle Suizidhilfe 179
Schlusswort 180

Aus den Alten Testament

Das erste „Testament" umfasst drei Viertel der Bibel und wird von den Christen als das „Alte Testament" bezeichnet. Es entspricht weitgehend dem jüdischen Tanach. Auswahl und Anordnung der Schriften wurden bis zum Jahr 350 festgelegt. Die Texte sind nicht streng chronogisch geordnet.

Die fünf Bücher Mose (Pentateuch) bezeichnen die Juden als Thora. Der jahwistische Teil der Thora (Gott wird Jahwe genannt) wurde um 900 vChr niedergeschrieben. Der elohistische Teil (Gott wird Elohim genannt) wurde um 720 vChr verfasst. Die Priesterschrift entstand um 550 vChr im Babylonischen Exil. Ein „Redaktor" hat später mündlich und schriftlich Tradiertes zusammengestellt.

Genesis (Das 1. Buch Mose)
Gott erschafft Himmel und Erde
(Genesis, Kap. 1 und 2)

*Am Anfang war Gott ganz allein
und sah wohl nicht viel Sinn im Sein.
Ganz langsam nur verging die Zeit
von Ewigkeit zu Ewigkeit.*

*Da kam Gott plötzlich die Idee
(soweit ich das als Mensch versteh):
Ich mache mir jetzt eine Welt,
die mir als Schöpfer gut gefällt.*

*Wie Gott das machte, weiß man nicht,
wenn man von seiner Schöpfung spricht.
Für Christen ist jedoch ganz klar:
Der Herr ist groß und wunderbar.*

Gott schuf den Himmel, dann die Erde,
dass sie des Herren Bühne werde.
Die Erde war noch wüst und leer
und ganz bedeckt vom großen Meer.

Sein Geist beliebte, dort zu schweben,
ansonsten regte sich kein Leben.
Da sprach der Herr *(das ist kein Jux)*:
„Es werde Licht nun: Fiat lux!"

Nachdem er so das Licht gemacht,
schied Gott vom Tag die finst´re Nacht.
Dann spannte er das Himmelszelt
hochoben über unsre Welt.

Die Erde trennte er vom Wasser,
erschuf so Land und Meer, so dass er
als Nächstes Pflanzen pflanzen konnte,
die dann das Licht zunächst besonnte.

Viel Grünes, Bäume, Früchte, Samen
danach dann an die Reihe kamen.
Er setzte Sonne, Mond und Sterne
ans Himmelszelt in weiter Ferne.

*Der Herr war sehr erfinderisch,
schuf Schlangen, Vögel, Vieh und Fisch.
Die Tiere waren sehr verschieden,
und Gott der Herr war sehr zufrieden.*

*Besonders gut dem Herrn gerieten
Bakterien, Viren, Parasiten.
Auch hat er damals nicht vergessen:
die Starken, die die Schwachen fressen.*

Den Menschen schuf er sich zum Bild,
was manchem Christ bis heute gilt.
Man merke sich dabei genau:
Gott schuf den Mensch als Mann und Frau.

*Bisweilen hört man diesen Spott:
Der Mensch erschuf sich diesen Gott,
und wenn die Menschen Pferde wären,
dann würden sie ein Pferd verehren.*

*Der Babylonier Himmelskult
war an den Himmelsleuchten schuld.
Die Sonne wie auch die Planeten
war'n göttlich und drum anzubeten.*

*Man ehrte sie an sieben Tagen,
vermied so Zorn und böse Plagen.
Die Priester machten nun Laternen
aus all den schönen Göttersternen.*

*Gottlos war der Sternenhimmel,
Schluss war mit dem Gottgewimmel.
Doch in unsern Wochentagen
klingen nach die Göttersagen.*

Die beiden großen Kirchen erkennen an, dass sich das Leben auf der Erde durch Evolution entwickelt hat. Von Kreationisten wird dies bestritten. 2019 glaubten noch vierzig Prozent der Erwachsenen in den USA, dass Gott innerhalb der letzten ca. 10.000 Jahre den Menschen in genau seiner heutigen Form erschaffen hat.

Allein unsere Milchstraße hat etwa 250 Milliarden Sterne und eine Ausdehnung von 100.000 Lichtjahren. Im beobachtbaren Universum vermutet man etwa 1.000 Milliarden Galaxien, in unserer Galaxie mindestens 50 Milliarden Planeten.

*Am Anfang gab es einen Knall,
das sagt man heute überall.*   reimbibel.de/sterne

*Was davor war ist noch nicht klar.
Der kosmische Zusammenstoß
ist eine Hypothese bloß.
Was ich den Astronomen glaub:
Der Mensch entstand aus Sternenstaub.*

Gott erschafft Adam, den Garten Eden und Eva (Genesis, Kap. 2)

Zur Zeit als Gott die Erde machte,
er auch schon an die Pflanzen dachte.
Es gab bisher noch keinen Regen,
doch brachte Feuchtigkeit schon Segen.

Den Menschen formte Gott aus Erde,
Gott blies, dass er lebendig werde.
Aus einem feuchten Erdenkloß
entstand so Adam - nackt und bloß.

Der Herr erschuf dann einen Garten,
mit Bäumen, Früchten aller Arten.

*Das Paradies, von dem wir reden,
ist uns bekannt als Garten Eden.*

Er stellte den Erkenntnisbaum
zentral in diesen Lebensraum.
Es gab auch einen Lebensbaum,
doch diesen Baum erwähnt man kaum.

Die Bäume wuchsen nirgends besser,
denn Eden hatte vier Gewässer:
Es gab dort außer dem Pischon
den Tigris, Euphrat und Gihon.

Der Mensch, gesetzt in diesen Garten,
er musste nicht sehr lange warten,
bis Gott den Früchtebaum verbot:
„Wer davon isst, der ist bald tot."

Der Mensch gab allen Tieren Namen,
die zu ihm in den Garten kamen.
Da sprach der Herr: „Er ist allein,
so soll es nicht auf Dauer sein.

Nach all den andern schönen Sachen
will ich ihm eine Hilfe machen."
Er baute aus des Menschen Rippe
die Mutter unsrer Menschensippe.

Und als der Mensch die Frau dann sah,
da fühlte er sich ihr ganz nah:
„Ist Fleisch vom Fleisch und Bein vom Bein,
ich nenn sie Frau, sie ist nun mein."

Die Eltern lässt der Mann allein,
um mit der Frau ein Fleisch zu sein.

Die beiden Menschen waren nackt,
doch hat sie keine Scham gepackt.

Gott ruhte aus am siebten Tage,
*so steht es in der Schöpfungssage.
Und wer die Welt genau studiert,
merkt schnell, dass Gott sehr gern pausiert.*

*Die Bibel wird sehr unterschiedlich aufgefasst
und interpretiert:
- wortwörtlich als Wort Gottes,
- als von Gott inspirierte Berichte,
- als von Menschen ohne göttlichen Einfluss
  verfasste Schriften.*

Seit wenigen Jahrzehnten dominiert in der Theologie die historisch-kritische Methode. In Predigten, Texten und Reden des Kirchenpersonals und in der Rezeption durch normale Bürger scheint aber häufig immer noch ein wortwörtliches Verständnis durch.

In meiner Reimbibel möchte ich nicht nur die „Rosinen", sondern auch viele der verhängnisvollen Passagen des „Buchs der Bücher" in leicht lesbarer Weise wiedergeben und zu einer kritischen Auseinandersetzung mit der von vielen als heilig angesehenen Geschäftsgrundlage der beiden Kirchenkonzerne und ihrer Abspaltungen anregen.

„Kein Buch des Mose stammt von Mose, kein Psalm Davids von David, kein Spruch Salomos von Salomo, keine Vision Daniels von Daniel, die allerwenigsten Prophetenworte von den Propheten, unter deren Namen die Bücher überliefert sind. Es gab keinen Exodus aus Ägypten, keine Sinaioffenbarung und keine Übergabe der Zehn Gebote. Abraham, Isaak, Mose und Josua sind bloße Namen, Jericho wurde nie erobert."
Gerd Lüdemann: Altes Testament und Kirche. Springe 2006, S. 196.

Sündenfall und Vertreibung aus dem Paradies (frei nach Genesis, Kapitel 3)

*Naschverbot im Himmelsgarten?
Eher nicht was wir erwarten.*
Eva war es etwas bange,
doch dann sprach zu ihr die Schlange:

„Sterben wirst du dadurch nicht."
Weiter dann die Schlange spricht:
*„Diese Frucht ist wirklich heiß,
wissen wirst du, was Gott weiß."*

Eva aß, danach ihr Mann.
Adam sah sich Eva an.
*Dachte sich: „Mein Gott, wie böse,
Eva hat ja eine Möse."*

Adam zierte Sack und Glied.
Eva sah den Unterschied.
Machten sich ne Feigenhose.
(Diagnose: Sexneurose.)

Haben sich dann schnell versteckt,
dass der Herr sie nicht entdeckt.
*Doch im Fall des Sündenfalles
checkte Jahwe sofort alles:*

„Sag mir, Adam, wo du bist!
*Warum hast du dich verpisst?"
(Logisch ist die Frage Mist,
weil der Herr allwissend ist.)*

Adam drauf: „Ich bin ganz nackt,
darum hat mich Furcht gepackt."
„Wer hat dir das denn gesagt?",
hat der Herr zurückgefragt.

„Hast du von dem Baum genommen,
soll mein Zorn dich überkommen!"
*„Herr, verschone meinen Leib,
diese Frucht gab mir das Weib."*

Jahwe sprach drum Eva an:
„Warum hast du das getan?"
Eva sprach: „Ich ward betrogen,
denn die Schlange hat gelogen."

Jahwe sprach direktemange
diese Worte zu der Schlange:
„Weil du Böses hast getan,
fresse Erde nun fortan.

Menschen sollst du giftig stechen,
strafen sie für ihr Verbrechen."
Und zu Eva sprach er dann:
„Dein Verlangen sei der Mann.

Schwanger werde und beim Kreißen
soll es dir den Leib zerreißen."
Und zu Adam sprach er schließlich:
„Deine Tat stimmt mich verdrießlich.

Folgtest deines Weibes Rat,
strafen will ich deine Tat.
Ich verfluche deinen Acker,
also gehe hin und racker

dich auf deinen Feldern ab,
bis zu Staub du wirst im Grab."
*Jahwe wurde richtig fies:
„Raus aus meinem Paradies!"*

*Fortan war die Sünde erblich,
und die Menschen wurden sterblich.
Unerfüllter Menschheitstraum
blieb die Frucht von Lebensbaum.*

*Denn den Baum des Lebens
sucht man nun vergebens.*
Zwei Cherubim mit Flammenschwert
verhindern, dass zurück man kehrt.

Trotz des Herren strenger Mahnung:
beide hatten keine Ahnung.
Wussten nicht, was bös und gut,
was man lässt, und was man tut.

*Wegen einer Schlangenlist
wurde Gott zum Exorzist.
Und so weiß heut jeder Christ,
dass der Herrgott reizbar ist.*

*Theologen von Beruf
rätseln, wer das Böse schuf.*
Gott war´s nicht, so viel steht fest.
Der hasst Böses wie die Pest.

*Doch es bleiben arge Zweifel:
Wer zum Teufel schuf den Teufel?
de.wikipedia.org/wiki/Teufel*

*Ganz gewitzte Theologen
haben daher schon erwogen,
dass der böse Antichrist
Teil des lieben Gottes ist.*

*Denn aus Güte schuf Gott kaum
den verfluchten Früchtebaum
und der schwachen Menschen Sucht
nach dem Fleisch der süßen Frucht.*

In der lateinischen Übersetzung heißt es: Eritis sicut deus, scientes bonum et malum (Ihr werdet sein wie Gott und erkennt Gut und Böse). Dass die Früchte am Baum der Erkenntnis meist als Äpfel dargestellt werden, könnte daran liegen, dass „malum" sowohl „das Böse" wie auch „Apfel" bedeutet. Die christliche Lehre von der Erbsünde hat zwar in der heutigen Theologie einen schweren Stand, sie ist aber in der Bevölkerung populär und wird z.B. im Katechismus der Katholischen Kirche wie folgt dargestellt:

„Der Bericht vom Sündenfall [Gen. 3] verwendet eine bildhafte Sprache, beschreibt jedoch ein Urereignis, das zu Beginn der Geschichte des Menschen stattgefunden hat [Vgl. GS 13,1.]. Die Offenbarung gibt uns die Glaubensgewißheit, daß die ganze Menschheitsgeschichte durch die Ursünde gekennzeichnet ist, die unsere Stammeltern freiwillig begangen haben." (Nr. 390)

Das Christentum und die vielen anderen religiösen Unterdrückungs- und Ausbeutungssysteme sind die eigentliche Erbsünde, die Menschen immer noch auf nachfolgende Generationen übertragen. Die Methode, Menschen Schuldgefühle einzureden und ihnen dann vorzugaukeln, man könne sie vor einer ewigen göttlichen Bestrafung schützen, bringt den Kirchen seit vielen Jahrhunderten Geld und Macht. Pfui Teufel!

Ob Menschen überhaupt einen freien Willen haben, ist heftig umstritten. Während Katholiken und evangelikale Christen dies eher bejahen, ist es gemäß der Prädestinationslehre (Augustinus, Luther, Calvin) nur der Gnade Gottes zu verdanken, wenn ein Mensch gut ist. Zur christlichen Lehre von der Erbsünde, der individuellen Schuld, dem Opfertod Jesu und dem Jüngsten Gericht passt die Annahme eines freien Willens natürlich besser als eine Sicht, wie Schopenhauer sie vertreten hat:

„Du kannst tun was du willst: aber du kannst, in jedem gegebenen Augenblick deines Lebens, nur ein Bestimmtes wollen und schlechterdings nicht Anderes, als dieses Eine."
Arthur Schopenhauer: Preisschrift über die Freiheit des Willens (1839)

Menschen haben zwar oft das subjektive Gefühl, frei entscheiden zu können, was sie tun oder lassen, aber in Wirklichkeit haben die Gefühle, Gedanken und Verhaltensweisen von Menschen physikalisch, chemisch, biologisch, psychologisch und politisch-ökonomisch beschreibbare Ursachen. Man kann daher argumentieren, dass eine irdische oder göttliche Bestrafung eigentlich ungerecht ist. Es besteht jedoch aus praktischen Gründen Einigkeit darüber, dass Straftäter für ihre Taten zu bestrafen sind, soweit nicht eine offensichtliche Einschränkung der „Willensfreiheit" dem entgegen steht. Eigenartigerweise erwarten auch Richter, die an eine Freiheit des Willens glauben, dass sich eine Bestrafung positiv auf den angeblich freien Willen des Täters auswirkt.

Gemächlich fließt der Bach zu Tal,
er hat halt keine andre Wahl.
Er kann zwar unsern Durst gut stillen,
doch hat er keinen freien Willen.

Es scheint, wir handeln meistens frei
und treiben doch bergab dabei.
Der Bach, der Mensch, der Schweinehund:
sie haben immer einen Grund.

Denksport für Freiwillige
Denk drüber nach in aller Stille,
wovon er frei, der „freie" Wille.
Beliebt ist er in vielen Kreisen,
doch fehlt es bisher an Beweisen.

Nach Kant ist Knechtschaft selbst verschuldet,
wenn man aus Feigheit Knechtschaft duldet,
wenn viele nicht gern selber denken,
wenn Andere das Denken lenken.
(Kant, 1784: Was ist Aufklärung?. Kant sprach von Unmündigkeit, einer geistigen Knechtschaft.)

Doch Schuld kann ich hier nicht erkennen,
man sollte es Tragödie nennen.
Denn für die Feigheit kann man nicht.
Ich glaub, dass Kant hier Unsinn spricht.

Zwar bin ich nur ein kleines Licht
und stehe über Goethe nicht.
Trotzdem will ich ihn hierfür loben:
„Der ganze Strudel strebt nach oben;
Du glaubst, du schiebst und wirst geschoben."
(nach Faust 1, Mephisto, Walpurgisnacht)

Die Erzählung von Gott, Adam, Eva und der sprechenden Schlange ist eine böse Geschichte mit üblen Folgen für tatsächlich lebende Menschen. Die Sünde wird erblich, der Mensch wird sterblich. Böse sind die Schlange (sie symbolisiert den - von Gott erschaffenen - Teufel), die ungehorsamen ersten Menschen, anscheinend irgendwie auch deren Sexualorgane, und last not least der „liebe" Gott, dem anscheinend die Kontrolle über seine Schöpfung entglitten ist. Gedeutet wird dieses orientalische Märchen seit über 2000 Jahren vor allem von professionellen Gottverstehern. Wie es ihnen gerade gefällt. Wegen der noch nicht ganz vergessenen Nazizeit mit ihrer Sippenhaft spricht man zurzeit nicht so gern von der - für den christlichen Glauben zentralen - Erbsünde und der Einführung der Sippenhaft durch den „lieben" Gott, der erzürnt (und verwundert?) darüber war, dass der Mensch in die von Gott selbst aufgestellte Falle getappt ist und nun weiß, was gut und böse ist.

Das Gute - dieser Satz steht fest -
ist stets das Böse, das man lässt. (W. Busch)

Das göttliche Kainsmal (Genesis, Kap. 4)
Kain brachte Früchte, zu ehren den Herrn,
Pflanzenrauch hatte der aber nicht gern.
Abel dagegen war wirklich sehr nett,
opferte Gott einen Erstling und Fett.

Pflanzliche Opfer war'n Gott ziemlich schnuppe.
Kain, der das merkte, zog drum eine Fluppe.
Jahwe war sauer ob dieser Gebärde,
mahnte den Kain, dass er frommer bald werde.

Kain aber folgte nicht Gottes Gebot,
schlug seinen Bruder aus Eifersucht tot.
„Wo ist dein Bruder?", sprach Jahwe zu Kain.
„Weiß nicht, soll ich dessen Hüter denn sein?"

Gott aber sprach: „O, was hast du getan?
Blut deines Bruders, es schreit mich laut an.
Höre mir zu, denn ich muss mit dir reden:
Fluch sei auf dir, ich vertreib dich aus Eden.

Blut deines Bruders, es fiel auf den Acker,
rastlos den Acker nun fortan beracker.
Doch deine Arbeit soll dir nicht viel nützen,
nur vor Ermordung will ich dich beschützen.

Wenn nämlich einer dir Tödliches tut,
töte ich siebenfach Täter und Brut.
Wer dich nun sieht, der soll fort von dir weichen,
auf deine Stirn mache ich dir ein Zeichen."

Ermordung hier der Herr verhindert,
weil dies die Leidenszeit vermindert?

Hat Kain seine Schwester geschwängert? (Genesis, Kap. 4)
Ein Weib dem Kain ein Kind gebar.
Ob sie wohl seine Schwester war?
Doch wäre dies ein schlechter Start
für die Genome unsrer Art.

Denn nötig ist die Blutauffrischung
durch permanente Volksdurchmischung.
Doch bei solch mythischem Geschehen
soll man auf Logik nicht bestehen.

Adam wird 930 Jahre alt (Genesis, Kap. 5)
Damals starb man nicht so bald,
sondern wurde ziemlich alt.
Was den Bibelleser wundert:
Adam war schon über hundert,
als er weiter Kinder zeugte,
die sein altes Weib dann säugte.

Gott ertränkt fast alle Menschen und Tiere (frei nach Genesis, Kap. 6-8)
reimbibel.de/sintflut
Schließlich ward der Erderbauer
auf die ganze Menschheit sauer.
Denn der Mensch, den er erschafft,
war moralisch mangelhaft.

„Wegen eurer üblen Sünden
will ich euch nun dies verkünden:
Eure Bosheit ist sehr groß,
euer Trachten fleischlich bloß.

Warum hab ich euch gemacht?
So hab ich mir's nicht gedacht!
Darum will ich alle richten,
Mensch und Vieh und Wurm vernichten.

Also komme meine Plage,
regnen soll es vierzig Tage.
Noah, bau dir einen Kahn,
bald fängt es zu regnen an."

Noah musste fleißig bauen
für die Söhne, Vieh und Frauen.
Unter-, Mittel-, Oberdeck
baute er zu diesem Zweck.

Seine Arche hatte Gänge,
hundert Meter in der Länge.
Hunderttausend Käferarten
nahm er mit aus Gottes Garten.

Dazu Tauben, Tanreks, Tiger
und noch manches Tier vom Niger.
Biber, Bären, Beutelratten,
jeweils zwei, die sich begatten.

Anakondas, Antilopen,
Affen, Aras aus den Tropen.
Marder, Mäuse, Meisen, Möwen,
Lamas, Läuse, Luchse, Löwen.

Wie geraten nahm er Speise
mit auf seine lange Reise.
Dazu Futter für die Tiere,
Heu für Ziegen, Schafe, Stiere.

Denn der großen Sünden wegen
gab es vierzig Tage Regen.
Mensch und Tier versank im Meer,
da half keine Gegenwehr.

Alle sind im Meer ertrunken,
auf den Meeresgrund gesunken.
Nur des Noah Rettungsboot
half in dieser großen Not.

Endlich kam des Regens Ende
und die heiß ersehnte Wende.
Nach den vielen langen Tagen
konnten sie an Land sich wagen.

Auf dem Berge Ararat
*fand sodann ein Wunder statt.
Löwen liessen Lamas leben,
als sie aus der Arche kamen.*

*Tiger fraßen Gras mal eben,
Panther fraßen Erbsensamen.
Ob der Erdbewässerung
sprach der Herr von Besserung:*

„Meine Rache soll nun ruh'n,
will so was nie wieder tun."
*Was genau der Mensch verbrochen,
hat der Herr nicht ausgesprochen.
Statt dass sie den Herren priesen,
trieben Töchter es mit Riesen?*

*Sintflutmärchen gab es schon
lang davor in Babylon.
Es gibt viele Kongruenzen,
Mythen kennen keine Grenzen.*

*„Im Atrahasis-Epos (um 1800 vChr) warnt Gott Enki den Atrahasis vor einer Flut. Atrahasis und dessen Familie überleben in einer Arche. Im ebenfalls vorbiblischen Gilgamesch-Epos wird eine ähnliche Geschichte erzählt:
reimbibel.de/L6.htm.*

*Vermutlich liegen den Sintflut-Erzählungen reale Ereignisse zugrunde. Etwa 6000 vChr brach am Bosporus der natürliche Damm zwischen dem Mittelmeer und einem riesigen Binnensee, der 100 m tiefer lag als das heutige Schwarze Meer, und an den Rändern besiedelt war. Im Jahr 1628 vChr explodierte der Vulkan von Santorin und verursachte im östlichen Mittelmeer bis zu 60 m hohe Flutwellen.
Walter Beltz: Gott und die Götter.
Biblische Mythologie. Hamburg 2007*

Der Noah-Bund (Genesis, Kap. 9)
Und Gott sprach (auch zu Noahs Söhnen):
„Ich werde euch nun sehr verwöhnen.
Seid fruchtbar und vermehret euch
und jagt die Tiere im Gesträuch.

Der Tiere Leben und ihr Ende
leg ich in eure treuen Hände.
Das Tier an Land sowie im Meer,
es fürchte sich vor euch gar sehr.

Die Tiere dürft ihr alle essen,
doch sollt ihr dabei nicht vergessen:
Ist in dem Fleisch des Tiers noch Blut,
dann ist es nicht zum Essen gut.

Ich schließe mit euch einen Bund,
der Regenbogen tut´s euch kund.
Und seht ihr diesen Regenbogen,
dann heißt das: Ich bin euch gewogen."

Der Bund galt ferner für den Samen
von allen, die zur Arche kamen:
„Im Wasser soll nun niemand sterben,
durch Flut will ich euch nicht verderben."

*Die Sache mit dem Regenbogen:
der Herr hat nicht das Volk belogen.
Er schickt nun keine Sintflut mehr,
doch wo kommt der Tsunami her?*

Die babylonische Sprachverwirrung (frei nach Genesis, Kap. 11)
Es sprachen einst mit einer Zunge
in allen Ländern Alte, Junge.
Sie sprachen: „Kommt, wir bauen Babel,
die erste Stadt seit Kain und Abel."

Und also fing man an zu bauen
und hatte sehr viel Selbstvertrauen.
Den Bau man immer höher schraubte,
man an die eigne Allmacht glaubte.

Um sich am eitlen Volk zu rächen,
ließ Gott sie viele Sprachen sprechen.
Da man sich nun nicht mehr verstand,
der Turmbau schnell ein Ende fand.

Abraham soll ins Land der Kanaaniter ziehen (Genesis, Kap. 12)
Jahwe sprach zu Abraham:
„Sieh, ich habe einen Plan.
Gründe einen großen Stamm,
gehe hin nach Kanaan.

Denn ich geb dir dieses Land,
dir und deinem Samen.
Fürchte keinen Widerstand,
tu's in meinem Namen."

Abrahams gesamter Klan
zog nun fort nach Kanaan.

Weil der Herr so freundlich war,
bekam er einen Feldaltar.

*Wenn heute jemand Stimmen hört,
dann gilt er meist als geistgestört.*

Gott straft den von Abraham getäuschten Pharao (Genesis, Kap. 12f)
Doch im Lande Kanaan
stiegen sehr die Preise,
Abraham, *nicht schuld daran,*
macht sich auf die Reise.

Sprach zuvor zu seinem Weib:
„Wirklich herrlich ist dein Leib.
Deshalb, *ohne zu erröten,*
werden sie mich einfach töten.

Drum gebrauch ich diese List,
dass du meine Schwester bist."
Also reisten sie *„geschieden"*
in das Land der Pyramiden.

*Abraham war wirklich schlau,
Sara ward des Königs Frau.
Alles lief genau nach Plan
für den Mann aus Kanaan.*

Pharao, *der liebe brave,*
schenkte Abraham noch Schafe.
*Doch der Herr war ungerecht,
tat dem guten König schlecht.*

Dem ging er nun an den Kragen:
Jahwe schickte böse Plagen.

Daher sprach der Pharao:
„Du hast mich belogen,
besser lebt ihr anderswo."
Drum sie weiterzogen.
*Statt dass er sich furchtbar rächte,
ließ er Abraham die Knechte.*

*Strafte Abram nicht durch Hiebe,
zeigte echte Nächstenliebe.
Namenlos der Pharao,
Hirtenmär wohl sowieso.*

Der Abraham-Bund (Genesis, Kap. 15)
Als Abraham dem Herren klagte,
er sei nun alt und werde sterben
und habe leider keine Erben,
der Herr zu Abram dieses sagte:

„Sieh hoch zum Himmel, schau die Sterne,
dort siehst du deines Volkes Zahl.

Das kannst du deinem Herren glauben.
Hol Rind und Ziege mir schon mal,
den Widder und dazu zwei Tauben."
Das hörte Abraham sehr gerne.

Er fiel in einen tiefen Schlaf,
wo er erneut den Herren traf.

Die Prophezeiung der ägyptischen Gefangenschaft (Genesis, Kap. 15)
Abram konnte nicht gut schlafen.
Gott: „Ich will dein Volk hart strafen.
Es soll unter Fremden wohnen,
nur noch dienen, sich nicht schonen.

Viermal hundert lange Jahre
ich dir hiermit offenbare,
dauert diese Sklaverei.
Dann erst kommt ihr wieder frei."

Beschneidung der Vorhaut als Bundeszeichen (Genesis, Kap. 17)
Jahwe tat dem Abram kund:
„Ich errichte einen Bund,
gebe dir und deinem Samen
Kanaan zu eigen. Amen.

Eure Bündnispflicht ist nun,
Folgendes für mich zu tun:
*Kappt die Vorhaut aller Knaben,
dass sie blanke Eicheln haben.*

Haltet euch an diese Sitten:
bleibt ein Knabe unbeschnitten,
soll's nicht ohne Folgen bleiben.
Ihr, das Volk, sollt ihn entleiben."

*Schmerzvoll war´s und sehr gefährlich,
meine Meinung dazu ehrlich:
Knaben soll man nicht beschneiden,
weil sie dabei furchtbar leiden.
reimbibel.de/beschneidung
reimbibel.de/tilly2*

Die Vernichtung von Sodom und Gomorrha (Genesis, Kap. 18-19)
„Abraham, hör, ich verkünde:
Sodom ist voll großer Sünde,
auch ist Gomorrha voll Frevel.
Regnen soll´s Feuer und Schwefel!"

Abraham sprach: „Nicht nur schlechte
Menschen sind dort, auch gerechte."
„Ich werde alle verschonen,
wenn zehn Gerechte dort wohnen."

Aber weil alle verdorben,
sind sie im Feuer gestorben.
Abraham sah nur noch Rauch,
Massenmord nennt man das auch.

Gab es wirklich dort nur Sünder?
Hatten diese keine Kinder?

Lot bietet den Männern von Sodom seine Töchter an (Genesis, Kap. 19)
Zwei Engel labten sich am Mahl,
sie war´n zu Gast bei Lot,
da kam das Volk in großer Zahl
und brachte Lot in Not:

„Die Männer führ zu uns heraus,
die heute bei dir pennen.
Führ sie heraus aus deinem Haus,
wir wollen sie erkennen."

Doch Lot, *ein sonst wohl guter Mann*,
bot ihnen seine Töchter an:
„Die Männer will ich euch nicht geben,
die heut in meinem Hause leben.

Zwei Töchter hab ich, unbemannt,
die nie von einem Mann erkannt.
Die geb ich beide euch heraus,
lasst euern Drang an ihnen aus."

Da ging die Menge los auf Lot
und brachte Lot in große Not.
Doch griffen nun die Engel ein
und zogen Lot ins Haus hinein.

Die Sache hat sich so erledigt,
und alle blieben unbeschädigt.

Lots Frau erstarrt zur Salzsäule (Kap. 19)
Aus pädagogischen Gründen
straft Gott auch kleinere Sünden:
„Sieh nicht zurück, keinesfalls!"
Lots Frau tat's doch, ward zu Salz.

Lots Töchter lassen sich vom Vater schwängern (Genesis, Kap. 19)
Nächtens zum Vater sie kamen,
raubten des Trunkenen Samen.
Zeugten so Moab und Ammi.
Oberster Richter, verdamm sie!

Gott aber ließ alles zu,
ließ beide Töchter in Ruh.
Frage aufgrund dieses Falles:
Sieht dieser Gott wirklich alles?

Abraham schickt Mutter und Sohn in die Wüste (Genesis, Kap. 21)
Sara wurde lang nicht schwanger,
fühlte sich als Weib am Pranger.
Abram war ein alter Sack,
zeugte dennoch Isaak.

Doch wohin mit Hagars Knaben?
Sara wollte den nicht haben.
Darum hat sie ihre Magd
samt dem Sohnemann verjagt.

Denn der Hagar kleiner Sohn
stammte von? Sie wissen schon.
Gott war damit einverstanden,
dass sie diese Lösung fanden.

Gott hat Abraham geraten,
das zu tun, was sie dann taten.
(Nein, zu Sara sprach er nicht,
Gott nicht gern zu Frauen spricht.)

Abrahams blinder Gehorsam (Genesis, Kap. 22)
Gott stellte trickreich dann fest
(durch einen Sohn-Opfer-Test),
ob er dem Herrn so ergeben,
dass er ihm opfert das Leben

seines alleinigen Erben.
Rituell sollte der sterben.
Isaak wird fast geschlachtet,
doch weil der Vater Gott achtet,

spricht laut des Herrgottes Engel:
„Lasse am Leben den Bengel!"

Implikation dieses Falles:
Jahwe weiß keineswegs alles.
Blinder Gehorsam ist schlecht,
doch seinem Gott war es recht.

Jakob überlistet seinen sterbenden Vater (Genesis, Kap. 27)
„Esau, hör, mein lieber Sohn:
Todesahnung quält mich schon.
Bald nun werd ich sterben,
du sollst alles erben.

Pfeil und Bogen nimm zu dir,
geh aufs Feld und schieß ein Tier."
Hat ihm noch geraten:
„Bring mir einen Braten!"
Die Rebekka hörte dies,
sprach zu Jakob dann:

*„Es ist zwar ein bisschen fies,
doch stell das hintan.*
Gehe hin zu deiner Herde,
hol zwei Böcke gleich,

dass ein guter Braten werde,
denn dann wirst du reich."
Jakob holte Tiere schnell,
zog den Böcken ab das Fell.

Band das Fell um Hals und Hand,
dass der Vater rau ihn fand.
Denn der Esau war behaart,
Jakobs Haut hingegen zart.

Mutter machte schnell den Braten,
ließ den Vater nicht lang warten.
Gab dem Jakob Esaus Kleider,
der betrog den Vater leider.

Brachte Wildbret seinem Vater,
spielte dabei gut Theater.
Vater sprach: „Das ging rasant,
zeig mir doch mal deine Hand!"

Prüfte Jakobs Hand genau,
stellte fest: „Die Hand ist rau."
Hat an Esaus Kleid gerochen
und zu Jakob dann gesprochen:

„Gebe Gott dir Korn und Wein,
Jakob soll dein Diener sein."
Jakob war nur zweitgeboren,
Esaus Erbe ging verloren.

Gott verspricht Jakob Land und Volk (Genesis, Kap. 27-28)
Jakob war in großen Nöten,
Esau wollte Jakob töten.
Seine Mutter warnte ihn:
„Besser wär es, fortzuzieh´n."

Also zog nun Jakob fort.
Kam nach Lus, ´nem kleinen Ort,
wo ihm Gott im Schlaf erschien.
Jahwe sprach und lehrte ihn:

„Dieses Land will ich dir geben,
hier soll´n deine Enkel leben.
Allen Völkern überlegen,
bringen sie der Erde Segen."

Laban beutet Jakob aus (Genesis, 28-29)
Jakob war beim Mutterbruder.
Laban war ein fieses Luder,
hatte große Ländereien.
Jakob wollte Rachel freien.
Jakob sprach: „Ich diene dir
sieben lange Jahre hier.

Wenn ich treu dir diene,
gib mir die Cousine."
Rachel ward ihm fest versprochen,
was versprochen ward gebrochen,

denn im Lauf der Hochzeitsnacht
wurde Lea ihm gebracht.
„Willst die Schöne der Cousinen?
Musst noch sieben Jahre dienen!"

Lea schenkte Jakob Söhne,
doch der Herr verschloss die Schöne.
Bilha sprang für Rachel ein,
spät erst durft´ die Mutter sein.

Josef hieß der kleine Sohn,
war ein Teil von Jakobs Lohn.

Gott renkt Jakob die Hüfte aus (Genesis, Kap. 32)
*Christen gerne Hüftsteaks essen,
Juden eher nicht indessen.
Dieses Minimelodram
lehrt uns, wie es dazu kam:*

Gott wär´ beinah unterlegen
als er einmal kämpfte gegen
Jakob, der ihn niederrang,
als sie stritten stundenlang.

*Böse ist, wer drüber lacht,
was der Herrgott dann gemacht:*
Jahwe Jakob sehr verblüffte,
denn er renkte aus die Hüfte

Jakobs, doch der ließ nicht los.
Das gibt´s in der Bibel bloß.
Jakob sprach: „Ich lasse dich,
aber vorher segne mich!"

Jahwe: „Sag mir deinen Namen!"
(Muss sonst in den Akten kramen?)
Jahwe dann: „Bei meiner Seel´,
fortan heißt du Israel!"

*Jakob sah den Herrn persönlich,
das ist ziemlich ungewöhnlich.
Kaum zu glauben dieser Kampf,
ist wohl eher Bibel-Krampf.
Wird dies Menschen Tröstung bringen,
wenn sie mit dem Herren ringen?*

**Jakobs Söhne morden, rauben
und verschleppen (Genesis, Kap. 34)**
Levi und auch Simeon
waren beide Söhne von
Lea, die sehr fruchtbar war.
Taten, was ganz furchtbar war.

Einmal ging der Brüder Schwester
Dina in die Nachbarnester.
Dina wurde dort geschändet,
Hemor sich an Jakob wendet.

Hemor war des Sichems Vater
und das Allerbeste tat er:
Mit den potentiellen Klägern
wollte Hemor sich verschwägern.

Und man kam zu dem Beschluss:
Jeder sich beschneiden muss
als des Jakobs Schwiegersohn,
denn das war so Tradition.

Um zu teilen Weiber, Weiden,
ließen alle sich beschneiden.
Doch als sie im Fieber lagen,
ging es ihnen an den Kragen.

Jakobs Söhne griffen an
und erschlugen jeden Mann.
Sie erschlugen auch die Knaben,
stahlen alles wie die Raben.

Nahmen Esel, Schafe, Rinder,
deren Frauen, deren Kinder.
Also übten beide Rache
wegen dieser Schwestersache.

Dina wurde nicht gefragt,
was sie denn zu Sichem sagt.
Dieser ließ um Dina fragen,
wurde aber auch erschlagen.

**Josef in Ägypten
(Genesis, Kap. 37-50)**
Weil der Josef einmal dreamte,
was zu träumen sich nicht ziemte,
(es beugten sich der Brüder Ähren,
als ob sie seine Diener wären)

wurden dessen Brüder sauer,
warfen ihn in eine Grube,
fanden es jedoch dann schlauer,
dass verkauft ward dieser Bube.

Mit viel Blut vom Ziegenbock,
tränkten sie des Josefs Rock,
schickten Jakob Josefs Kleid.
Den erfasste großes Leid,

denn er glaubte ob der List,
dass sein Sohn gestorben ist.
Josef wurde Untertane
einer fremden Karawane,

die ihn nach Ägypten brachte,
wo er sich dann nützlich machte.
Deshalb kam er wunderbar
an den Hof des Potifar.

Weil Gott Josef immer schützte,
Josef seinem Herren nützte,
wurde er in jungem Alter
zu des Potifars Verwalter.

Doch des Potis Eheweib
liebte Josefs schönen Leib.
Machte ihm ein Angebot,
brachte Josef so in Not.

Denn weil Josef abgelehnt,
was die Dame sich ersehnt,
riss sie ihm vom Leib das Kleid,
klagte allen laut ihr „Leid":

„Josef wollte mit mir schlafen,
möge Potifar ihn strafen."
Josef in den Knast man brachte,
wo er schnell Karriere machte.

Denn bei allen seinen Dingen
ließ der Herr es ihm gelingen.
So ließ Gott ihn von zwei Leuten
diese Traumgeschichten deuten:

„Ein Mundschenk sah drei Knospen reifen,
den König nach dem Becher greifen.
Ein Bäcker träumte, Feingebäck,
das fraßen ihm die Vögel weg."

Josef sprach: „Am Tage drei
kommt der Mundschenk wieder frei.
Diesem man das Leben schenkt,
doch der Bäcker wird gehenkt.

Vögel fressen mit Gekreisch
dann des armen Bäckers Fleisch."
Zwei Jahr´ später träumte einer,
der so mächtig wie sonst keiner.

Das war der Herr Pharao,
und die Träume gingen so:

„Aus dem Nil in aller Frühe
stiegen sieben fette Kühe.
Sieben mag´re fraßen diese,
als sie grasten auf der Wiese.

Und ´nen Halm mit sieben Ähren
tat ein dürrer Halm verzehren."
Keiner von des Herrschers Leuten
konnte diese Träume deuten.

Doch der Mundschenk sagte dann:
„Im Gefängnis sitzt ein Mann,
der die Träume deuten kann."
Fing dann zu erzählen an.

Also ließ man wie befohlen
Josef aus dem Kerker holen.
Josef war darüber froh
und sprach zu dem Pharao:

„Sieben Jahre reichlich Brot,
sieben Jahre Hungersnot!
Gott sagt dieses dir voraus,
also richte nun dein Haus.

Such dir einen weisen Mann,
der das Land besteuern kann.
Lege einen Vorrat an
für die mag´ren Jahre dann."

Doch der König nicht lang suchte,
sondern sofort Josef buchte.
Sagte vor sehr vielen Zeugen:
„Dir soll jeder sich nun beugen.

Du bist nicht nur weit gereist,
in dir wohnt des Herren Geist."
Gab ihm Siegelring und Kette,
Asenat zur Frau im Bette.

Und die liebe, gute Schöne
schenkte Josef später Söhne.
Nach den Jahr´n des Überflusses
kamen Jahre des Verdrusses.

Doch die Speicher war´n nicht leer,
bargen Korn wie Sand am Meer.
Hunger hatte alle Welt,
Korn bekam man nur für Geld.

Hunger litt auch Kanaan,
wohin bald die Kunde kam:
Man muss nach Ägypten laufen,
um dort Korn für Geld zu kaufen.

Von den Söhnen Jakobs zehn
mussten nach Ägypten geh´n.
Nur den kleinen Benjamin
ließ der alte Mann nicht zieh´n.

Josef sieht die Brüder wieder,
diese fallen vor ihm nieder.
Sie erkennen Josef nicht,
der ganz streng zu ihnen spricht.

Müssen Benjamin dann holen,
wie es scheint, hat der gestohlen.
*Doch es gibt ein Happyend,
wie man es aus Filmen kennt.*

Josef gibt sich zu erkennen,
worauf alle Brüder flennen.
Da die Brüder sich nicht scheuen,
ihre Untat zu bereuen

und zu ihrem Jüngsten stehen,
dürfen sie nach Hause gehen.
Jakob wird herbeigeschafft,
alt und krank und ohne Kraft.

Sieht den Josef und zwei Enkel,
setzt die Enkel auf die Schenkel.
Segnet seine vielen Erben,
muss mit hundertdreißig sterben.

**Onan und Thamar tricksen
(Genesis, Kap. 38)**
Gott vertilgte einst den Ger,
denn vorm Herrn war böse der.
Onan sollte Ger vertreten,
so hat Juda es erbeten,

um die Sippe zu erhalten.
Söhne dann als Erben galten.
Onan nichts dagegen sagte,
als ihn Juda so befragte.

Onan sich zur Thamar legte,
aber sich zurück bewegte,
dass sein Samen fiel zur Erde,
und das Weib nicht schwanger werde.

Gott dem Herrn gefiel das nicht,
löschte aus sein Lebenslicht.
Thamar, ziemlich gut im Hirne,
spielte später eine Dirne.

Spielte äußerst gut Theater,
Schwiegervater wurde Vater.
Juda fiel auf sie herein
beim bezahlten Stelldichein.

Interruptus, Onanie:
mancher Mensch verwechselt sie.
Was nicht jeder gleich kapiert:
Onan hat nicht onaniert.

Jakob segnet seine Söhne (Genesis, Kap. 49)
Und Jakob sprach zu seinen Buben:
„Mein erstgeborner Sohn ist Ruben.
Der Oberste soll er nicht sein,
denn was er tat, war nicht sehr fein.

Entweiht hat er des Vaters Bett,
das war von ihm nicht wirklich nett.
Auch kommen mir nicht gut davon
der Levi und der Simeon.

Verflucht ihr Zorn, verflucht ihr Grimm,
sie mordeten und waren schlimm.
Für Juda ist der Herrscherstab,
an Juda ich Gefallen hab.

Der Sebulon wohnt nah am Strand,
Isaschar lebt im schönen Land
und dient dort fleißig als ein Knecht.
Der gute Dan spricht weise Recht.

Der Gad gerät in große Not,
von Asser kommt sein fettes Brot.
Naphthali kann gut reden,
auf Joseph kommt der Segen.

Der Herr wird Joseph segnen,
wenn Feinde ihm begegnen.
Der Brüste Segen ist mit ihm.
Ein reißend Wolf ist Benjamin."

Exodus (Das 2. Buch Mose)

Die Hebammen weigern sich, Knaben zu töten (Exodus, Kap. 1)
Jakobs Volk sich stark vermehrte,
was den Pharao sehr störte,
denn es waren viel zu viele,
die jetzt lebten hier am Nile:

„Größer sind sie schon als wir,
Ärger kriegen wir bald hier.
Wenn ein Feind uns überfällt,
Jakobs Volk zu diesem hält.

Um ihr Leben zu erschweren,
dass sie sich nicht schnell vermehren,
mussten sie wie Sklaven dienen,
doch gelang es trotzdem ihnen,

weiterhin das Volk zu mehren.
Um dagegen sich zu wehren,
um die Knaben zu verdammen,
sprach der König zu den Ammen:

„Tötet neugeborne Knaben,
nur die Mädchen solln sie haben."
Doch nachdem der König spricht,
tun die Ammen dieses nicht,

lassen alle Knaben leben.
So sind gute Ammen eben.
Von dem Pharao befragt,
haben listig sie gesagt:

„So die Sache sich verhält:
Unsre Frauen sind wie Tiere,
ohne Hilfe kommen ihre
Kinder ganz allein zur Welt."

Weil die Ammen Gott verehrten,
half Gott, dass sie sich vermehrten.

Mose erschlägt einen Ägypter (Exodus, Kap. 2; Apostelgeschichte Kap. 7)
Sklavenwächter schlägt Hebräer,
Mose schaut sich ganz schnell um,
tritt dem Wächter leise näher,
macht ihn dann durch Schläge stumm

und begräbt ihn kurzerhand
unter etwas Wüstensand.
Doch erfuhr's der Pharao,
weshalb Mose schleunigst floh.

Ob Mose dieses selber schrieb,
bisher ein großes Rätsel blieb.

Gott offenbart sich dem Mose (Exodus, Kap. 3)
Als Mose zum Berg Horeb kam,
er Worte seines Herrn vernahm,
der zu ihm aus dem Dornbusch sprach:
„Beenden will ich eure Schmach.

Des Volkes Leid ich bald beende,
das es erlitt durch fremde Hände.
Führ sie ins Land der Amoriter,
der Perisiter und Hetiter.

Das Volk des Jakob, das belohn ich
mit weitem Land und Milch und Honig."
„O Herr, mein Volk wird fragen:
Wie heißt dein Gott? Was soll ich sagen?"

„Ich-Werde-Sein hat dich gesandt,
Ich-Werde-Sein werd ich genannt.
Bevor ihr geht, ihr lieben Leute,
nehmt Gold und Silber euch zur Beute."

Zippora macht Mose zu ihrem Blutbräutigam (Exodus, Kap. 4)

Am Rastplatz trat Jahwe dem Mose entgegen, er wollte ihn töten. Zippora beschnitt daraufhin ihren Knaben und nahm dessen Vorhaut, berührte die Beine des Mose mit dieser, besänftigte Gott so. Zippora zu Mose: „Mein Blutbräutigam!".
Und Gott ließ ihn leben.

Mose war nicht wohlgelitten,
weil der Knabe unbeschnitten?
Fand der Herr es sehr verkehrt,
dass auch Mose unversehrt?

Ägypten wird von zehn Plagen heimgesucht (Exodus, Kap. 5–12)

Einst Mose sprach zum Pharao:
„Ich kündige den Status quo.
Laut Gott, den wir stets preisen,
soll'n wir demnächst verreisen."

Da sprach der strenge Pharao
zu Gottes Impressario:
„Dein Gott ist mir ganz unbekannt,
drum bleibt schön brav in meinem Land!"

Doch Mose klagte dies dem Herrn,
und dieser hörte das nicht gern.
Dem Höchsten wurde es zu viel,
drum plagte er das Land am Nil.

„Schlag auf den Nil mit deinem Stab,
den ich zum Zaubern dir schon gab."
Und Mose folgte dem Gebot,
der Nil ward so von Blut ganz rot.

Die Fische gingen alle ein,
doch reichte dies nicht zum Befrei´n.
Dem Pharao darum als Bote
der Mose nun mit Fröschen drohte.

Von Fröschen ward das Land ganz grün,
doch Mose konnte noch nicht zieh'n.
Die Frösche starben gottseidank,
weshalb jedoch Ägypten stank.

Den Pharao zu unterdrücken,
schuf Gott aus Staub nun viele Mücken.

Dann sank der Herr noch tiefer
und schickte Ungeziefer.
Danach, als fünfte Konsequenz,
starb Vieh an schwerer Pestilenz.
Laut den Berichterstattern
verfiel dann Gott auf Blattern.

Und wie man aus den Schriften weiß,
erschlug nun Gott das Vieh mit Eis
und ließ das Land bedecken
von Osten her mit Schrecken.

Die fraßen weg das letzte Kraut,
doch Jahwe weiter Mumpitz baut:
Statt Tag gab´s nur noch finst're Nacht,
auch das war eine Niedertracht.

Dem Pharao macht das nichts aus,
er hat ja Lampenöl im Haus.
Dass er dem Volk nur Kummer macht,
das hat der Herr wohl nicht bedacht.

Dass die Ägypter endlich spurten,
schlug Gott noch alle Erstgeburten.
Doch schonte er des Mose Leute.
Die Juden feiern das bis heute.

An ihren Türen war ein Zeichen,
es gab dort keine Knabenleichen.
Zwar war der König wirklich stur,
doch lag das an „Jehova" nur.

Der hat den König so verstockt,
dass dieser immer weiter zockt.
Erst mordet Jahwe durch die Pest,
gibt dann dem toten Vieh den Rest,

erschlägt das Vieh mit Blitz?
Das ist doch wohl ein Witz!
Schlägt alle Erstgeburt des Viehs?
Das war schon tot! Wie ging denn dies?

Den wahren Christen stört es nicht,
dass „Mose" hier nur Unfug spricht.
Das gilt auch für den ganzen Rest,
inzwischen steht zum Beispiel fest:

Der Aufenthalt beim Pharao,
der Fall der „Festung" Jericho,
dass sie so lange zogen,
ist zwar nicht ganz erlogen,

doch was man hier berichtet,
ist dichterisch verdichtet.

Der Auszug aus Ägypten
(Exodus, Kap. 12-14)
Sechshunderttausend verließen den Ort,
plötzlich war'n all die Hebräer nun fort.
Außerdem Frauen und Kinder und Alte,
was ich nicht wirklich für glaubwürdig halte.

Gott zog als Wolke vor Moses Volk her,
führte die Leute heran an ein Meer.
Pharaos Geist ward vom Herren verstockt,
Pharaos Heer in die Wüste gelockt.

Plötzlich erblickten sie Pharaos Heer,
fürchteten sich vor dem Pharao sehr.
Daher steht dies in der Bibel geschrieben:
„Ach, wären wir doch in Ägypten geblieben.

Besser als tot ist es, Sklave zu sein,
warum nur ließen wir uns auf dich ein?"
Gott sprach zu Mose: „Was schreist du zu mir?
Nimm deinen Stab, denn ich helfe jetzt dir.

Hebe den Stab hoch und hebe die Hand,
geht durch das Meer dann wie trockenes Land."
Blitze erhellten die finstere Nacht,
Ostwind hat trocken das Meer dann gemacht.

Gott ertränkt das Heer der Ägypter im Meer (Exodus, Kap. 14)
Pharao und Reiter
zogen immer weiter,
denn das Meer war trocken,
um sie reinzulocken.

Gott, so hört man sagen,
stürzte ihre Wagen.
Sprach zu seinem Knecht:
„Flutung wär´ nicht schlecht.

Gehe nun an Land,
streck dann deine Hand."
*Für die Reiter gar nicht gut,
kam zurück des Wassers Flut.*

Mose ließ ein Grab bereiten
durch die Flut von beiden Seiten.
*So ward man die Feinde los.
Gott der Herr ist wirklich groß.*

*Grausam sind des Herren Werke,
Mitleid ist nicht seine Stärke.
Böse ist er von Natur,
„lieb" ist er ganz selten nur.
Andrerseits: die Priesterkaste
schrieb halt gern, wie es ihr passte.
Deshalb nochmal unumwunden:*

*Göttersagen sind erfunden!
Die, die einst die Bibel schrieben,
haben gerne übertrieben.
Beliebt ist dies in Hollywood,
dort hört man solche Stories gern.*

*Die Forscher machen es kaputt,
es bleibt jedoch ein wahrer Kern.
Denn Jahwe war ja Wettergott,
da passt es gut zum Schilfmeer-Plot,
dass es des Herren Ostwind war.
Der Herr ist eben wunderbar.*

Mose besiegt die Amalekiter
(Exodus, Kap. 17)
Mit Gottes Stab in seiner Hand
erobert Mose Land für Land.
„Zuerst vertilg den Amalek,
mit Kind und Kegel, diesen Dreck.

Sein Land will ich dir schenken,
und niemand soll mehr denken
an meinen Feind, den Amalek.
Geht hin und nehmt ihm alles weg!"

Als Mose auf dem Hügel stand,
sich folgendes begab:
Er hob den Stab mit seiner Hand
und siegte durch den Stab.

Doch wurde seine Hand bald schwer,
das stärkte dann des Feindes Heer.
Sie stützten Moses Hände
und siegten so am Ende.

*Der Stab half sehr den Invasoren,
er ging jedoch wohl bald verloren.
Nahm Mose seinen Zauberstab
dereinst mit sich ins Wüstengrab?*

Die Zehn Gebote
(Exodus, Kap. 20; Deuteronomium, Kap. 5)
„Höret, was der Herr nun spricht:
Andre Götter habet nicht.
Ich hab euch herausgeführt,
weshalb mir der Ruhm gebührt.

Ich bin voller Eifersucht,
auch dein Kind wird dann verflucht.
Macht von mir euch bloß kein Bild,
weil mein Zorn sonst überschwillt.

Preiset künftig meinen Namen,
denn sonst straf ich alle. Amen.
Samstags soll die Arbeit ruh'n,
keine Werke sollt ihr tun.

Ihr sollt eure Eltern ehren,
niemals töten. *(Nie sich wehren?)*
Auch müsst ihr mir fest versprechen,
eure Ehe nicht zu brechen.

Lügen sollt ihr nicht noch stehlen,
sonst werd ich euch furchtbar quälen.
Falsches Zeugnis rede nicht,
wer von seinem Nächsten spricht.

Finger von der Nachbarsfrau,
so was nehm ich sehr genau.
Nachbars Sklavin, Nachbars Rind
nur für deinen Nachbarn sind."

Darauf gab es Donner, Blitz,
Hörnerklang, *das ist kein Witz*.
Mose sprach: „Dies ward verkündigt,
dass ihr fürderhin nicht sündigt."

Was soll das Ganze überhaupt?
War Mord und Diebstahl denn erlaubt?
War nicht verboten das Betrügen?
War nicht geächtet das Belügen?
Und was ist denn mit Sklaverei,
dem Schutz von Schwachen und derlei?

In den ersten drei der Zehn Gebote „offenbart" sich ein eifersüchtiger und rachsüchtiger Gott: „Bei denen, die mir Feind sind, verfolge ich die Schuld der Väter an den Söhnen, an der dritten und vierten Generation." (Exodus 20,5)

Dies liegt ethisch weit unter den heutigen Standards. Das vierte Gebot ist insofern sinnlos, als die Einstellung eines Kindes zu seinen Eltern sich im Wesentlichen aus deren Verhalten ergibt. Es ist nicht angebracht, Eltern zu ehren, wenn diese massiv gegen berechtigte Interessen des Kindes verstoßen. Die Gebote fünf bis acht erscheinen vernünftig, berücksichtigen aber nicht besondere Notsituationen.

„Du sollst dir kein Gottesbild machen ..." (Exodus 20,4), eigentlich das zweite Gebot, wird meist von den Kirchen unterschlagen, denn das Abbilden und Analysieren Gottes gehört ja zu deren Kerngeschäft. Damit das nicht auffällt, wurde das Verbot, des Nächsten Weib, Knecht, Magd und Vieh zu begehren, auf die Gebote 9 und 10 aufgeteilt.
Christen behaupten häufig, die Zehn Gebote seien die Basis unserer heutigen Werte. Sie übersehen dabei, dass a) der weltliche Teil dieser Gebote schon lange bei den Völkern selbstverständlich war, und b) Demokratie und Menschenrechte gegen den Widerstand der Kirchen erkämpft werden mussten: z.B. Meinungs-, Gewissens-, Religions- und Informationsfreiheit, das Recht auf körperliche Unversehrtheit, Gleichberechtigung von Mann und Frau und das Selbstbestimmungsrecht (u.a. im sexuellen Bereich).
rolandfakler.de/wurzeln-der-menschenrechte

Regeln zum Schutz von hebräischen Sklaven (Exodus, Kap. 21)
„Hebräer halte nur sechs Jahre,
danach lass sie frei.
Dies Recht gilt auch für Paare,
doch bedenk dabei:

Gab sein Herr ihm eine Frau,
folge diesem Rat genau:
Gib dem Sklaven zu versteh´n,
er muss nun alleine geh´n.

Will der Sklave dieses nicht,
und zu bleiben er verspricht,
bring den Mann zu einem Tor,
dort durchbohr ihm dann das Ohr.

Hat durchbohrt das Ohr der Pfriem,
wird sein Bleiben legitim.
Lässt du einen Sklaven frei,
dies für dich verpflichtend sei:

Kelter, Schafe und auch Ziegen
soll der Sklave von dir kriegen.
Sei zur Hilfe dann bereit,
denn ich hab dein Volk befreit.

Der siebte Tag ist Ruhetag,
den Sklaven dieses immer sag.
Im siebten Jahr erlass die Schulden,
will dann dich segnen, nicht nur dulden.

Arme wird es immer geben,
hilf den Armen stets zu leben.
Ist wer arm in deinem Land,
hilf ihm aus mit Herz und Hand."

Strafen bei Körperverletzungen und Tötungen (Exodus, Kap. 21)
Wer seinen Sklaven tödlich schlägt,
am Ast des eignen Lebens sägt:
Des Sklaven Tod wird dann gerächt,
was für den Halter eher schlecht.

Doch stirbt er erst am Folgetag,
der Herrgott keine Strafe mag.
Es geht im Grunde dann um Geld.
Für Tote man nicht viel erhält.

Die Todesstrafe auferlegt,
wenn einer seine Eltern schlägt.
Bei Todesstrafe nicht erlaubt:
dass einer einen Menschen raubt.

Männer gern gemeinsam saufen.
Wenn sie miteinander raufen,
einer eine Frau lädiert,
diese ihre Frucht verliert,

regelt Gott ganz detailliert,
was danach genau passiert.
Meistens reicht ein Schmerzensgeld,
das der Ehemann erhält.

Ist der Schaden jedoch groß,
trifft den Täter dieses Los:
Aug´ für Auge, Zahn für Zahn,
lautet Gottes Regel dann.

*Dieses so bei Mose steht,
dass der Streit nicht weiter geht,
einer nicht den andern rächt.
Sippenfehden sind sehr schlecht.*

Sozialethische Richtlinien (Exodus, Kap. 22-23)
„Die Fremden sollt ihr nicht übel behandeln, denn ihr habt ja selbst schon als Fremde gelebt. Dies gilt auch für Witwen und Waisen genauso, ihr Klagen und Schreien wird von mir erhört. Und leihst du dein Geld einem Armen des Volkes, dann sollst du nicht wuchern, nicht Wucherzins fordern. Und nimmst du den Mantel des Andern zum Pfande, dann gibt ihn zurück, wenn die Sonne versinkt. Es ist seine einzige Decke der Mantel, worin soll er schlafen, wenn du sie ihm nimmst? Sei niemals ein Zeuge, der Gottlosen beisteht, folg niemals der Menge vom Rechten zum Bösen. Und wenn sich der Ochse, der Esel des Mannes, der dich hasst, verirrt hat, dann sorge für diesen. Nimm keine Geschenke, sei fern von dem Falschen und beug vor Gericht nicht das Recht eines Armen."

Hexen sind umzubringen (Exodus 22,17)
„Hexen, die nach Bösem streben,
lasst in Zukunft nicht am Leben."

*Gefördert hat den Hexenwahn nicht zuletzt der Vatikan. 1468 veröffentlichte der Dominikaner Heinrich Kramer in Speyer den sog. Hexenhammer. Dieses Buch beschreibt Ansichten über Hexen und Zauberer und leitet zu deren Verfolgung und Vernichtung an. Es erreichte 29 Auflagen.
In Mitteleuropa waren überwiegend Frauen betroffen, in Nordeuropa Männer. Oft ging es darum, Konkurrenten auszuschalten und Besitz an sich zu reißen. Hexenpogrome gab es schon vor dem Mittelalter, und es gibt sie heute noch in Afrika, Asien und Südamerika.*

„Es ist ein überaus gerechtes Gesetz,
dass die Zauberinnen getötet werden."
Martin Luther, Predigt, 6.5.1526, WA 16, 551f.

„Die Zauberer oder Hexen, das sind die bösen Teufelshuren, die da Milch stehlen, Wetter machen, auf Böcken und Besen reiten, auf Mänteln fahren, die Leute schießen, lähmen, verdorren, die Kinder in der Wiege martern, die ehelichen Gliedmaßen bezaubern."
Martin Luther, Werke Bd. X., 1826ff

Mose soll drei Völker vertreiben (Exodus, Kap. 23 und 34)
„Vertreibt Heviter und Hethiter
und schließlich auch die Kananiter.
Ich helf euch mit Hornissen,
dass die sich schnell verpissen.
Dein Volk soll dann dort wohnen
und keinen Feind verschonen."

*Der Schöpfer dieser schönen Welt
hat sich nicht allen vorgestellt.
Ob Schuld daran der Teufel ist,
der böse, böse Antichrist?
Gott straft nun die, die ihn nicht kennen.
Das kann man doch nur Wahnsinn nennen.*

*Warum Gott Mose einst erwählte
und grausam andre Völker quälte,
das können nicht mal die verstehen,
die sonntags brav zur Kirche gehen.*

Die Bundeslade (Exodus, Kap. 25-30)
„Sage den Kindern des göttlichen Volkes,
dass sie mir opfern viel Gold und viel Silber,
Purpur und Scharlach und köstliche Leinwand,
Ziegenhaar, rötliche Felle vom Widder,
Dachsfelle, Räucherwerk, Öl für die Lampe,
edele Steine zum Leibrock und Schilde.
Sollen mir machen das Heiligtum Gottes,
dass ich dort wohne inmitten des Volkes.
So sei die Wohnung und so das Gerät:
Macht eine Lade vom Holz der Akazie,
dreieinhalb Ellen lang soll diese sein,
anderthalb Ellen die Breite und Höhe.
Sollst sie mit Gold überziehen von innen,
sollst sie mit Gold überziehen von außen.
Ferner mach oben ´nen goldenen Kranz.
Gieße vier goldene Ringe und mache

sie an vier Ecken, je zwei links und rechts.
Mache noch Stangen vom Holz der Akazie,
ganz überziehe dann diese mit Gold.
Steck in die Ringe die goldenen Stangen,
dass man sie damit umhertragen kann.
Lasset die Stangen nur stets in den Ringen,
nie soll'n die Stangen die Ringe verlassen.
Sollst in die Lade das Zeugnis dann legen,
das ich dir gebe zu späterer Zeit.
Mach einen Gnadenstuhl, mach ihn vom Golde,
dreieinhalb Ellen lang soll dieser sein.
Anderthalb Ellen soll sein seine Breite.
Mach zwei Figuren mit Tierleib und Flügeln,
beide mach mir aus getriebenem Golde.
Jeweils ein Cherub beschließt eine Seite,
also zwei Cherubim fassen den Stuhl.
Tue den Gnadenstuhl dann auf die Lade.
Von diesem Ort will ich dann mit dir reden,
nämlich vom Gnadenstuhl zwischen den Engeln,
dir zu gebieten und auch meinem Volke.
Mach einen Tisch dann vom Holz der Akazie,
zwei Ellen lang, in der Breite nur eine.
Anderthalb Ellen betrage die Höhe.
Dann überziehe den Tisch noch mit Gold,
golden der Kranz auch herum um den Tisch,
und eine Leiste herum um den Tisch,
und um die Leiste ein goldener Kranz.
Mach' an die Ecken vier goldene Ringe
unter der Leiste ganz nah an den Füßen,
dass man mit Stangen drin trage den Tisch.
Mache aus Gold auch die Schüsseln und Löffel,
Kannen und Schalen, das Opfer zu bringen.
Leg auf den Tisch mir stets Schaubrote hin.
Feines, getriebenes Gold für den Leuchter,
Schalen mit Knäufen und Blumen am Schaft.
Röhren soll'n geh'n aus dem Leuchter zur Seite,
jegliche Seite besteht aus drei Röhren.
Jegliche Röhre mit drei off'nen Schalen,
Knäufe und Blumen bei jeder der Röhren.
Aber der Schaft habe vier off'ne Schalen,
Schalen mit Knäufen und Blumen daran.
Und je ein Knauf unter zwei von den Röhren,
welche verlassen den Leuchter zur Seite.
Beide, die Knäufe und seitlichen Röhren,
mache aus reinem, getriebenem Gold.
Mache dann oben auf siebenfach Lampen,
welche nach vorne hin leuchten, aus Gold.
Ein Zentner Goldes nimm für die Geräte,
mach's nach dem Bilde, dem Bild auf dem Berg.

Mose zerstört das goldene Kalb (Exodus, Kap. 31-34)
Sie tanzten um das gold'ne Kalb,
und Mose war erbost deshalb.
Die Tafeln er darum zerbrach,
das Kalb zerschmolz er bald danach.

Er machte später neue Tafeln,
von denen viele heut' noch schwafeln.
Verloren sind jedoch die Dinger,
die Gott beschrieben mit dem Finger.

Gott lässt aus Eifersucht 3.000 Menschen töten (Exodus, Kap. 32)
Frevelhaft wurde ein Kalb verehrt,
Leviten durchstürmten das Lager,
Dreitausend traf der Leviten Schwert,
auch Bruder und Freund und den Schwager.

Bisweilen gibt es noch Debatten,
woher sie ihre Schwerter hatten.
Ich glaub, dass sie vom Himmel kamen.
Ein Engel brachte Schwerter. Amen.

„Dies ist der Gipfel des Monströsen und Lächerlichen, Gott als einen kleinlichen, unsinnigen und barbarischen Despoten zu verkünden, der einigen seiner Favoriten heimlich ein unverständliches Gesetz mitteilt und die Übrigen des Volkes umbringt, weil sie dieses Gesetz nicht gekannt haben." Voltaire (1694-1778)

Levitikus (3. Buch Mose)
Hokuspokus und viel Stuss
bringt das Buch „Levitikus".

Vorschriften für die Darbringung von Tieropfern (Levitikus, Kap. 1-8;, Numeri, Kap. 29 und weitere Kapitel)
Aus seiner Hütte sprach Jahwe zu Mose:
„Red mit den Kindern des Landes und sage,
wer unter euch bringt dem Herren ein Opfer,
der nehm's vom Vieh, von den Rindern und
Schafen. Will er ein Brandopfer tun von den Rindern, nehme er männliche Tiere, die stark sind,
lege die Hand auf des Brandopfers Haupt,
so wird es mich, euern Herrgott, versöhnen.
Schlachten soll er dieses Rind vor dem Herren.
Priester und Söhne des Aarons besprengen
dann mit dem Blut dieses Tiers den Altar,
der vor der Tür meiner Hütte des Stifts ist.
Häutet das Brandopfer, haut es in Stücke,
Söhne des Aarons soll'n Feuer dann machen
auf dem Altar und dann Holz oben drauf tun,
darauf die Stücke, den Kopf und das Fett.
Waschet mit Wasser Geweide und Schenkel,
alles entzünde der Priester sodann.
Das ist ein Feuer zum Lobe des Herren.
Opfert auch Tauben und bringt sie dem Priester.
Dieser kneipt ab dann den Kopf, und das Blut
soll dann herablaufen von dem Altare.
Kröpfe und Federn der Tauben die werfe
man auf den Haufen aus Asche am Morgen."

*In dieser Art geht es lange noch weiter:
Speisopfer-, Dankopfer-, Sündopferregeln,
weitere Regeln für Schuldopfergaben.
Alles bedachte der Herr im Detail.
Hier Gottes Vorschrift zum Laubhüttenfest:*

„Brandopfer sollt ihr mir bringen zuerst,
Opfer des süßen Geruchs vor dem Herrn.
Dreizehn der Farren und dann noch zwei Widder,
vierzehn der Lämmer, die einjährig sind.
Dazu ein Speisopfer, drei Zehntel Mehl nehmt,
mengt es mit Öl und verteilt's auf die Tiere.
Niemals vergessen: für Sünden ein Bock.
Am zweiten Tag opfert zwölf junge Farren,
dazu zwei Widder und vierzehn der Lämmer.
Speisopfer, Trankopfer gebt zu den Tieren
und einen Ziegenbock opfert mir auch.
Am dritten Tage elf Farren, zwei Widder,
Speisopfer, Trankopfer wie schon gehabt.
Makellos seien die jährigen Lämmer,
vierzehn bekomme ich und einen Bock.
Am vierten Tage zehn Farren, zwei Widder,
Speisopfer, Brandopfer, vierzehn der Lämmer
und einen Sündenbock opfert mir auch.
Am fünften Tage neun Farren, zwei Widder,
Speisopfer, Brandopfer, vierzehn der Lämmer,
schließlich ein Ziegenbock für eure Sünden.
Am sechsten Tage acht Farren, zwei Widder,
Speisopfer, Brandopfer, vierzehn der Lämmer,
wieder ein Ziegenbock für eure Sünden.
Am siebten Tage nur sieben der Farren,
vierzehn der Lämmer und dazu zwei Widder.
Speisopfer, Brandopfer wie schon gehabt,
nicht zu vergessen: für Sünden ein Bock.
Am achten Tag opfert mir einen Farren
und einen Widder und sieben der Lämmer.
Speisopfer, Brandopfer und einen Bock."

*Was dieser Gott hier dem Mose einhämmert,
klingt selbst für Christen ein wenig belämmert.
Andererseits: Echtes Blut bei der Messe
steigert bestimmt des Besuchers Int'resse.*

*In Babylon, dort im Exil,
da dichteten die Priester viel.
Damit das Volk zusammenblieb,
den Kult man ganz exakt beschrieb.
Das diente dem Zusammenhalt
beim langen Auslandsaufenthalt.
Um diese Schriften zu verstehen,
muss man sie auch historisch sehen.*

Gott spuckt tödliches Feuer
(Levitikus, Kap. 10)
Aarons Söhne machten Feuer,
das der Herr so nicht begehrte.

Dafür zahlten sie dann teuer,
weil der Herr sie heiß verzehrte.

*Gott spielt hier den Feuerdrachen,
das ist einfach nur zum Lachen.*

Das Verbot, unreine Tiere zu essen
(Kap. 11; Deuteronomium, Kap. 14)
„Höret nun, was Gott der Herr
euch zu essen gibt:
Ochsen, Büffel, Schaf und Reh,
wie es euch beliebt.

Euch an diese Regel haltet:
esset, was die Hufe spaltet,
wobei ich jetzt das Kamel
nicht zu diesen Tieren zähl.

Hasen und Kaninchen meide,
unrein sind sie alle beide.
Unrein sind vor allem Schweine,
daher esst von diesen keine.

Wassertiere ohne Schuppen
mag der Herr nicht in den Suppen.
Also meidet Krebse, Aale
und verspeist auch keine Wale.

Esset auch das Federvieh,
Adler, Geier aber nie.
Strauße, Eulen, Sperber, Raben
sollt ihr ebenfalls nicht haben.

Störche, Reiher, Wiedehöpfe
sollen nicht in eure Töpfe.
Uhu, Kauz und Fledermaus
sind dem Herren auch ein Graus.

*Die Fledermaus Gott Vogel nennt,
weil er das Tierreich nicht gut kennt.*

Esst nicht von den Flügeltieren,
wenn sie gehn auf allen Vieren.
Meidet stets die Bodenkriecher,
unrein sind all diese Viecher."

Vor Gott ist der ein *mieser Knilch*,
der kocht das Lamm in Muttermilch.
*Nett wär es von Gott gewesen,
könnten wir bei Mose lesen,*

*dass man Wasser kochen soll,
wenn es von Bakterien voll.
Eine solche Offenbarung
gäbe unserm Glauben Nahrung.*

Gott hält Hasen für Wiederkäuer (Levitikus, Kap. 11)
Gott nennt Hasen Wiederkäuer,
irrt sich dabei ungeheuer.
Richtig ist: sie fressen Kot
morgens und im Abendrot.

Gottes lächerliche Leprabehandlung (Levitikus, Kap. 14)
„Wer Lepra hat, zum Priester geht,
weil der von Heilung was versteht.
Der Kranke nehme Vogelblut,
in das der Priester Wolle tut.

Worauf der Priester ganz gewitzt
das Blut auf den Patienten spritzt.
Er spritzt und reinigt siebenmal
und sieben ist der Tage Zahl,

die der Patient im Lager lebt.
Danach mir noch zwei Lämmer gebt.
Das eine wird sofort geschlachtet,
wobei die Regeln ihr beachtet:

Tut Blut auf Ohr und Hand und Zehen,
dann wird der Aussatz wieder gehen.
Gebt Öl dem Priester in die Hand
und schlachtet mir ein Lamm zum Brand.

Mit Lepra straf die Sünder ich,
die Krankheit geht nur weg durch mich.
Wenn ihr den Kranken richtig reinigt,
der Aussatz ihn nicht länger peinigt."

Der Leser liest und staunet stumm,
denn dieser Gott ist wirklich dumm.
Doch heute hat die Medizin
Dapson und auch Rifampizin.

Die Forschung forscht gewissenhaft,
wodurch sie neues Wissen schafft.
Der Kranke gilt nicht mehr als Sünder,
der Arzt wird nun zum Heilsverkünder.

Der Kranke wird nicht exorziert,
sein Körper wird genau studiert.
Methodisch ist man raffiniert,
man operiert ganz routiniert.

Mit Pharmaka heilt man oft Leiden
bei Alten, Jungen, Knaben, Maiden.
Und nicht nur bei den kleinen Pimpfen
erzielt man viel durch kluges Impfen.

Nicht heilbar ist der Gotteswahn,
doch nagt an ihm der Zeiten Zahn.

Wer nicht opfert oder Blut isst, wird ausgerottet (Levitikus, Kap. 17)
„Wer Ochsen, Lämmer, Ziegen schlachtet,
der wird vom Herrn nur dann geachtet,
wenn er das Tier zum Opfer bringt.
Ansonsten stirbt er unbedingt.

Wer Blut isst, dem wird nicht vergeben,
dem Frevler kostet es das Leben.
Wer Aas aß, wasche gleich sein Kleid
und warte bis zur Abendzeit."

Todesstrafe für Missachtung einer Opfervorschrift (Levitikus, Kap. 19)
„Wollt ihr mir opfern, dann gebet acht,
esst gleich das Opfer, das ihr gebracht.
Dürft es auch essen am Tage zwei.
Tötet indessen am Tage drei,
den, der noch isst, der das vergisst."

Der Herr war damals ziemlich kleinlich,
als Christ wär mir das ziemlich peinlich.

Todesstrafe für Ehebrecher und Homosexuelle (Levitikus, Kap. 20 u. 21)
„Wer Kinder für den Moloch peinigt,
der wird sofort vom Volk gesteinigt.
Wer Vater oder Mutter flucht,
hat fest 'ne Steinigung gebucht.

Ein Mann, der seine Ehe bricht,
der lebe besser weiter nicht.
Wer's frech mit seiner Mutter treibt,
der wird natürlich auch entleibt.

Wer schläft bei seines Sohnes Frau,
dem tödlich auf den Schädel hau.
Und wer von euch ist pädophil,
den rottet aus mit Stumpf und Stil.

Und auch des Mannes Knabenliebe
enthaupte man mit einem Hiebe.
Wer schläft beim Mann als wär's ein Weib,
soll auch verlieren seinen Leib.

Wer mit der Schwiegermutter pennt,
des sündig Leib im Feuer brennt.
Wer schuldig ist der Sodomie,
den töte man und auch das Vieh.

Vom Leibe dem die Rübe haut,
der seiner Schwester Blöße schaut.
Wer pimpert in der Periode,
der sündigt schwer, bringt ihn zu Tode.

Die Deuter von den Zeichen
macht überall zu Leichen.
Die Priester sollen Bärte tragen,
sich niemals zu den Huren wagen.

Kann man des Priesters Tochter kaufen,
dann legt sie auf den Scheiterhaufen.
Wer Gott mit Flüchen peinigt,
wird ebenfalls gesteinigt."

„Gestützt auf die Heilige Schrift, welche sie als Abirrung bezeichnet, hat die kirchliche Überlieferung stets erklärt, daß die homosexuellen Handlungen in sich nicht in Ordnung sind."
Katechismus der Kath. Kirche, Nr. 2357

Weil ich damals schon verlobt war, suchte ich mir einen Kommilitonen aus, bei dem ich absolut sicher sein konnte, dass er mir nicht plötzlich einen Kuss gibt. Bei ihm war ich da absolut sicher." Prof. Dr. Uta Ranke-Heinemann über Dr. Joseph Ratzinger, Focus, 18.2.2010

Gebrechlichen wird verboten, Opfer zu bringen (Levitikus, Kap. 21)
„Der Herr will keine Opfergaben
von Menschen, die ein Leiden haben.
Damit ihr wisst, wovon wir sprechen:
Ich meine Leute mit Gebrechen.

Ich tue dir drum heute kund,
dass Krätze, Flechte, Muskelschwund
den heil'gen Opferdienst entweihen,
auch Lahmheit kann ich nicht verzeihen.

Ganz unbedingt sind zu vermeiden:
ein Bruch der Knochen, Augenleiden.
Ich mag auch nicht gequetschte Hoden
beim Opferdienst auf heil'gem Boden."

*Mein Gott, beim Bodenpersonal
sind doch die Hoden scheißegal!*

Alle sollen sich am Versöhnungstag kasteien (Levitikus, Kap. 23)
„So höre, Mose, was ich sag:
Des siebten Monats zehnter Tag,
da wird der Leib ganz streng kasteit,
damit der Herr euch dann verzeiht.
Wer sich jedoch nicht so kasteit,
der ist dadurch dem Tod geweiht."

Die Steinigung eines Gotteslästerers (Levitikus, Kap. 24)
Er lästerte frech Gottes Namen,
da fragte der Mose den Herrn:
„Wie hättest du das denn jetzt gern?
Das sprengt ja nun wirklich den Rahmen."

„Den Flucher, den führet heraus,
am Leben soll er nicht mehr sein.
Den Schädel, den schlagt ihm nun ein,
das Lästern, das ist mir ein Graus."

Regeln für die Lohnarbeit von verarmten Brüdern (Levitikus, Kap. 25)
„Wenn Brüder verarmen,
sollst du dich erbarmen.
Dir nicht erlaubt ist Sklaverei,
den Bruder lass nach Jahren frei.
Weil Brüder meine Knechte sind,
lass ziehen sie mitsamt dem Kind."

Regeln für Menschenhandel und Sklaverei (Levitikus, Kap. 25)
„Willst du 'nen Knecht oder willst du 'ne Magd,
höre, was Jahwe zum Knechthandel sagt:
Kauft sie von Heiden, die rings um euch sind,
nehmt auch von Gästen und Fremden das Kind.
Sollt sie besitzen und müsst ihr dann sterben,
dürft ihr sie gern euern Kindern vererben."

Gott droht abscheuliche Strafen an (Levitikus, Kap. 26)
„Gehorcht dem Herrgott lieber,
sonst sendet er euch Fieber.
Gebote sollt ihr achten,
sonst soll der Leib verschmachten.

Vor Feinden seid ihr auf der Flucht,
die Bäume tragen keine Frucht.
Und reicht euch noch nicht diese Qual,
dann straf ich euch gleich siebenmal.

Von Rache bin ich ganz besessen,
die Löwen sollen Kinder fressen.
Wer sich nicht zu dem Herrgott kehrt,
den straft er mit dem Racheschwert.

Wer hungrig ist, der soll indessen
das Fleisch von Sohn und Tochter essen.
Damit ihr auch recht kräftig büßt,
mach ich noch eure Städte wüst.

Und rascheln nur die Zweige,
dann rennt ihr fort ganz feige.
Ich streu euch zu den Heiden,
dort sollt ihr weiter leiden."

Numeri (Das 4. Buch Mose)

Der göttliche Dreck-Weihwasser-Ehebruch-Test (Numeri, Kap. 5)
„Höre, was der Herr nun spricht:
Wenn ein Weib die Ehe bricht,
doch ihr Mann weiß nicht genau:
Tat es wirklich meine Frau?

Wenn die Eifersucht ihn quält,
weil man Schändliches erzählt,
kann der Nachweis so gelingen:
Er soll sie zum Priester bringen.

Dieser prüft des Weibes Fehl
gegen etwas Gerstenmehl.
Ob sie schuldig oder nicht,
kommt dann bald ans Tageslicht.

Gibt ihr Wasser voller Dreck:
‚Trinke diese Brühe weg!'
Trieb sie's mit 'nem andern Mann,
fängt ihr Bauch zu schwellen an."

Diesen bösen alten Brauch
gab´s in andern Ländern auch.

Gott erscheint als Wolke und als Feuer (Numeri, Kap. 9)
Über seinem Gottesvolke
schwebte Gott in einer Wolke.
Man so lang im Lager blieb,
bis die Wolke aufwärts stieg.

Nachts war sie ein Feuerschein.
Heiliger Gesangverein!

Wachteln vom Himmel und eine große Plage (Numeri, Kap. 11)
Da fing der Pöbel an zu weinen:
„Wir haben nichts mehr zum Entbeinen.
Und immer dieses Manna nur,
warum ist Gott denn nur so stur?"

Der Herrgott hörte dies Gekreisch
und warf vom Himmel Vogelfleisch.
Es gab Millionen frische Wachteln,
die wollten sie nun gerne spachteln.

Doch strafte Gott das Klagen,
er schickte ihnen Plagen.
Es heißt, in seinem Frust
schuf Gräber er der Lust.

Die Meisten dürfen nicht ins Gelobte Land (Numeri, 13-14, 32; 5. Buch Mose, Kap. 1)
Gott schickte Kundschafter aus in das Land,
das sich vor Mose und Aaron befand.
Kamen zurück dann und machten Geschrei,
all diese Länder, die seien nicht frei.

Städte und Menschen dort seien sehr groß,
dagegen seien sie Heuschrecken bloß.
Gott sprach zu Mose: „Das büßen sie mir,
alle, die murren, die bleiben nun hier.

Keiner soll leben im Heiligen Land,
sollen verderben im staubigen Sand.
Kundschafter sollen an Plagen verrecken,
heute noch will ich das Urteil vollstrecken.

Die ich aus Ägypten führte,
taten nicht, was sich gebührte.
Weil sie es so übel treiben,
soll'n sie in der Wüste bleiben.
Sollen alle dort verrecken,
niemals Milch und Honig schmecken."

Die Christen glauben allerhand.
Ihr Glaube ruht auf Wüstensand.

Die Steinigung eines Holzsammlers (Numeri, Kap. 15)
Als Mose einmal Gott befragte,
der Herr zu Mose dieses sagte:

„Wer dreist in seinem Menschenstolz
am Sabbat sammelt Wüstenholz,
wer derart mich verspottet,
wird sofort ausgerottet."

Sie schnappten sich den armen Mann,
bewarfen ihn mit Steinen dann.

250 Aufrührer und deren Familien fahren zur Hölle (Numeri, Kap. 16)
Korah war Mose und Aaron zum Feinde:
„Warum befehligst du unsre Gemeinde?
Alle sind heilig, drum brauchen wir nicht
einen, der für uns mit Gott was bespricht."
„Wartet nur, Gott wird euch selber erklären,
wen er erhöht hat, mit ihm zu verkehren.
Kommt einfach morgen mal her mit den Pfannen,
Gott wird erhören euch oder verbannen."

Korah und zweihundertfünfzig Leviten
kamen mit Pfannen und Feuer und brieten
Räucherwerk nahe der Hütte des Herrn.
Jahwe sah dies voller Grollen von fern:

„Scheidet euch alle von dieser Gemeinde,
denn meine Wut trifft mit Wucht Moses Feinde.
Weicht von den Hütten der lästernden Täter,
denn ich verderbe nun Kinder und Väter."
Plötzlich gab's Risse im Sand und Gerölle,
Mütter und Kinder fuhr'n lebend zur Hölle.

Priester und Leviten lassen sich vom Volk ernähren (Numeri, Kap. 18)
„Ach Aaron, hör, was ich vergessen:
Auch du sollst von den Opfern essen.
Das beste Öl und Korn und Most
sei dir und deiner Söhne Kost.

Die erste Frucht sei immer dein,
es esse nur davon, wer rein.
Das Erste aber opfer nicht
vom Fleische, das die Mutter bricht.

Ob Mensch, ob Vieh, lass sie am Leben,
sie sollen Geld dir dafür geben.
Von Rindern, Schafen, Ziegen
will ich das Fett nur kriegen.

Das Blut sollst du versprengen,
das Fett sollst du verbrennen.
Leviten dürfen Steuern heben,
doch müssen sie mir Opfer geben."

Das Kuhasche-Reinigungswasser-Ritual (Numeri, Kap. 19)
„Höret nun, Mose und Aaron, was Gott spricht:
Nehmt eine Kuh, die ein rötliches Fell hat,
ohne Gebrechen, die niemals ein Joch trug.
Gebt sie dem Priester, dass der diese schlachte.
Tauchen soll er in das Blut einen Finger,
siebenmal sprengen das Blut hin zur Hütte.
Soll dann verbrennen die Kuh und ihr Fell,
dazu ihr Blut und ihr Fleisch und den Mist.
Zedernholz, Ysop und rötliche Wolle
werfe er dann auf die brennende Kuh.
Soll sich dann waschen und auch seine Kleider.
Jemand, der rein ist, soll danach die Asche
sammeln und draußen vorm Lager bewahren
für die Gemeinde der Kinder des Landes.
Mischt diese Asche des Opfers mit Wasser,
Sprengwasser soll dieses Wasser euch sein.
Der, der gesammelt die Asche, ist unrein,
unrein bis abends, er wasche die Kleider.
Dies soll ein Recht sein den Kindern des Landes.
Wer einen Toten berührt, der sei unrein,
soll sich entsündigen drei Tage später.
Sprengwasser nehme man, dass er so rein sei,
außerdem nochmals am siebenten Tag.
Jeden, der unrein und dann sich nicht reinigt,
rotte man aus aus dem Volke des Herren."

*Eine wichtige Rolle
spielt die richtige Wolle!*

Gott ermordet Hungernde durch Giftschlangen (Numeri, Kap. 21)
Da klagten sie: „Es gibt kein Brot,
es gibt kein Wasser, nur noch Not."
Den Herrgott störte ihr Verlangen,
er strafte sie mit Gift von Schlangen.

Moses Zauberstab (Numeri, Kap. 21)
Als Mose sich beim Herrn beklagte,
der Herr zu Mose dieses sagte:
„Mach dir aus Holz 'ne lange Stange,
auf diese setz 'ne Kupferschlange."

Das war vom Herrn insofern lieb,
als man trotz Gifts am Leben blieb,
wenn man auf diese Schlange schaute,
die Mose sich aus Kupfer baute.

Die Tötung von 24.000 Israeliten (Numeri, Kap. 25)
„Die noch zu Baal und Peor drängen,
die sollt ihr in die Sonne hängen.
Die Führer sollt ihr pfählen,
damit sie sich lang quälen.

Besänftigt meinen Grimm,
sonst wird die Plage schlimm."
Und Pinehas nahm einen Spieß,
den er dann in den Simri stieß.

Mit Kosbi hatte der gehurt,
obwohl sie heidnisch von Geburt.
Auch Kosbi stach er in den Bauch,
was sonst bei Priestern nicht der Brauch.

Dem Herrn gefiel's, so hört man sagen,
zu Ende gingen seine Plagen.
Rund Vierundzwanzigtausend starben,
weil sie mit Jahwe sich's verdarben.

*Beachtlich dieser body count,
der Kenner aber nicht erstaunt.*

Gott möchte bei Neumond sniffen (Numeri, Kap. 28)
„Bei Neumond sollt ihr Tiere schlachten,
die Regeln dabei streng beachten.
Ihr opfert mir ein Lamm am Morgen,
sollt auch für Öl und Feinmehl sorgen.

Ihr macht mich ruhig durch die Düfte,
die zu mir ziehen durch die Lüfte."

Mose lässt morden, vergewaltigen, entführen und rauben (Numeri, Kap. 31)
Und Mose sprach zum Heer:
„Ich wunder mich doch sehr,
dass Weiber noch am Leben sind
und auch so manches kleine Kind.

Drum tötet alle Knaben
und Frau´n, die Männer haben.
Die Jungfern lasst am Leben,
sie sei'n euch untergeben."

Und Mose, stark im Glauben,
ließ Gold und Silber rauben,
dazu noch Erz und Rinder
und dreißigtausend Kinder.

Was geschah mit den 32.000 geraubten Jungfrauen? (Numeri, Kap. 31)
Auf Befehl Gottes töten Moses Krieger mit der Ausnahme von 32.000 Jungfrauen alle Medianiter/innen. 32 Jungfrauen übergibt Mose als Abgabe für den Herrn dem Priester Eleasar, weitere 320 Jungfrauen den Leviten. *Die diese dann gleich brieten? (Der Herr liebt ja den süßlichen Rauch von verbranntem Fleisch.) Oder sie vergewaltigten, versklavten? Die Bibel hüllt sich hierüber in Schweigen.*

Deuteronomium (5. Buch Mose)

Gott lässt das gesamte Volk von Sihon ermorden (Deuteronomium, Kap. 2)
Der König von Sihon
ward auch vom Herrn verstockt,
so dass er Mist verbockt,
das hat er nun davon:

Des Mose munt're Mannen,
die machten alle platt,
und niemand kam von dannen,
man schleifte jede Stadt.

Kein Einz'ger blieb am Leben,
dann raubten sie das Vieh.
Der Herr hat es gegeben.
Es scheint, er liebte sie.

Mose ruft zur Indoktrination von Kindern auf (Deuteronomium, Kap. 6)
„Wo immer du auch gehst,
wo immer du auch stehst,
da schärfe ein den Kleinen:
Wir alle sind die Seinen.

Sie soll'n den Herrgott loben,
der auf sie schaut von oben.
Sie sollen ihm gehören,
auf seinen Namen schwören.

Dann nimmt er sie bei seiner Hand
und führt sie ins gelobte Land.
Dann gibt er ihnen Haus und Stadt
und macht sie alle froh und satt.

Was andre Völker lehren,
das soll'n sie nicht verehren.
Die Götzendienst errichten,
wird Er sofort vernichten.

Du sollst zu ihnen sagen:
´Er wird die Feinde jagen´.
Tut das, was Er bestimmt,
dass Jahwe nicht ergrimmt."

Kindern kann man jeden religiösen Unsinn einreden, wenn Autoritätspersonen jahrelang entsprechend auf sie einwirken. Eine solche mentale Manipulation, die mit Drohungen, Versprechungen und ständigen Wiederholungen arbeitet, stellt eine besonders perfide Form von Gehirnwäsche dar. Ein Beispiel dafür ist der staatlich organisierte und bezahlte Religionsunterricht.

Was die Israeliten beim Genozid beachten sollen (Kap. 7; Exodus 23)
„Sieben Völker sollt ihr schlagen,
aber nicht an sieben Tagen.
Langsam sollt ihr massakrieren,
fürchtet euch vor wilden Tieren,

die sich viel zu schnell vermehren,
wenn sich alle Dörfer leeren.
Götzenbilder haut entzwei,
jeder Feind ist vogelfrei.

Niemand wird sich wirklich wehren,
doch sollt ihr kein Gold begehren.
Alle, die mich nicht verachten,
soll'n Hethiter täglich schlachten.

Keinesfalls sollt ihr sie freien,
das würd ich euch nie verzeihen."

Auch ein Gott braucht Liebe (Deuteronomium, Kap. 10)
„Diese Worte sollt ihr hören:
Gott der Herr ist stark und groß.
Nur auf Jahwe sollt ihr schwören,
sonst macht Er euch Ärger bloß.

Gott die Witwen, Waisen liebt,
ihnen Kleider, Speisen gibt.
Darum gebet Hosen, Hemden
zum Bekleiden auch den Fremden.

Gott gehört die ganze Welt
sollt mit ihm nicht scherzen.
Wollt ihr, dass er zu euch hält,
liebet ihn von Herzen."

*Vom Heil'gen Geiste angehaucht,
verkündet Mose, was Gott braucht.
Ich glaub, ich soll den Herren lieben,
doch halt ich es für übertrieben,*

*mein ganzes Herz dem Herrn zu schenken
und ständig an den Herrn zu denken.
Ich glaube nicht, dass es gelingt,
dass mich ein Gott zur Liebe zwingt.*

Völkervertreibung und Altarschändung (Deuteronomium, Kap. 11-12)

„Und seid ihr in heidnischen Ländern,
dann sollt ihr die Sitten verändern.
Die Völker dort sollt ihr vertreiben,
von ihnen soll keines mehr bleiben.

Den Götzendienst sollt ihr vermeiden,
zerbrecht drum die Säulen der Heiden.
Die Bilder der Götter zerschlagt,
so wahr euer Gott dies euch sagt.

Verbrennet auch all ihre Haine,
Altäre soll'n stehen dort keine.
Vergesst nicht, was ich euch getan
und fangt mit dem Werke nun an."

Religionen spalten - manchmal sogar Schädel (Michael Schmidt-Salomon): Christen haben im Namen ihres Gottes nicht nur Juden, Muslime, Heiden, Ungläubige und Indianer umgebracht, sondern wegen unterschiedlicher religiöser Auffassungen auch christliche Häretiker verfolgt und getötet. Und für Katholiken waren natürlich auch Luther und dessen Anhänger Ketzer.

Der göttliche Überwachungsstaat (Deuteronomium, Kap. 13 und 17)

„Ich werde euch versuchen
und alle die verfluchen,
die hören auf Propheten,
zu falschen Göttern beten.

Ob Brüder, Söhne, Frauen,
darauf sollst du nicht schauen.

Wer sündigt von den Deinen,
bewerfe ihn mit Steinen.
Sollst suchen, forschen, fragen,
die ganze Stadt erschlagen,

die ganze Stadt verbrennen
und keine Götzen kennen.
Wer dient der Sonne und dem Mond,
wird selbstverständlich nicht verschont.

Wer nicht folgt seinem Priester treulich,
soll sterben unter Steinen gräulich."

„Motto aller Inquisitoren: Du wirst dran glauben oder: dran glauben." M. Schmidt-Salomon, gbs

Henry Charles Lea: Geschichte der Inquisition im Mittelalter. Bonn, 1905.

Instruktionen zu Mord, Raub und Zerstörung (Deuteronomium, Kap. 20)

„Sollt nicht vor den Feinden fliehen,
denn der Herr wird mit euch ziehen.
Will dein Herz verzagen,
sollst du einfach sagen:

Führt dich Gott im Kriege,
gibt es eins nur: Siege.
Wenn sie sich ergeben,
lasse sie am Leben.

Alle diese Leute
sind dann deine Beute.
Wenn die Stadt sich wehrt,
schlag sie mit dem Schwert.

Männer schlag und Knaben,
nimm, was sie noch haben.
Frauen töte nie,
das gilt auch fürs Vieh.

Alles gut verteilen
und dann weitereilen.
Ferne Völker zu vernichten,
das gehört zu deinen Pflichten.

Alle Männer, Kinder, Frauen
sollst du mit dem Schwerte hauen."

Die Töchter der Feinde dürfen vergewaltigt werden (Kap. 21)

„Wenn du siegst im Feindesstreit,
weil der Herr dich liebt,
sei zu folgendem bereit,
weil's dein Gott dir gibt:

Findest du ein schönes Weib,
deren Eltern tot,
und begehrst du deren Leib,
ende ihre Not.

Nimm sie zu dir in dein Haus,
schere ihr die Haare,
zieh ihr die Klamotten aus,
wenn sie gute Ware.

Einen Monat warte noch,
lass ihr ihren Frust,
nimm zum Weibe sie jedoch,
hast du dann noch Lust."

Wie so oft in seiner Bibel
zeigt sich Jahwe hier flexibel.
Ehen sind hinfort erlaubt,
auch wenn sie an Götzen glaubt.

Widerspenstige Söhne sind zu steinigen (Deuteronomium, Kap. 21)
„Söhne mit sehr eig'nem Willen
sollt ihr vor den Toren killen.
Wer so schlecht und Eltern peinigt,
wird zu Recht vom Volk gesteinigt."

Steinigung bei vorehelichem Verkehr von Frauen (Deuteronomium, Kap. 22)
„Kommt bei der Heirat klar heraus,
dass sie's schon trieb im Vaterhaus,
dann greift euch dieses lose Mädel
und werft ihr Steine an den Schädel.

Wenn eine Dirne schon verlobt,
die anderswo das Schlafen probt,
dann sollt ihr dieser nicht verzeihen
und sie und ihn dem Tode weihen.

Des Nächsten Weib begatte nie.
Die Dirne stirbt, wenn sie nicht schrie,
als man sie übermannte,
und sie nicht sofort rannte.

Wer einer Jungfer tut Gewalt,
der eheliche diese halt
und zahle fünfzig Schekel."
Da überkommt mich Ekel.

Kinder und Enkel von Huren sollen ausgeschlossen werden (Luther-Bibel, 1912, Kap. 23)
„Hurenkinder soll'n nicht kommen
in des Herrn Gemeinde.
Dort versammeln sich die Frommen,
nicht des Herren Feinde.

Hurenweiberenkelkinder
hasst der Herrgott auch nicht minder.
Dies gilt auch für Ammoniter
und die miesen Moabiter."

Scheidungsrecht zugunsten des Mannes (Deuteronomium, Kap. 24-25)
„Stinkt dir sehr der Ehemief,
schreib ihr einen Scheidebrief.
Weiber, die dein Geld verprassen,
sollst du ebenso entlassen.

Wenn ihr zweiter Mann sie feuert,
und zurück zu dir sie steuert,
sollst du sie mitnichten nehmen:
Sie ist unrein, soll sich schämen.

Starb ihr zweiter Ehemann,
rühr die Frau nicht nochmal an,
denn das brächte Schande
dir und deinem Lande.

Wenn ein Mann dich heftig schlägt,
und dein Weib die Hand bewegt,
packt des Mannes Hodensack:
Hau ihr ab die Hand dann: Zack!"

Das Abhacken der Hand als Strafe für Diebstahl
wird heute noch in Saudi-Arabien, im Iran, in Pa-
kistan, im Sudan, im Norden Nigerias und in So-
malia praktiziert.

Der, der hier so furchtbar drohte,
schuf viel mehr als zehn Gebote.
Schuf zusammen gut sechshundert,
weshalb es nicht sehr verwundert,
dass Verstöße häufig waren
in dreitausend langen Jahren.

Die Thora enthält 248 Gebote und 365 Verbote.

Gott droht mit fürchterlichen Plagen (Deuteronomium, Kap. 28 und 32)
„Hörst du nicht auf meine Stimme,
straf ich dich mit meinem Grimme.
Was auch immer ihr versucht,
es wird gleich von mir verflucht.

Kinder, Lämmer, Kälber,
Fluch auf dir auch selber.
Hitze, Dürre, Brand und Fieber
oder wär dir Gelbsucht lieber?

Bist für meine Worte taub?
Asche regnet's dann und Staub.

Wirst vor deinem Feind verzagen,
der wird dich zerstreu'n und schlagen.
Vögel werden Leichen fressen,
blind tappst du umher indessen.

Krätze wird dich elend quälen,
Unrecht wird dich nicht verfehlen.
Deine Frau wird niemals dein,
deine Reben: ohne Wein.

Häuser werden dich nicht schützen,
Tiere werden dir nichts nützen.
Schließlich werde ich befehlen,
Sohn und Tochter dir zu stehlen.

Doch ich plage dich noch weiter:
Kopf bis Fuß seist du voll Eiter.
Scheusal wirst du sein und Spott,
dienen einem fremden Gott,

einem Gott aus Holz und Stein.
Würmer fressen deinen Wein.
Weiter sinkst du tief und tiefer,
Früchte frisst das Ungeziefer.

Weil so riesengroß mein Zorn,
nehm ich dir das letzte Korn.
Öl und Schafe, Früchte, Most?
Dies sei fortan eure Kost:

Nachgeburt und Fleisch der Kinder
gibt es nun statt Lamm und Rinder.
Dieses Fleisch wird derart knapp,
für Verwandte fällt nichts ab.

Also werde ich mich rächen,
freun mich an dem Leid der Frechen.
Wer mich nicht korrekt verehrt,
wird alsbald von mir verzehrt.

Wer mir frech die Treue bricht,
kommt vor mein Spezialgericht.
Eure Sünden werden teuer:
Schlangengift und Höllenfeuer.

Töten kann ich und auch heilen,
treffen euch mit meinen Pfeilen.
Töten werd ich die mich hassen,
die mich ehren leben lassen."

*Gott bekennt sich als Sadist,
was zumindest ehrlich ist.*

reimbibel.de/gott-droht-mit-fuerchterlichen-plagen

Mose darf nicht ins gelobte Land (Deuteronomium, Kap. 32)
Schließlich hat ihm Gott verkündigt:
„Weil dein Volk so schwer gesündigt,
sollst du zwar das Land noch sehen,
aber nicht mehr weitergehen."

Mose sah noch Kanaan,
schloss die Augen aber dann.

*Jude oder Jüdin ist, wer von einer jüdischen Mutter geboren wurde und keiner anderen Religion angehört. Die Thora war und ist für die religiösen Juden als Offenbarung Gottes von zentraler Bedeutung. Sie spielte und spielt bei der Einwanderung von Juden nach „Palästina" und bei der Siedlungspolitik Israels eine wichtige Rolle: verheißenes Land, gelobtes Land, heiliges Land. Bis heute werden „Palästinenser" gewaltsam vertrieben. Bis heute spielen ultraorthodoxe Juden eine große Rolle in der Politik Israels. Sie verhindern eine Zwei-Staaten-Lösung. Ob es historisch jemals ein palästinensisches oder ein jüdisches Volk gegeben hat, ist umstritten.
Die Kriege im Nahen Osten sind Religionskriege.*

Über die Bücher Mose
*Die Bibel ist ein böses Buch,
der Menschheit wurde sie zum Fluch.
Zwar hat sie auch paar gute Stellen,
doch mehr gibt´s von den kriminellen.*

*Jede(r) sollte vorm Verwesen
mal die Bücher Mose lesen.
Was darin an Irrsinn steht,
kaum auf eine Kuhhaut geht.*

*Aus der Bibel rinnt das Blut,
was Gott tut, ist selten gut.
Die Märchen der Gebrüder Grimm
sind im Vergleich nicht halb so schlimm.*

*Denn in seiner Eifersucht
hat Gott oft sein Volk verflucht.
Ständig droht und mordet er
hinter seiner Schöpfung her.*

*Grausam sind des Herren Werke,
Mitleid ist nicht seine Stärke.
Grausam ist er von Natur,
lieb ist er ganz selten nur.*

reimbibel.de/mose

Josua

Die Überquerung des Jordans (Josua, Kap. 3)
Trock´nen Fußes durch den Fluss!
Noch ein Wunder oder Stuss?
Heißt das, dass die Erde bebte
und den Jordan dann verschluckte

oder, dass der Herr noch lebte
und nach seinem Volke guckte?
Gab es einen Wasserhaufen,
dass die Menschen nicht ersaufen?

„1927 bewies ein Ereignis, dass der Fluss Jordan zeitweise versiegen kann: ein Erdbeben! In Spalten und unterirdischen Verwerfungen, die sich während des Bebens auftaten, versickerte der Fluss kurzzeitig und verschwand von der Oberfläche." Quelle: weltderwunder.de

Die Mauern von Jericho werden demoliert (frei nach Josua, Kap. 6)
Und nach dem Volk des Pharao
erwischte es dann Jericho.
Posaunenklang und Feldgeschrei:
des Herren neue Zauberei.

Er ließ das Volk in d-moll schrei´n,
da stürzten alle Mauern ein.
Ob Mann, ob Weib, ob jung, ob alt:
Josua machte alle kalt.

Sodann sprach er noch: „Bauverbot,
sonst schlag ich eure Söhne tot."
So zogen sie von Ort zu Ort
und übten sich im Massenmord.

Die Geschichte von der Zerstörung Jerichos ist von der Wissenschaft - auch von Alttestamentlern - längst widerlegt: Jericho bestand schon vor der Zeit der sagenhaften Posaunengeschichte aus Ruinen. Auch jüdische/israelische Historiker räumen mit dieser und anderen Legenden schonungslos auf. I. Finkelstein, N. A. Silberman: Keine Posaunen vor Jericho. Die archäologische Wahrheit über die Bibel, 2003

Josua lässt Achan und dessen Kinder steinigen (Josua, Kap. 7)
Achan hatte Gold geraubt,
doch das war ihm nicht erlaubt.
Beute war es für den Herrn,
und Diebstahl hat der Herr nicht gern.

Zu des Volkes Reinigung
gab es eine Steinigung.
Denn es war des Herren Wille,
dass man Achans Sippe kille.
Achan, Söhne, Töchter, Vieh
killten und verbrannten sie.

Josua lässt alle Einwohner von Ai umbringen (Josua, Kap. 8)
Der Herrgott sprach zu Josua:
„Nun geht es weiter, ist doch klar.
Bereite einen Hinterhalt
und mach die Leut´ von Ai kalt.

Lock das Heer aus ihrer Stadt
mache dann ganz Ai platt.
Den Raub, das Vieh dürft ihr euch teilen,
lass nun dein Heer nach Ai eilen."

Kaum ward's gesagt, war's schon getan,
und alles lief nach Jahwes Plan.
Der König wurde aufgehängt,
und Gott ein Bergaltar geschenkt.

Die Israeliten vernichten 31 Königreiche (Josua, Kap. 10-12)
Weiterhin mordete Josua fleißig,
und von den Königen schlug er gut dreißig.
Alle erschlug er und auch deren Leute,
so steht's geschrieben in Bibeln noch heute.

Fünf dieser Könige nahm er gefangen,
und seine Obersten setzten zum Gruß
fest auf den Hals dieser Herrscher den Fuß,
knüpften sie auf, dass an Bäumen sie hangen.

Flüchtige tötete Gott höchstpersönlich,
wie er das machte, war sehr ungewöhnlich:
Gott warf vom Himmel mit mächtigen Steinen.
Nicht wirklich nett von ihm, sollte man meinen.

Danach erhörte Gott Josuas Flehen,
Er ließ die Sonne drum nicht untergehen.
So hatte Josua gute Belichtung
bei seinem Werke der Feindesvernichtung.

Still stand die Sonne und still stand der Mond,
Josua hat keine Feinde verschont.

Freundlicher hat sich der hawaiianische Gott Maui verhalten. Er hat den Lauf der Sonne verlangsamt, damit sein Vater bei der Feldarbeit besser sehen konnte.

Der Landtag von Sichem (Josua, Kap.24)
Josua sammelte Israels Stämme,
kamen nach Sichem und traten vor Gott:
Älteste, Richter und weitere Führer.

„So spricht der Herr, er ist Israels Gott:
Jenseits des Stroms wohnten einst eure Väter,
dienten nicht Gott, sondern anderen Göttern.
Abraham lebte dort jenseits des Stromes.
Zog dann durch Kanaan, weil ich ihn führte.
Schenkte ihm Söhne und gab ihm den Isaak.
Isaaks Söhne war'n Jakob und Esau.
Jakob zog weiter ins ferne Ägypten.
Führte euch dann aus Ägypten ans Meer.
Doch weil Ägypter mit Wagen und Pferden
die Väter verfolgten bis hin zu dem Schilfmeer,
ließ ich vom Meer dieses Heer überfluten.
Habt es gesehen mit eigenen Augen.
Dann aber lebtet ihr lang in der Wüste.
Brachte euch dann in ein feindliches Land.
Die Amoriter hab ich dann vernichtet.
Der König von Moab bekriegte dann Israel.
Aber ich half euch dann gegen den Balak.
Die Bürger von Jericho, zahlreiche Völker
trieb her ich vor euch, und ich gab euch ein Land
mit Städten zum Wohnen, die ihr nicht erbaut habt,
mit Bäumen und Reben, die ihr nicht gepflanzt habt.
Drum fürchtet den Herren und dient ihm in Treue.
Schafft fort alle Götter der Väter und dient mir.
Wollt ihr mir nicht dienen? Entscheidet euch
heute! Ich aber, Josua, diene dem Herren."

Da sprach das Volk: „Andern Götter zu dienen,
dies sei uns ferne, denn Gott, unser Vater,
hat uns aus dem Sklavenhaus einstmals geführt."
„Ihr seid nicht imstande, dem Herren zu dienen,
die Frevel und Sünden wird er nicht vergeben."

Das Volk aber sagte zu Josua dieses:
„Nein, denn wir wollen dem Herren nur dienen."
Also schloss Josua dann einen Bund ab,
gab seinem Volke in Sichem Gesetze,
schrieb alle Worte davon in ein Buch.
Sprach zu dem Volke: „Seht her, dieser Stein,
er sei ein Zeuge, er hörte, was Gott sprach."
Josua legte dann unter die Eiche in Sichem
den Stein als ein Zeugnis vor Gott.

*Diese Geschichte vom „Landtag zu Sichem" gilt
in der AT-Forschung als Dokument der frühen Einigung der Hebräer auf einen gemeinsamen
JHWH-Kult unter Führung des Josefstammes.
Denn wahrscheinlich war nur ein kleiner Teil
dieser Stämme zuvor in Ägypten und brachte
den Glauben an JHWH aus der Wüste mit,
während die meisten auf anderen Wegen in das
Kulturland einsickerten oder es eroberten."
Quelle: Wikipedia, 4.5.2023*

Richter

Die Judäer erobern Siedlungsgebiete (Richter, Kap. 1)
Da sprach der Herr zu Juda:
„So hör mir zu, ja, du da!
Schlagt tot die Kananiter
und auch die Pheresiter."

Und Juda schlug zehntausend Mann
und später noch viel And're dann.
Ein König musste büßen
an Händen und an Füßen.

Sie schnitten ihm die Daumen ab,
und daumenlos kam er ins Grab.
Jerusalem ward dann verbrannt,
und Juda wurde sehr bekannt.

Weiter ging's zum Gaza-Streifen,
weiter ging's mit Städteschleifen.
Einer hat den Weg verraten,
als um Auskunft sie ihn baten.
Sein Geschlecht blieb so am Leben.
Gott wird den Verrat vergeben.

Sebulon kassiert Zinsen (Richter, Kap. 1)
Sebulon kassierte Zinsen
andernorts *mit breitem Grinsen.*
Ließ die Menschen dort nicht schlachten,
weil sie ihm Gewinne brachten.

*Die Moral von der Geschicht:
Töte deine Feinde nicht.
Wenn sie deinem Konto nützen,
sollst du sie sogar beschützen.*

Gott straft, hilft, straft und hilft Israel (Richter, Kap. 2-4)
Wieder ehrten sie den Baal,
dies ließ Jahwe keine Wahl.
So was macht den Herren grimmig,
heißt es in der Bibel stimmig.

Gab sie in der Räuber Hand,
Unglück war im ganzen Land.
Um für Götzendienst zu sühnen,
mussten sie dem Eglon dienen.

Siegten dann bei Moabit,
weil der Herr mit ihnen stritt.
Samgar mit dem Ochsenstecken
konnte viel' Philister strecken.

*Kaum hat Israel verschnauft,
Gott es an den Feind verkauft.
Diesmal gleich für zwanzig Jahre.
Israel als Handelware!*

Danach half der Herrgott wieder,
rang den starken Gegner nieder.
Barak schlug Siseras Heer,
keiner blieb am Leben mehr.

Debora eint verschiedene irsraelitische Stämme (Richter, Kap. 4)
Deborah saß unter der Palme bei Rama,
sie sprach dort das Recht für die Stämme.
Sie schickte zu Barak hin Boten zu rufen
den Barak, den Sohn Abinoams, und sagte:
„Der Herr unser Gott sagt dir: ‚Ziehe zum Tabor,
drum nimm deine Sebuloniter mit dir.'
Ich werde Sisera, den Heerführer Jabins,
zu dir an den Bach lenken in deine Hände."

Sie ging dann mit Barak gemeinsam nach
Kadesch, und Barak rief Sebulon zu sich.
Rund 10.000 zogen nun hoch auf den Tabor.
Debora ging mit ihm. Sisera erfuhr dies
und schickte sein Kriegsvolk mit 900 Wagen
nach Gojim zum Bache. Da sagte Debora
zu Barak: „Der Herr liefert dir nun Sisera."
Und Barak zog also vom Berge herab,
verfolgte die Wagen, es floh der Sisera.
Das Heer des Sisera fiel unter dem Schwerte,
kein einziger Mann seines Heeres blieb übrig.

*Was die Debora hier gemacht,
war mehr als nur ´ne weit´re Schlacht.
Entscheidend ist an dem Berichte:
Debora ändert die Geschichte,
besiegt den viel zu starken Feind,
weil sie die Stämme klug vereint.
Aus Bauern wurden „Eidgenossen",
man hat dabei viel Blut vergossen.*

Jael tötet den Heerführer Sisera mit einem Nagel (Richter, Kap. 4-5)
Jael lud Sisera ein,
ihres Zeltes Gast zu sein.
Vor dem Feinde auf der Flucht,
hatte dieser Schutz gesucht.

Ließ sich auf das Lager sinken,
Jael gab ihm Milch zu trinken.
Wegen ihres Volkes Not
nagelt sie Sisera tot.

Dieser war schon eingeschlafen,
als am Kopf ihn Schläge trafen.

Jaels Nagel war so lang,
dass er in den Boden drang.

Gideon prüft die Glaubwürdigkeit Gottes (Richter, Kap. 6)
Was dem Herren wirklich stinkt:
Wenn man Götzen Opfer bringt.
Jahwes allergrößte Qual:
Opfer für den Götzen Baal.

Gar nichts hält der Herr davon,
sprach darum zu Gideon:
Das verletzt des Herren Stolz,
haue ab das Götzenholz.

Aschraholz brennt wirklich gut,
opfre auf des Holzes Glut
mir dann einen jungen Farren,
fürchte nicht den Zorn der Narren.

Wenn mein Engel Fleisch verzehrt,
hast du mich korrekt verehrt."
Also tat des Herren Knecht.
Jahwe war's von Herzen recht.

Doch der Götzen Fangemeinde
wurde Gideon zum Feinde.
Gideon – im Glauben schwach –
darum zu dem Herren sprach:

„Mache mich im Glauben fest,
dazu dieser Doppeltest:
Während ich zuhause penne,
liegt ein Wollfell auf der Tenne.

Ist auf dich fürwahr Verlass,
mache mir das Fell ganz nass.
Doch ich will erst dann frohlocken,
bleibt die Erde darum trocken."

Also ward es über Nacht,
denn der Herr hat's wahr gemacht.
Gideon – fast glaubensfest –
machte noch den Gegentest:

„Erde feucht, doch nicht das Fell!"
Jahwe reagierte schnell.
Auch bei diesem Gegentest
ganz gezielt er's regnen lässt.

*Grabungsfunde zeigen klar:
Jahwes Frau hieß Aschera.
Fruchtbar war die gute Frau:
siebzig Götter ganz genau.*

*Wurde sehr vom Volk verehrt,
aber Jahwe fand´s verkehrt,
und in seiner Eifersucht
hat er seine Frau verflucht.*

*Seitdem ist der Mann alleine,
jagt die Teufel in die Schweine.
Ständig ist er voller Frust,
leidet sehr am Lustverlust.*

300 Wasserlecker vernichten 120.000 Männer (Richter, Kap. 7-8)
„Höret nun, was Jahwe sagt:
Wer zu blöde und verzagt,
kehre um und hebe sich,
solche Leute brauch ich nich."

Gut zwei Drittel kehrten um,
waren für den Feind zu dumm.
Doch es waren noch zu viel,
Jahwe wurde nun skurril:

„Führ hinab sie an den Fluss,
wo das Volk dann trinken muss.
Wer wie'n Hund das Wasser leckt,
ist für unsern Krieg perfekt."

Mit dreihundert Wasserleckern
und entsprechend viel Posaunen
lehrten sie den Feind das Staunen,
wurden sie zu Mordvollstreckern.

Hundertzwanzigtausend Mann
fielen in den Kämpfen dann.
Weil sie stets nach Wasser dürsten,
köpften sie noch zwei der Fürsten.
Gott war Gideon sehr hold,
gab ihm jede Menge Gold.

Jothams Fabel vom Dornbusch (Richter, Kap. 9)
Die Bäume wollten einen König
und fragten daher an beim Ölbaum:
„Mein Öl soll Gott man geben,
will über euch nicht schweben."

Da sprachen sie zum Feigenbaum:
„Willst du nicht unser König sein?"
„Will über euch nicht schweben,
will süße Frucht euch geben."

Da sprachen sie den Weinstock an,
ob er als König walten kann:
„Will über euch nicht schweben,
will Most und Wein euch geben."

Als Nächster war der Dornbusch dran,
und der bot seine Dienste an.
Er sprach am Ende der Debatten:
„Vertraut mir, denn ich biet euch Schatten."

Gott verkauft erneut die Israeliten als Sklaven (Richter, Kap. 10)
Erneut verehrt man Astherot
und bricht damit des Herrn Gebot.
Erneut ergrimmt des Herren Zorn,
das Leid des Volks beginnt von vorn.

Die unverschämten Biester
verkauft er an Philister.
Des Volkes ganzen Mammon
verkauft er an den Ammon.

„Wie oft die mich verlassen,
es ist ja nicht zu fassen.
Ich half jetzt oft genug,
zerbrochen ist der Krug."

Jephthah opfert Gott seine Tochter (Richter, Kap. 11)
Jephthah hat vor einer Schlacht
diesen Bund mit Gott gemacht:
„Lass mich über Ammon siegen,
sollst dann auch ein Opfer kriegen.

Wer zuerst kommt aus dem Haus,
such ich dir als Opfer aus."
Jephthah hatte eine Tochter,
die war Jungfrau, und die mocht' er.

Nach dem Sieg mit Gottes Segen
kam sie ihm mit Klang entgegen.
Jephthah konnte sein Versprechen
gegen Gott nicht einfach brechen.

Riss vom Leib sich seine Kleider,
blieb bei dem Versprechen leider:
„Du bringst Unglück über mich,
dich verschonen kann ich nich."

„Vater, tu, was du versprochen,
aber lass mir etwas Zeit.
Gib mir bitte noch acht Wochen,
bin zum Sterben dann bereit.

Lass mich in die Berge wandern,
Abschied nehmen von den Andern,
meine Jugend dort beweinen,
will danach bei dir erscheinen."

*Lange durfte sie nun flennen,
musste aber schließlich brennen.*

*Und es scheint, dass diesen Brand
Gott im Himmel prima fand.*

*Grausam scheint uns solcher Brauch,
doch der Herr liebt süßen Rauch.
Menschenopfer hat er gern,
ziemlich fies ist das vom Herrn.
Engel schon mal Söhne schützen,
Töchtern aber selten nützen.*

Simson: Supermann und Selbstmord-Attentäter (Richter, 14-16)
Simson war mit Gott im Bund,
suchte Streit und einen Grund,
die Philister hart zu schlagen,
wollte denen an den Kragen.

Machte wie ein Goliath
einen jungen Löwen platt.
Über ihn kam Gottes Geist,
wie´s im Buch der Richter heißt.

Nahm in Thimnath sich ein Weib,
Rätsel gab´s zum Zeitvertreib.
Schlug mal eben dreißig Mann,
was mit Gott man locker kann.

Kam nach Tagen dann zurück,
hatte sexuell kein Glück:
Seine Frau ward neu vermählt,
weshalb Simson Füchse quält.

Denn der dumme Gottesmann
zündet deren Schwänze an.
Hunderte von Füchsen starben
in dem Korn und bei den Garben.

Simson wurde dann gefangen,
doch der Herr ließ ihn nicht bangen,
streifte Simsons Fesseln ab,
tausend starben zappzarapp.

Simson legte dann am Bach
auch noch die Delila flach.
Der versprach man Silberlinge,
dass man ihren Freund bezwinge.

Anfangs klappte das zwar nich,
doch als Gott von Simson wich,
*(er ist eben nicht nur gütig,
sondern oft auch wankelmütig)*

kappte man ihm sieben Locken.
Simson war echt von den Socken.
Ganz hinweg war seine Kraft,
was für ihn nicht vorteilhaft.

Simson, völlig ohne Kraft,
kam nun in Gefangenschaft.
Stachen ihm die Augen aus,
steckten ihn ins Gitterhaus.

Doch mit neuer Haaresprachт
wuchs des Simsons Muskelkraft.
Und so nahm er furchtbar Rache
an den Leuten auf dem Dache.

Mit der Kraft von zwanzig Gäulen
kippte er zwei Mittelsäulen.
*Für die Statik war's nicht gut,
daher floss in Strömen Blut.*

Eine untreue Ehefrau wird vergewaltigt und zerstückt (Richter, Kap. 19)
Es lebte einst in dem Gebiete
ein fremder Mann, er war Levite.
Sein Weib war nicht gerade treu,
man sieht, die Sache ist nicht neu.

Verlassen und betrogen,
ist er ihr nachgezogen.
Er hatte zunächst Glück
und holte sie zurück.

Doch auf dem Weg nach Hause
fand er erst keine Klause.
Ein alter Mann gab ihm Quartier
und Speis und Trank für Mensch und Tier.

Doch böse Buben klopften an
und sprachen zu dem alten Mann:
„Den Gast gib uns sofort heraus,
wir zieh'n ihm dann die Hose aus.

Er möge sich schön bücken,
dass wir ihn kräftig ficken."
*(Was viele „ficken" nennen,
die Bibel nennt's „erkennen".)*

Dem Alten dieses gar nicht passt,
der Mann war ja des Hauses Gast.
Zu schützen seines Gastes Leib,
empfiehlt er seines Gastes Weib.

Der Gast schickt diese dann heraus,
die Buben lassen's an ihr aus.
Sie schänden sie die ganze Nacht,
sie haben sie fast umgebracht.

Der Gast sieht morgens erst den Schaden,
muss sie aufs Lasttier drum verladen.
Zurück in seinem eignen Haus,
holt er ein scharfes Messer raus.

Zerstückt die Frau samt dem Gebein,
als wäre sie ein totes Schwein.
Zwölf Teile schickt er zu den Stämmen,
den Ehebruch dort einzudämmen.

Und die Moral von der Geschicht:
Verlasse deinen Gatten nicht,
weil der dich sonst vielleicht zerstückt,
nachdem man dir zu Leibe rückt.

Gott ergreift Partei im Bürgerkrieg (Richter, Kap. 20)
Doch wegen dieser Sache
schwor Israel nun Rache.
Bekriegte einen eignen Stamm,
das gab's noch nie seit Abraham.

Dabei führt Jahwe die Regie,
auch das gab es bisher noch nie.
Die Benjamiter siegten
und schlugen, was sie kriegten.

Auch bei Gemetzel Nummer zwei
war Gott als Feldherr mit dabei.
Und wieder gab es Dresche,
dann sprang Gott in die Bresche.
Er plante einen Hinterhalt,
dort machten sie den Gegner kalt.

Weshalb der Herr dies alles tat,
sagt an und gebt mir einen Rat.
Denn wer den Herren danach fragt,
dem wird die Antwort meist versagt.
Der Herr ist leider unergründlich
und äußert sich wohl kaum noch mündlich.

Die Benjamiter nehmen sich die Töchter der Feinde (Richter, Kap. 21)
Vierhundert Jungfern gab es
in dem Gebiet von Jabes.
Die wurden zwar verschont,
doch Frau'n, die beigewohnt,

die machte man gleich stumm,
auch Männer bracht' man um.
Die Jungfern brauchte man zur Zucht,
weshalb man deren Volk verflucht.

Die Benjamiter raubten dann
'ne Braut für jeden weit'ren Mann.
Wo rohe Kräfte walten,
da bleibt der Stamm erhalten.

Über das Buch Ruth
Auch sehr Schönes hat die Bibel:
Menschen, die sich gut benehmen, die sich helfen, unterstützen, wenn ein Mitmensch Hilfe braucht. Moabiter helfen Juden, Juden helfen Moabitern ungeachtet ihres Glaubens.

Männer helfen armen Frauen,
die sich ihnen anvertrauen.

Jude, Muslim oder Christ?
Wichtig das Verhalten ist.
Dies gilt auch für Atheisten,
Taoisten und Buddhisten.

1. Buch Samuel

Hanna lobt den Herrn und bekommt sechs Kinder (1. Buch Samuel, Kap. 1-2)
„Der Herrgott, er tötet und macht
lebendig, was vorher schon tot.
Erniedrigt die Stolzen und wacht
und lindert der Elenden Not.

Der Herrgott ist heilig, nur Er
kann Bögen der Starken zerbrechen.
Die Frechen, die merkt er sich sehr,
die rühmend und trotzend noch sprechen."

So lobte den Herrgott die Hanna,
der machte zur Mutter die Schöne.
Er schenkte ihr göttliches Manna,
zwei Töchter und auch noch vier Söhne.

Als ersten der Söhne gebar
sie Samuel so wunderbar.
Sie hatte zum Herren gebetet,
der schenkte ihr Segen verspätet.

Gott kündigt einen Doppelmord an (1. Buch Samuel, Kap. 2-4)
„Wer ehrt mich mit süßlichem Rauch,
den ehre ich gerne dann auch.
Wer selber isst, isst von den Speisen,
dem nehm ich die Alten und Greisen.

Denn alle, die frech mich verachten,
die sollen ganz elend verschmachten.
Und Hophni und Pini, die Erben,
die werden am gleichen Tag sterben.

Dem Eli, dem schick ich ein Zeichen
und lass seine Söhne erbleichen.
Denn was diese Buben frech taten,
ich kann dazu wirklich nicht raten.

Dem Eli hab ich einst geschworen,
dein Haus, es bleibt nicht ungeschoren.

Den Söhnen hat er nicht gewehrt,
die mich nicht nach Vorschrift verehrt."

Gott erschlägt 50.000 Menschen (1. Buch Samuel, Kap. 6)
In dem Holzgehäuse
sah'n sie gold'ne Mäuse.
Die war'n für den Herrn,
der hat Gold sehr gern.

Wegen großer Mäuseplagen
wurden sie herumgetragen.
Viele sah'n des Herren Lade,
Fünfzigtausend schlug er. *Schade!*

*Denn für Nicht-Leviten
galten strenge Riten.*
Von des Volkes großer Pein
zeugt noch heut' ein schwerer Stein.

Der Prophet Samuel warnt vor der Monarchie (1.Buch Samuel, Kap. 8)
Samuel aber verwarnte das Volk,
das einen König als Herrscher verlangte:
„Für seinen Wagen braucht er eure Söhne,
dass sie dann laufen vor seinem Gespanne.
Braucht sie als Hauptleute über die Andern,
braucht sie zum Ackern und Ernte einsammeln,
machen ihm Waffen und Räder des Wagens,
nimmt eure Töchter zum Kochen und Backen,
nimmt eure Äcker und gibt sie den Großen.
Kornfelder, Weinberge wird er besteuern,
und eure Knechte und Mägde nimmt er sich
und eure Rinder, dass diese ihm dienen.
Von euren Herden erhebt er den Zehnten,
doch wenn ihr klagt, wird der Herr euch nicht hören.
Aber das Volk sprach: „Gebt uns einen König,
dass er dann richte und Krieg für uns führe."

Vernichtung der Amalekiter und Entmachtung Sauls (Kap. 15)
Also sprach Gott, der Gebieter:
„Banne die Amalekiter.
Die deren Stadt noch bewohnen,
sollst du vernichten, nicht schonen.

Männer und Weiber und Kinder,
Schafe und Esel und Rinder.
Kinder, die Muttermilch saugen,
schaffe sie mir aus den Augen."

Und von Hevila bis Sur
reichte die tödliche Spur.
Nahmen King Agag gefangen,
ohne ihn gleich zu verbannen.

Ließen auch Lämmer am Leben,
um sie dem Herrn dann zu geben.
Samuel schimpfte mit Saul:
„Hier ist doch allerlei faul,

denn den Befehlen des Herren
darf man sich niemals versperren."
Saul wurde daher entmachtet,
weil er nicht alle geschlachtet.

*Samuel fand das gerecht,
denn Feinde verschonen ist schlecht.*

Samuel haute mit Tücke
Agag in handliche Stücke.
Also ward Agag zerstückt,
der Frauen und Kinder bedrückt.

David und Goliath (1. Buch, Kap. 17; 2. Samuel, Kap. 21)
*Woran sich Jahwe nie gewöhnt:
wenn man sein heil'ges Volk verhöhnt.*
Weil die Philister, unbeschnitten,
erneut mit Gottes Volk sich stritten,

und dieser Riese Goliath
sich immer wieder wichtig tat,
ersann der Herr sich einen Trick,
und David traf mit viel Geschick

des Riesen ungeschützte Stirn.
Das war fatal für dessen Hirn.
Und mit dem Schwert des Riesen
enthauptet David diesen.

David erbeutet 200 Vorhäute von Feinden (1. Buch Samuel, Kap. 18)
„Michal bekommst du zur Braut,
dafür bekomme ich Haut,
Vorhaut von hundert *Philoten*,
schneide sie ab von den Toten."

Also schlug David zweihundert,
was manchen Leser verwundert.
Schließlich als Lohn der Aktion
ward er des Sauls Schwiegersohn.

David liebt einen Mann (1. Samuel, 18-20 2. Buch Samuel, Kap. 1)
David liebte Jonathan,
konnte auf ihn bauen,
war ihm innig zugetan,
mehr noch als den Frauen.

*Ob sie's miteinander trieben,
selig, voller Wonnen?*

*Schön ist's, wenn sich Menschen lieben,
Mönche auch und Nonnen.*

David läuft zu den Philistern über
(1. Buch Samuel, Kap. 27)
David hat bei sich gedacht:
„Sehr bald werd ich umgebracht.
Sehr bald kriegt mich Saul zu fassen,
er wird nach mir suchen lassen.

Geh ins Land ich der Philister,
und hört Saul das, dann vergisst er,
mich zu suchen überall,
denn erledigt ist der Fall."

Also zog er fort nach Gat.
Er bekam ´ne eigne Stadt.
Ziklag hieß der kleine Ort,
Juden leben heut noch dort.

Lebte er am Königshof,
wäre das politisch doof.
Wenn er Knecht des Königs wäre,
wär´s nicht gut für die Karriere.

David raubte Nachbarn aus
und zerstörte manches Haus.
Vieh und Kleider David raubte,
Mord und Totschlag er erlaubte.

2. Buch Samuel

David lässt einen Jüngling ermorden
(2. Buch Samuel, Kap.1)
Saul, der verletzt, doch nicht tot,
sprach zu dem Jüngling in Not:
„Hilf mir, mein Leben beenden,
weil sonst die Feinde mich schänden."

Also verlor Saul sein Leben.
Krone und Schmuck ward gegeben
David vom Jüngling sofort.
David befahl dessen Mord.

David wird König und Staatsgründer
(2. Buch Samuel, Kap. 5)
In Hebron alle Stämme tagten
und dieses dann zu David sagten:

„Wir sind doch dein Fleisch und Bein,
du sollst unser König sein.
Hast im Kampfe uns geführt,
weshalb dir der Thron gebührt."

Also salbten sie den Mann,
der regierte sie dann lang.
Von der Krönung bis zur Bahre
war er König vierzig Jahre.

Jerusalem wird Zentrum des Reiches
(2. Buch Samuel, Kap. 5;
1. Buch der Chroniken, Kap. 11)
David wollte zum Regieren
eine eigne Stadt kreieren.
Störend war´n die Jebusiter
für den Herrscher und Gebieter.

Als sie dann nach Jebus kamen,
drohte man, dass selbst die Lahmen
und die Blinden stärker sein
als des Davids Kampfverein.

Gott jedoch als Dramaturg
schenkte David eine Burg.
David ging sogleich ans Werk,
stürmte hoch zum Tempelberg.

*Und wer seine Bibel kennt
weiß, den Berg man Zion nennt.*
Davids Krieger Jebus nahmen,
sie erschlugen auch die Lahmen.

Kaum war´n alle umgehauen,
ließ der König Häuser bauen.
Und der Jebusiter Ort
hieß Jerusalem hinfort.

Gott erschlägt Usa im Zorn
(2. Buch Samuel, Kap. 6;
1. Buch der Chroniken, Kap. 13)
David zieht wie ein Nomade
weiter mitsamt Gottes Lade.
Diese kommt plötzlich ins Wanken,
Usa versucht, sie zu halten,

doch statt dem Usa zu danken,
lässt Gott den Usa erkalten,
weil er es schicklich nicht fand,
dass dieser reckte die Hand.

David lässt Gefangene ermorden
(2. Buch Samuel, Kap. 8)
David nahm sich eine Schnur,
schonte jeden Dritten nur.
Zwar war das für diese gut,
doch sie zahlten dann Tribut.

Wagenpferde ließ er lähmen,
Reiter, Kämpfer ließ er zähmen.

Machte Aramäer kalt,
Gott gab ihm dazu Gewalt.
Hat nur wenige verschont,
Gott mit Goldpokal´n belohnt.

Machte so sich einen Namen.
Gott gefiel das Morden. *Amen.*

Gott tötet das Kind von König David und Bathseba (2. Samuel, Kap. 11-12)
Frauen von schöner Gestalt
ließen den David nicht kalt.
David ließ öfters sich trauen,
schwängerte etliche Frauen.

Sah die Bathseba sich waschen,
wollte Bathseba vernaschen.
Ließ die Bathseba dann holen,
diese kam gleich wie befohlen.

Später dann ließ sie verkünden:
„Schwanger ward ich von den Sünden."
David mit Feldherrngeschick
löste den Fall mit ´nem Trick.

Schickte Uria zum Sterben,
konnte Bathseba dann erben.
Weil das den Herrn nicht sehr freute,
auch nachdem David bereute,

kränkte er tödlich das Kind.
Dieses starb daher geschwind.
Also geschah Jahwes Rache
wegen der Gattenmordsache.

Massenmord oder Zwangsarbeit? (2. Buch Samuel, Kap. 12)
31. Aber das Volk drinnen führte er heraus und legte sie unter eiserne Sägen und Zacken und eiserne Ketten und verbrannte sie in Ziegelöfen. So tat er allen Städten der Kinder Ammon. Da kehrte David und alles Volk wieder gen Jerusalem. (Luther-Bibel, 1912)

31. Auch ihre Einwohner führte er fort und stellte sie an die Steinsägen, an die eisernen Spitzhacken und an die eisernen Äxte und ließ sie in den Ziegeleien arbeiten.
(Einheitsübersetzung, 2006)

Hat Luther hier falsch übersetzt? Ich vermute eher einen Vertuschungsversuch der Kirchen, die an den Verbrechen in Auschwitz und anderen KZs eine erhebliche Mitschuld haben. David hat ja auch andernorts massenhaft Gefangene umbringen lassen, und es ist nicht zu erkennen, welchen Nutzen er z.B. von den in etlichen Städten angefertigten Ziegelsteinen gehabt hätte. Es ist nicht wahrscheinlich, dass er diese nach Jerusalem transportieren ließ.

Davids Sohn Amnon vergewaltigt seine Schwester (2. Samuel, Kap. 13)
Amnon fand die Schwester nett,
legte sich drum „krank" ins Bett.
Doch das war ein mieser Trick,
Amnon wollte einen Fick.

Ließ die Thamar Kuchen backen,
konnt´ am Bett die Thamar packen.
Amnon tat ihr dann Gewalt,
roh war Amnon, fies und kalt.

Thamar hat sich sehr beklagt,
Amnon hat sie fortgejagt.
Absalom bat, nicht zu sprechen
von des Bruders Sexverbrechen.

Absaloms Aufstand gegen König David (2. Buch Samuel, Kap. 15-18)
Absalom steht vor dem Tor,
wo er oft zu Fremden spricht.
Wollen diese zum Gericht,
schlägt den Fremden dies er vor:

„Was ihr sagt, ist gut und recht,
doch mit Hilfe steht es schlecht.
Machtet ihr zum Richter mich,
hülfe euch im Streite ich."

Absalom spricht so zu allen,
diese wollen niederfallen.
Absalom die Hand schnell gibt,
macht sich so beim Volk beliebt.

An dem Vater er sich stört,
gegen diesen sich verschwört.
David zieht es vor zu fliehen,
seine Diener mit ihm ziehen.

Die Gatiter und Kereter,
die Leviten und Peleter
sich mit David so vereinen.
Dann beim Auszug alle weinen.

Später, nach viel hin und her,
siegt des König Davids Heer.
Absalom dies überlebt,
reitend er von hinnen strebt.

Davids Neffe Joab ermordet Absalom
(2. Buch Samuel, Kap. 18)
Absaloms Maultier zieht weiter,
dies allerdings ohne Reiter.
Absalom hängt in den Zweigen,
dort, wo die Zweige sich neigen.

Also hängt er an der Eiche,
Joab macht ihn dort zur Leiche.
Nimmt dazu drei seiner Spieße,
trifft ihn ins Herz ganz präzise.

Und auf des Opfers Gebeine
legen sie zahlreiche Steine.
David beklagt seinen Sohn:
"Absalom, ach, Absalom!"

Die Beziehung Vater-Sohn
war nicht einfach damals schon.
Ob des David Tränen echt,
weiß man heute nicht so recht.

Davids Neffe Joab ermordet Amasa
(2. Buch Samuel, Kap. 20)
Joab, *dies männliche Luder,*
sprach zu ihm: *"Friede, mein Bruder!"*
Fasste Amasa am Barte,
der dann ganz plötzlich erstarrte.

Joab stach ihm in den Bauch,
folglich starb dieser dann auch.
Denn dessen Baucheingeweide
fielen auf Erde und Heide.
Wälzte sich stöhnend im Blute,
Joab zog weiter, *der Gute.*

David liefert zwei Söhne und fünf Enkel Sauls als Opfer für Gott aus
(2. Buch Samuel, Kap. 21)
Hungersnot herrschte schon drei lange Jahre,
weil König Saul einen Eid einst gebrochen.
Darum verlangten die Gibeoniter
sieben der Söhne des sündigen Sauls.
Um seinen Kriegsgott nun gnädig zu stimmen,
lieferte David die Nachkommen aus.
Wurden dann hoch auf dem Berge gerichtet.
Danach war Gott seinem Volk wieder gnädig.

Menschenopfer sind sehr schön,
Gott bevorzugt dabei Höh´n.
reimbibel.de/menschenopfer-2

Davids Dankgebet
(2. Buch Samuel, Kap. 22; Psalm 18)
Am Tag der Errettung sang David ein Lied
dem Herren, der David errettet vor Saul:

„Der Herr ist mein Fels, meine Burg, mein Erretter. Der Herr ist mein Hort, ist mein Schild und mein Schutz. Die Wellen des Todes umfingen mich schrecklich, die Bande der Unterwelt hielten mich fest. Da rief ich zum Herren, er hörte mein Rufen. Es schwankte die Erde, der Himmel erbebte. Der Herr spuckte Feuer, die Nase spie Rauch, den Donner vom Himmel ließ er dann erdröhnen. Er neigte den Himmel, er fuhr auf dem Cherub, er schwebte auf Flügeln des Windes herab. Der Höchste ließ nun seine Stimme erschallen, er schoss seine Pfeile, er schleuderte Blitze, da wurden die Tiefen des Meeres entblößt. Er griff aus der Höhe herab, und er zog mich aus schrecklichen Fluten, gewaltigen Wassern. Er führt mich hinaus in das Weite, befreit mich. Ich hüt mich vor Sünden und bin ohne Tadel, drum hast du mir, Herr, deine Gande erwiesen. Mit dir stürm ich Wälle und spring über Mauern, denn wer ist ein Gott, ist ein Fels, wenn nicht Gott. Er ließ mich schnell springen, so schnell wie die Hirsche, er lehrte die Arme, den Bogen zu spannen. Drum will ich vertilgen die elenden Feinde und werde nicht ruhen, bis alle zerschmettert. Mit ihm kann ich Kriegsvolk zerschlagen und töten, sie schreien zum Herren, doch er gibt nicht Antwort. Darum will ich danken, oh Herr, vor den Völkern. Ich sing deinen Namen, du Fels meines Heils.

Der Herr braucht weder Benz noch Schiene,
zum Reisen nutzt er Cherubine.

Ob die, die Söhne David nennen,
die Taten Davids wirklich kennen?

1. Buch von den Königen

König Salomo lässt seinen Bruder Adonia ermorden (1. Buch, Kap. 2)
„Höret des Salomo Wort:
manchmal hilft nur noch ein Mord.
Ich bin nach David am Ruder,
tötet zuerst meinen Bruder.

Wollte zum König sich machen,
das ist ja wirklich zum Lachen.
Will nun die Abisag nehmen,
ohne sich dafür zu schämen."

Flugs ward Adonia erledigt,
David posthum so entschädigt.
Joab war dann an der Reihe,
und mit dem Simei schon Dreie.
Simei war einfach verreist,
das war natürlich sehr dreist.

Das salomonische Urteil
(1. Buch von den Königen, Kap. 3)
Zu Salomo kamen gemeinsam zwei Dirnen, die heftig sich stritten. Der Grund war ein Kind. „Ich wohnte im Hause zusammen mit ihr und habe dort kürzlich ein Kindlein geboren. Nur drei Tage später, da kreißte auch diese, was außer uns beiden niemand sonst sah. Das Kind dieser Frau ist dann nächtens gestorben, denn sie hat im Schlafe das Kindlein erdrückt. Sie nahm mir mein Kind weg, als ganz fest ich schlief und legte das Kind dann zu sich in ihr Bett. Ihr Kind, das schon tot war, schob sie mir nun unter, und als ich am Morgen mein Kind stillen wollte, da war es schon tot, doch es war nicht mein Kind."
Darauf sprach die andere Dirne nun dieses: „Mein Kind ist nicht tot, es ist dein Kind, das tot ist!" So stritten sie lange vorm König herum.
Da sagte der König: „Die Eine sagt, sie sei die Mutter des Kindes. Aber das sagt uns die Andere auch. So holt mir ein Schwert nun." Man brachte das Schwert und der König entschied: „Nun schneidet das Kind mit dem Schwert in zwei Teile, je eine der Hälften er- halten dann beide." Doch da rief die Mutter des lebenden Kindes: „Gebt dieser das Kindlein und tötet es nicht!" Da sagte die Andere: „Niemand soll´s haben, zerteilt dieses Kind mit der Klinge des Schwertes!" Der König sprach: „Gebt nun das Kind seiner Mutter!" Ganz Israel hörte vom Urteil des Königs, sie schauten voll Ehrfurcht zu Salomo auf. Sie spürten, die Weisheit des Herrn war mit ihm.

König Salomos heidnischer Harem
(1. Buch von den Königen, Kap. 11)
Salomo besaß viel Gold,
tausend Weiber war'n ihm hold.
Diese und ihr Supermann
beteten gern Götzen an.
Darum ward der Herr sehr sauer
auf den großen Tempelbauer.
Schuf dem Lieblingsliedermacher
zum Verdruss drei Widersacher.

König Jerobeam: Frevel und Strafankündigung (1. Buch, Kap. 12-14)
Frevelnd schuf man gold'ne Kälber,
machte sich die Götter selber.
Der geneigte Leser weiß:
Jahwe mag nicht diesen Scheiß.

Schickt zur Warnung den Propheten,
dass sie nicht zu Götzen beten.
Doch der König wollt' nicht hören,
ließ nicht seine Kreise stören.
Das bekam ihm gar nicht gut,
denn der Herr war voller Wut.
Sprach zum König resolut:
„Ich vernichte deine Brut.

Erst soll mal dein Söhnchen sterben,
nach ihm alle andern Erben.
Hunde, Vögel soll'n sie fressen,
denn du hast mein Wort vergessen.

Will sie fegen aus wie Kot,
denn bei Götzen seh ich rot.
Und im Lande wird man künden,
was ich tat ob deiner Sünden."

Juda war jedoch noch schlimmer,
diente fremden Göttern immer.
Will den Lesern hier ersparen,
was für ihn die Folgen waren.

Gott will sich an König Baseas Kindern rächen (1. Buch der Könige, Kap. 16)
Und wieder fing Gott an zu toben:
„Ich hab dich aus dem Staub erhoben.
Doch geht dein Volk den Weg der Sünde.
Drum höre jetzt, was ich verkünde:

Baseas Haus will ich verderben,
Baseas Kinder sollen sterben,
danach soll'n sie die Hunde fressen,
denn er hat seinen Gott vergessen."

Es ist der Weltenlenker
ein Richter und ein Henker.

Elia schlachtet die falschen Propheten
(1. Buch von den Königen, Kap. 18)
Also sprach des Herrn Prophet:
„Zündet an durch ein Gebet
eure beiden Opferfarren.
Könnt ihr's nicht, so seid ihr Narren."

Also taten Baals Propheten,
wie Elia sie gebeten.
„Scheinbar schläft heut euer Gott!"
höhnt Elia voller Spott.

Dann zum Herren fleht der Mann:
„Zünde meinen Farren an!"
Und der Herr war dessen mächtig,
denn der Farre brannte prächtig.

Alles Volk ward überzeugt,
weshalb man sich tief verbeugt.
Die den Herren nicht geachtet,
hat Elia dann geschlachtet.

2. Buch von den Königen

Elia tötet einen Hauptmann mit Feuer vom Himmel (2. Buch, Kap. 1)
Elia fand folgendes gar nicht cool:
Der König wollt´ fragen den Beelzebul. „Könnt ihr denn den Gott eurer Väter nicht fragen? Schon wieder muss ich eure Torheit beklagen. Der König wird sterben, das ist völlig klar." Worüber der König wohl unglücklich war. Drum hat er dem Hauptmann mit Strenge befohlen, Elia sofort zum Palaste zu holen. Elia, gebeten, vom Berge zu steigen, war nicht sehr geneigt, sich dem Hauptmann zu zeigen. Er sprach zu dem Hauptmann drum: „Papperlapapp!" und schickte ihm Feuer vom Himmel herab.

Elisa verflucht 42 junge Burschen (2. Buch von den Königen, Kap. 2)
„Kahlkopf, Kahlkopf" scholl's ihm entgegen.
Junge Burschen waren verwegen.
Er verfluchte drum diese Knaben,
die dann Bären umgebracht haben.

Dabei war der Herrgott im Spiel,
der straft halt sehr gerne und viel.

Elisa zaubert und bewirtet seine Feinde (2. Buch von den Königen, Kap. 4-6)
Jahwe, erpicht auf Verehrung,
setzte auf Essensvermehrung:
Meister Elisa als Bote
Gottes schuf Öl und auch Brote.

Bald nach der Ölbrote Teilung
gab es dann auch noch ´ne Heilung.
Werbung war das für den Herrn,
denn so was sieht man sehr gern.

Toll auch der Trick mit dem Eisen,
um Gottes Macht zu beweisen:
Beileisen ließ er nun schwimmen,
um neue Fans zu gewinnen.

Und, um das Schicksal zu wenden,
konnte Elisa auch blenden:
Blendete sämtliche Syrer,
diente den Syrern als Führer.

Führte sie blind in die Stadt,
machte die Hungrigen satt.
Konnten nun wieder gut sehen,
durften nach Hause dann gehen.

Elisa Feindesliebe lehrte,
indem er seine Feinde nährte
und sie dann wieder ziehen ließ.
Der Leser liest mit Staunen dies.
Doch in der besten aller Welten
gibt´s Feindesliebe nur noch selten.

Gott täuscht und vertreibt die Aramäer (2. Buch von den Königen, Kap. 7)
Leicht ist es, Schätze zu rauben,
man muss dem Herren nur glauben.
Will es der himmlische Führer,
fliehen in Panik die Syrer.

Hören sie Pferdegetrappel,
kriegen sie alle den Rappel.
Rennen wie blöd aus der Stadt,
die man geplündert dann hat.

Auf diese göttliche Weise
sinken dann wieder die Preise,
reichen dann aus die Moneten.
Zweifelnde werden zertreten.

Die Tötung und Schändung von Joram und Isebel (2. Buch, Kap. 9)
Wieder mal nahm Jahwe Rache,
Jehu oblag diese Sache:
„Töte die beiden ganz schnell:
Joram und auch Isebel!"

Jehu erfasste den Bogen,
pfeilschnell der Tod kam geflogen.
Bidekar warf Joram wacker,
wie Gott befahl, auf den Acker.

Isebel wurde zertreten,
wie es von Jahwe erbeten.
Hunde bekamen die Hände,
dass man sie weiter noch schände.

Ebenso Isebels Schädel
und auch den Rest von dem Mädel.
Denn nach des Herren Gebot
streut man das Fleisch aus wie Kot.

Jehu lässt 70 Söhne sowie Propheten des Baal töten (Kap. 10)
Weil Ahab die Untat bereute,
und Jahwe sich darüber freute,
hat Jahwe den Ahab verschont,
die Reue des Ahab belohnt.

Dafür strafte Gott dessen Söhne,
doch das ist ja dabei das Schöne:
Der Herr kann stets tun, was er will,
der Mensch aber schweige dann still.

Jehu schrieb: „Schneidet schnipp-schnapp
ihnen die Köpfe schnell ab."
Siebzig mal wurde geschlachtet,
Köpfe nach Jesreel verfrachtet.

„Darauf woll'n wir einen saufen,
macht aus den Häuptern zwei Haufen."
So ist gescheh'n Gottes Wort,
wieder als Auftrag zum Mord.

Weil sie Erbarmen nicht kannten,
schlugen sie auch die Verwandten.
Jehu, des Herrn treuer Knecht,
machte das wirklich nicht schlecht.

„Ruft die Propheten des Baal,
sammelt sie alle im Saal.
Dort wollen wir sie dann schlachten,
weil sie den Baal so hoch achten."

Ritter und Jehus Trabanten
schlugen sie dann und verbrannten
Säulen von Baals Opferstätten.
Keinem gelang's, sich zu retten.

Als diese Morde geglückt,
zeigte sich Jahwe entzückt:
„So, lieber Jehu, war's recht,
herrschen soll lang dein Geschlecht."

Die Israeliten werden nach Assyrien verschleppt (2. Buch, Kap. 17)

Weil sie den Herrn nicht mehr kannten
und ihre Kinder verbrannten,
wurde der Herr wieder sauer
auf seine Götzenbildbauer.

Tat sie von seinem Gesicht,
schonte ganz Israel nicht.
Israel wurde vertrieben.
Besser ist's, Jahwe zu lieben.

Ein Engel ermordet 185.000 assyrische Soldaten (2. Buch, Kap.19)

Woran der Herr sich nie gewöhnt:
wenn jemand ihn mit Spott verhöhnt.
Dies tat der Erzschenk von Assur,
was Gott jedoch sofort erfuhr.

Des andern Tags im Morgenrot
war'n seine Krieger mausetot.
Ein Engel hatte dies gemacht,
er schlug die Männer in der Nacht.

Der Herrgott keine Gnade kennt,
wenn man ihn frech ein Arschloch nennt.
Drum lobe stets den Herrn,
dann hat er dich auch gern.

Gott kündigt eine weitere Volksvertreibung an (2. Buch, Kap. 23)

König Josia war lieb,
weil er die Deuter vertrieb,
Priestergebeine verbrannte,
Gnade mit Götzen nicht kannte.

Dennoch blieb Jahwe verstimmt,
wütend und zornig ergrimmt.
Weil auch Manasse gesündigt,
wurde dem Volk dies verkündigt:

„Ich will euch alle vertreiben,
nur wer nichts kann, der darf bleiben."

Jahwe mit Strafen nicht geizt,
wenn man mit Götzen ihn reizt.
Jahwe war's einfach zu viel,
und weil er psychisch labil,
riss er sich Juda vom Herz,
nicht ohne göttlichen Schmerz.

Die Bestrafung des Königreichs Juda (2. Buch von den Königen, Kap. 24-25)

Glaubt man der biblischen Fabel,
Nebukadnezar von Babel
herrschte drei Jahre im Land,
bis man sich gegen ihn wand.

Dies fand der Herrgott nicht komisch,
strafte drum Juda drakonisch.
Israels Stamm ward verachtet,
Kinder des Königs geschlachtet.

Blendeten dem dann die Augen,
dass sie zum Sehen nicht taugen.
Feuer brach überall aus,
Feuer fraß fast jedes Haus.

Anderen Häusern erging es nicht besser,
stahlen die Töpfe, die Schaufeln, die Messer.
Juda vertrieben aus eigenem Land,
erst nach Jahrzehnten man Gnade noch fand.

Ergo schickt Gott seine Syrer-
Taskforce, zu strafen den Führer.
Joas, von Syrern besiegt,
krank auf dem Bette nun liegt.
Dort töten ihn seine Knechte,
Gott sich an Joas so rächte.

2. Buch der Chroniken

König Ahas wird bestraft
(2. Buch der Chroniken, Kap. 28)
Ahas, der Söhne verbrannte
und zu den Götzen sich wandte,
wurde von Gott nicht verschont.
Merke, dass Frevel nicht lohnt.

Tausende über die Klinge sprangen,
Tausende wurden von Pekah gefangen.
Ahas hat deshalb Gefäße zerstört,
wie man aus biblischen Kreisen so hört.

König Hiskias Opfergaben
(2. Buch der Chroniken, Kap. 29-30)
Nachdem es Ahas übel trieb,
war König Hiskia wieder lieb.
Versprengt im Tempel Widderblut,
vermutlich fand sein Gott das gut.

Zum Opfertierehautabziehn
die Priester sich Leviten lieh´n.
Also sprach Hiskias Bote:
„Bald gibt es unsaure Brote.

Lasset uns opfern und essen,
Götzen und Bilder vergessen."
Jahwe vernahm dann im Himmel
Saitenspiel, Glockengebimmel.

An diesen köstlichen Gaben
konnte sich Jahwe erlaben.
Und jedes Brandopferstück
brachte dem Hiskia Glück.

Dann, in Ergänzung der Kost,
opferte Hiskia Most.
Ferner gab's Honig und Korn,
das brachte Juda nach vorn.

Gott straft König Mansasse
(2. Buch der Chroniken, Kap. 33)
Wiederum schickte ein neuer
König die Söhne ins Feuer.
Vogelgeschrei und auch Zeichen,
Wahrsagerei und dergleichen.

*Was soll der Herr da noch machen?
So was ist echt nicht zum Lachen.*

So was ist nicht akzeptabel,
ab mit Manasse nach Babel!
Ängstlich begann der zu flehen,
durft´ nach Jerusalem gehen.

Grund und Dauer der babylonischen Gefangenschaft (2. Buch, Kap. 36)
Untreu war wieder das Reich,
doch strafte Gott sie nicht gleich.
Boten zum Volk schickte Gott,
doch diese ernteten Spott.

Äfften des Herren Propheten,
*worum der gar nicht gebeten.
Wie in der Bibel verbürgt,*
wurden die Spötter erwürgt.

Gott ließ aufs Alter nicht achten,
Jungfrau'n und Jünglinge schlachten.
Großväter und alle Alten
ließ er genauso erkalten.

Nebukadnezar zerstörte,
was zu dem Tempel gehörte.
Gottes Haus wurde verbrannt,
Juden nach Babel verbannt.

Also lehrt Gott ihnen Mores,
Gnade gibt's erst unter Kores.
Gott lässt durch Kores verkünden:
„Strafe war's für eure Sünden.

Dürft nun aus Persien raus,
baut Gott in Juda ein Haus."
Also nach rund siebzig Jahren
durften nach Hause sie fahren.

Das babylonische Exil begann 598 vChr mit der Eroberung Jerusalems durch Nebukadnezar II. und dauerte bis zur Eroberung Babylons 539 vChr durch den Perserkönig Kyros II.

Esra

Gott ist ausländerfeindlich
„Gott kann fremdes Volk nicht leiden,
daher lasst euch schleunigst scheiden.
Fremde Weiber schickt sofort
an den alten Heimatort.

Höret her und lasst euch raten:
endet eure Missetaten!
Gebet nicht an fremde Männer
unsre Töchter. Sie sind Penner.
Soll'n sich ihrer Sünden schämen,
niemals unsre Töchter nehmen.
Kinder aus gemischten Ehen
will in Juda Gott nicht sehen.
Wollen wir vor ihm bestehen,
müssen diese Kinder gehen."

*Esras Ziel: ein Gottesstaat
ohne jede Missetat.
Gottesfürchtig, rassenrein
sollte die Gemeinde sein.*

Auch bei Nehemia heißt es: Ausländer raus!
„Leute, ich muss drauf bestehen,
Schluss mit den gemischten Ehen.
Diese Stadt ist Gottes Haus,
alle Fremden müssen raus!" **(Kap. 13)**

Esther

Die Juden vernichten 75.000 Menschen (Esther, Kap. 3–9)
Einer der Juden die Knie nicht beugte,
derart dem Haman Respekt nicht bezeugte.
Haman wollt' deshalb die Juden vernichten,
wie sie im Buche der Esther berichten.

*Judenvernichtung an nur einem Tag,
sorgfältig plante der Schurke den Schlag.*
Esther jedoch hat den König bedrängt,
daher ward Haman, der Hasser, gehenkt.

Um den Befehl dieses Haman zu ändern,
ließ man verlauten in einhundert Ländern
(einhundertsiebenundzwanzig genau):
Macht nun die Feinde der Juden zur Sau!"

Also geschah es am dreizehnten Tag:
Juden vollführten den „Gegenschlag".
Esther außerdem noch daran denkt,
dass man die Söhne des Haman aufhängt.

Hiob

*Das Buch Hiob wurde relativ spät verfasst:
„Um 200 vor Chr. liegt es jedenfalls vor ..."
(Einheitsübersetzung, 2006, S. 584).*

Gott und der Satan plagen Hiob
Der Hiob lebte einwandfrei,
kein Baalim, keine Hurerei.
Der Herrgott war auf Hiob stolz:
„Der Hiob ist aus gutem Holz".

Satan:
„Mal seh'n, ob er dich noch verehrt,
wenn du dich von ihm abgekehrt.
Bisher lebt Hiob unbeschwert,
das wäre doch 'nen Test mal wert".

Gott:
„Ob Hiobs Glaube auch noch stimmt,
wenn man ihm Kind und Kegel nimmt?
Doch taste Hiob selbst nicht an."
Das war in Phase 2 erst dran.

Dem Beelzebuben war das recht,
erschlagen ward des Hiobs Knecht.
Vorbei des Herren große Gunst,
und weit're holt die Feuersbrunst.

Drauf diese Nachricht, eine schlechte:
„Chaldäer schlugen deine Knechte."
Und dann: „Ein großer Wüstenwind
nahm dir soeben jedes Kind."

Nichts ahnend von dem Teufelspakt,
sprach Hiob: „Seht, ich kam ganz nackt,
und nackt werd ich auch wieder gehn.
Was Gott tut, das ist angenehm.

Was Er gab, hat er nun genommen,
was Er tut, ist mir stets willkommen.
Drum lobe ich des Herren Namen,
gepriesen sei er ewig. Amen."

Der Satan hatte Gott bewogen,
so steht's bei Hiob, ungelogen,
dem Hiob kräftig zuzusetzen,
doch Hiob selbst nicht zu verletzen.

Satan:
„Dies tat dem Mann nicht wirklich weh,
versuch es doch mal mit Plan B.
Leg Hand ans Fleisch und ans Gebein,
dann lässt er schnell das Loben sein."

Erneut gab Jahwe grünes Licht:
„Doch nimm dem Mann das Leben nicht."
Und Satan sandte böse Schwären,
damit er aufhört, Gott zu ehren.

Des Hiobs Weib sprach: „Sage ab
und steig hinab ins kühle Grab."
Doch Hiob sprach: „So's gut gegangen,
will ich nun auch das Leid empfangen."

Doch später dann, von Schmerz benommen:
„Was ich befürchtet, ist gekommen.
Ich bin von Kummer ganz gebeugt,
warum ward ich nur je gezeugt?"

Elifas lag ihm in den Ohren:
„Zum Unglück werden wir geboren,
doch wird uns Gott auch einst erretten,
drauf kannst du deinen Arsch verwetten.

Wenn Er dich schlägt, dann sei doch froh,
der Herr im Himmel ist halt so.
Hör auf zu klagen und zu denken,
lass dich fortan von Gott nur lenken."

Und Hiob sprach: „Ich leide sehr,
mein Leid wiegt schwer wie Sand am Meer.
Seit Tagen hab ich nicht gegessen,
von Würmern wird mein Fleisch zerfressen."

Drauf Bildat: „Lass den stolzen Mut,
der tut dir vor dem Herrn nicht gut.
Was wir an Gütern einst auch hatten,
auf Erden sind wir doch nur Schatten.

Wer Gott nicht ehrt, der wird verdorrn,
den Zweifler trifft des Herren Zorn.
Wer zweifelt, dem ergeht es schlecht,
was Er tut, das ist immer recht."

Und Hiob sprach: „Es ist sein Willen,
des Herren Zorn kann niemand stillen.
Den Herrn bringt niemand vor Gericht,
weil Er allein das Urteil spricht.

Und wüsche ich mich auch mit Lauge,
dass ich vor Ihm dann besser tauge,
so achtet Er nicht meiner Not
und taucht mich tiefer in den Kot.

Gefällt's ihm, dass er mich zerstört,
mein Flehen, Bitten nicht erhört?
Gefällt's ihm, der einst mich gemacht,
dass Er im Elend mich verlacht?

Warum gebar mich denn ein Weib,
warum verließ ich ihren Leib?
Warum will Gott mich nun verderben,
warum lässt Er mich dann nicht sterben?"

Freund Zofar:
„Hör nun endlich auf zu schwätzen,
der Herr wird das bestimmt nicht schätzen.
Was Gott weiß, weiß der Mensch doch nicht,
du blähst dich auf, du dummer Wicht."

Und Hiob, der das nicht verstand,
sprach: „Alles ist in Gottes Hand.
Er schafft ein Volk und bringt es um,
macht Dumme klug und Kluge dumm.

Nun geht mir endlich aus den Augen,
wie Ärzte seid ihr, die nicht taugen.
Ihr gottverdammten Gottvertreter,
Gott wird euch strafen, wenn auch später.

Was wird aus mir nach meinem Tod?
Erleide ich dann Höllennot?
Gibt Gott mir dann ein neues Leben,
wird Gott die Sünden mir vergeben?"

Elifas: „Du bist widerlich,
die Lippen zeugen wider dich.
Was weißt du denn, das wir nicht wissen,
hast Weisheit du an dich gerissen?"

Und Hiob sprach: „Ogottogott,
mich trifft nun auch der Freunde Spott.
Von Schmerzen bin ich schon ganz müde,
und sie sind frech und reden rüde.

Sie speien mir ins Angesicht
und achten meine Leiden nicht.
Will hoffen nicht und auch nicht harren,
sie halten mich ja doch zum Narren.

Mein Totenbett ist schon gemacht,
hinunter fahr ich in die Nacht.
Auch wenn ich an den Herrgott glaub,
am Ende werde ich zu Staub."

Drauf Bildat: „Endet das denn nie?
Zu Freunden sprichst du wie zum Vieh."
Dann droht er noch mit vielen Plagen,
hat Tröstliches ihm nicht zu sagen.

Und Hiob sprach: „Ich bin voll Wut,
weil Er mir solches Unrecht tut.
Ihr habt mich zehnmal schon verhöhnt,
daran hab ich mich jetzt gewöhnt.

Ich schrei und werde nicht gehört,
weil Gott mein Leiden gar nicht stört.
Ich habe ganz umsonst geweint,
denn Er hält mich für seinen Feind.

Ich rieche eklig aus dem Mund
und bin am ganzen Leib schon wund.
Ich weiß jedoch, dass Er noch lebt
und über mir als Wolke schwebt."

Der Zofar lag schon auf der Lauer:
„Dein Reden macht mich wirklich sauer.
Weißt du denn nicht, dass Ruhm vergeht
wie Blätter, die der Wind verweht?

Wer Gott nicht ehrt, der wird vergehen,
ist das denn so schwer zu verstehen.
Der Hochmut kommt stets vor dem Falle,
die Bosheit wird im Mund zur Galle.

Und die, die fremdes Gut begehren,
wird Er mit Feuer heiß verzehren.
Verlieren werden sie ihr Korn
und spüren ihres Herren Zorn."

Doch Hiob, *dieser alte Schwede*,
begann die sechste Gegenrede:
„Wer gottlos ist, dem wird gegeben
Gesundheit und ein langes Leben.

So hört doch, was der Wandrer spricht,
der Herr bestraft ihn trotzdem nicht.
Viel Kinder hat er und auch Vieh
und preiset doch den Herren nie."

Elifas kam, um zu verkünden:
„Der Herr straft dich für deine Sünden.
Du nahmst den Nackten fort die Kleider
und halfst den Armen niemals leider.

Der Herr hat gegen dich entschieden,
so mach mit ihm jetzt deinen Frieden.
Wirf in den Staub dein eitel Gold,
dann ist der Herr dir wieder hold."

Doch Hiob war noch lang nicht still:
„Der Herr macht einfach, was er will.
Die Armen kriechen rum im Dreck,
man nimmt den Waisen Esel weg.

Die Armen müssen immer weichen,
die Ernte holen sich die Reichen.
Sie müssen ihren Tag verfluchen,
im Wüstensande Nahrung suchen."

Elihus, noch ein junger Mann,
ermahnte streng den Hiob dann.
Der Herr sei überhaupt nicht schlecht,
den Armen helfe er zum Recht:

„Der Herr ist groß und unbekannt,
er hält uns alle in der Hand.
Die Wolken bringt er und den Regen,
nur Ihn zu fürchten, das bringt Segen."

*Der Herr war auch nicht sehr viel netter
und sprach zu Hiob aus dem Wetter:*
„Ich frag dich nun, so lehre mich,
wer schuf die Welt denn, wenn nicht ich?"

*Der alles aus der Taufe hob,
er sparte nicht mit Eigenlob:*
„Ihr Menschlein seid nur kleine Lichter,
und ich allein bin hier der Richter!"

*Das hat den Hiob überzeugt,
weshalb er sich ganz tief verbeugt:*
„Du sollst mich nur noch reuig sehn,
in Staub und Asche will ich gehn."

*Und weil der Hiob nun bereut,
hat sich der Herrgott sehr gefreut.
Kamele, Esel und auch Schafe,
der Hiob kriegt es jetzt im Schlafe.*

Dazu noch einmal tausend Rinder
und jede Menge schöne Kinder.
Er starb dann alt und lebenssatt,
weil's so dem Herrn gefallen hat.

*Und die Moral von der Geschicht:
beschwere dich bei Jahwe nicht.
Als Hiob über Plagen klagt,
der Herr im Grunde dieses sagt:*

„Warum´s die gibt, verrat ich nicht,
ich stell mich keinem Menschgericht.
Der Herrgott waltet, wie er will,
wer sterblich ist, der schweige still."

*Auch Gute treffen Gottes Plagen.
Das ist nicht fair, ums mild zu sagen.
Ansonsten lautet der Befund:
mit Satan war Gott hier im Bund.*

*Viel Elend lässt der Herr geschehen,
das können wir ja täglich sehen.
Da denk ich mir in aller Stille:
vielleicht ist dies des Herren Wille.*

Das Theodizee-Problem /theodizee
*Es ist um uns nicht gut bestellt,
voll Elend ist die ganze Welt.
Und was wir lesen in der Bibel,
ist damit meistens kompatibel.*

*Drum haben viele schon gedacht,
hat Jahwe wirklich so viel Macht?
Warum zeigt Er nicht mehr Erbarmen
mit all den Kranken und den Armen?*

*Ein güt'ger Gott, der kann und will,
das wär' fürwahr ein Gott mit Stil.
Ich kenne keinen solchen Gott,
der Bibelgott verdient nur Spott:*

*Ein Gott, der will, jedoch nicht kann,
ist nämlich ziemlich ärmlich dran.
Ein Gott, der kann, jedoch nicht will,
nützt uns auf Erden auch nicht viel.*

Ein Gott, der weder will noch kann,
ist lächerlich, ein Hampelmann.
Ich höre, was manch Pfarrer spricht,
doch dieses überzeugt mich nicht.

Aus den Psalmen
In den Psalmen findet man außer Gotteslob auch viel Feindseliges.

1 Die beiden Wege
Wer nicht den Weg der Frevler geht,
dem Rat der Sünder widersteht,
ist wie ein Baum, der Früchte bringt,
denn was er tut, ihm gut gelingt.
Die Sünder werden fortgeweht,
der Heiden falscher Weg vergeht.

6 Klage und Hoffnung auf Gottes Hilfe
Ich sieche und bin tief verstört,
doch hat mein Weinen Gott erhört.
Gehört hat Er mein Beten, Flehen.
Die Frevler soll'n zugrunde gehen.

7 u. 8 Ein Klagelied Davids
Weil ich gerecht bin, verschaffe mir Recht.
Herr, tu mir Gutes, denn ich bin nicht schlecht.
Ich sehe den Himmel, das Werk deiner Hände,
der Bosheit der Frevler bereite ein Ende.

10 Ein Hilferuf gegen Gewalttätige
Der Frevler, er rühmt sich, er lästert und raubt,
an Gott dieser Frevler nicht denkt und nicht glaubt.
Der Frevler sehr oft von Gewalttaten spricht, er
lacht und er sagt: „Dieser Gott straft mich nicht."
Zerbrich, großer Gott, solchen Menschen den Arm.
Auch dieses Gebet, es hat Rhythmus und Charme.

11 Bitte um Hilfe gegen die Gottlosen
Die Gottlosen spannen die Bögen,
mein Gott, so was kannst du nicht mögen.
Bestrafe, mein Herr, diesen Frevel
mit Blitzen und Feuer und Schwefel.

14 u. 53 Die Torheit der Gottlosen
„Es gibt keinen Gott", sagen Toren im Herzen.
Sie handeln verwerflich und keiner tut Gutes.
Der Herr schaut vom Himmel,
ob jemand nach Gott fragt.
Doch keiner tut Gutes, kein Einziger tut es.

21 Dank und Bitte für den König
O Herr, der du ihn zum König gemacht
und ihn bekleidet mit Hoheit und Pracht,
du kröntest ihn mit der goldenen Krone.
Die Feinde töte und keinen verschone.

22 Klage eines von Gott Verlassenen
Warum hast du mich verlassen, mein Gott?
Wurm bin ich nun, dien den Leuten als Spott.
Die, die mich sehen, die lachen mich aus:
„Gott hat Gefallen, er reiße dich raus."

23 Der gute Hirte
Der Herr ist mein Hirte und nichts wird mir fehlen. Er führt mich auf Auen und Plätze am Wasser, er stillt mein Verlangen, ich fürchte kein Unheil. Und muss ich auch wandern in finsterer Schlucht, dein Stock und dein Stab, sie geben mir Kraft. Du deckst mir den Tisch vor den Augen der Feinde, du salbest mein Haupt und du füllst mir den Becher. Mein Leben lang folgt mir die Güte des Herrn, ich wohne im Hause des Herren noch lange.

27 Die Gemeinschaft mit Gott
Der Herr ist mein Licht und die Kraft meines Lebens.
Die Feinde bedrängen mich deshalb vergebens.
Mit Freuden bring ich Opfer dir,
verbirg nicht dein Gesicht vor mir.
Und dringen Frevler auf mich ein,
dann werde ich nicht ängstlich sein.

28 Hilferuf in Todesgefahr
Herr, mein Fels, ich schrei zu dir,
wende dich nicht ab von mir.

29 Gottes Herrlichkeit im Gewitter
Die Stimme des Herren erschallt übers Wasser,
die Stimme des Herren zerschmettert die Zedern,
die Stimme des Herren sprüht flammendes Feuer,
die Stimme des Herrn lässt die Wüste erbeben,
die Stimme des Herrn reißt die Wälder in Stücke.
Der Herr gebe Kraft seinem Volk und den Frieden.

38 Die Klage eines Kranken
Herr, deine Pfeile, sie haben getroffen,
Herr, deine Hand lastet schwer nun auf mir.
Nichts ist gesund mehr nun an meinem Leibe,
weil du mir grollst, denn ich habe gesündigt.
An meinen Gliedern ist nun nichts mehr heil,
denn meine Sünden erdrücken den Leib.
Freunde, Gefährten: Sie bleiben mir ferne,
selbst meine Nächsten, sie meiden mich nun.
Ich bin gehörlos und kann nicht mehr sprechen.
Eil mir zur Hilfe, mein Herr, du mein Heil.

58 Gott, der gerechte Richter
Die gottlos schon im Mutterschoß
wird man nur mit dem Schwerte los.
O Gott, zerschlag der Frevler Zähne,
wir weinen um sie keine Träne.

Wir stapfen durch der Heiden Blut,
wie gut das unsern Füßen tut.
Gerechte sehen ihren Lohn,
es richtet Gott auf Erden schon.

59 Klage über die Bösen, Bitte um Hilfe
Wir sind die Guten, sie sind die Bösen.
Uns sollst du retten, sie nicht erlösen.
Wegen der Sünden, wegen der Reden:
Gott, meine Festung, komm mir entgegen.

83 Bitte um Tötung der Feinde
So schweig doch nicht, sei nicht so still,
bekämpf den Feind, hör, was ich will:
Bedeck mit Schande ihr Gesicht
und lasse sie am Leben nicht.

101 David will die Bösen ausrotten
Ich hasse das Unrecht, es sei mir stets ferne,
ich singe dir Lieder, mein Herrgott, sehr gerne.
Für Diener, die fromm sind, werde ich sorgen,
die Gottlosen werd ich vertilgen am Morgen.

109 David will mit Gott seine Feinde ausrotten
Ich rufe dich an, oh mein Gott, gib mir Antwort.
Sie haben ihr gottloses Maul aufgetan,
sie reden mit Zungen, die falsch sind und giftig,
obwohl ich sie liebe, bekämpfen sie mich,
beweisen mir Böses und hassen mich trotzdem.
Beende das Leben des Feindes in Kürze
und stell ihm den Satan zur Seite, zur Rechten.
Gerichtet von dir wird sein Beten zur Sünde,
sein Amt soll ein anderer fortan verwalten.
Sein Weib werde Witwe, die Kinder zu Waisen,
sie betteln und irren, vertrieben vom Hause. Die
Gläubiger pfänden und Fremde soll'n plündern,
und niemand erbarme sich dann seiner Waisen.
Vernichte die Kinder und lösche den Namen.
Der Sünden der Väter, der Sünden der Mütter
gedenke und lasse sie nicht aus den Augen.
Denn er hat verfolgt den, der arm war und elend,
er wollte ihn töten und war ohne Gnade.
Er wollte den Fluch, und der Fluch wird auch
kommen, den Segen verschmäht er, drum wird
er auch fern sein. Den Fluch zog er an wie ein
Hemd, das ihn kleidet. So lohne der Herr die sich
gegen mich wenden. Oh Herr, steh mir bei und
erweise mir Gnade. Dem Herrn will ich danken,
ihn rühmen und preisen.

118 David will die Heiden vernichten
Im Namen des Herrn will ich Heiden zerhauen,
mit Lust will ich's tun und auf Gott dabei bauen.
Die Heiden umgeben mich zahlreich wie Bienen,
ich will sie zerhauen und Gott dadurch dienen.

137 Heimweh und Zorn in der Verbannung
Wir sitzen in Babel am Wasser und weinen,
wann können wir endlich nach Zion zurück?
Sie wollen uns zwingen, die Lieder zu singen,
die Lieder des Herren, von Zion so fern.
Die Bösen von Babel zerbrachen das Glück.
Wohl dem, der zerschmettert die Kinder an Steinen,
wohl dem, der dir heimzahlt, was du uns getan hast.

143 Bitte Davids um Vertilgung der Feinde
Möge der Herr mein Gebet nun erhören,
möge der Herr meine Feinde zerstören,
möge der Herr meine Feinde zertreten,
darum hab ich meinen Schöpfer gebeten.

Sprichwörter (Sprüche Salomos)

1 (8-10) Warung vor Verführung
Mein Sohn, wenn dich die Sünder locken,
die töricht Böses nur verbocken,
dann folge diesen Leuten nicht
und tu, was klug dein Vater spricht.

2 (12-20) Der rechte Weg
Geh auf dem Wege der Gerechten,
nicht auf dem krummen Pfad der Schlechten.

3 (5, 12) Nicht dem Verstand trauen
Vertraue dem Herrn, jedoch nicht dem Verstand.
Gott liebt dich, drum straft er mit gütiger Hand.
Im gleichen Kapitel ich dieses dann fand:
Der Mensch finde Weisheit, bekomme Verstand.

4 (19) Mahnung zur Weisheit
Hör, mein Sohn, und gebe acht:
der Frevler Weg ist dunkle Nacht.

5 (1-9, 19) Warnung vor fremden Frauen
So hör, mein Sohn, ich tu dir kund:
der fremden Frauen Honigmund,
das ist das Tor zur Totenwelt,
ein Andrer deine Kraft erhält.
Mein Sohn, stets meinem Rat vertrau:
berausch' dich an der eignen Frau.

6 (25-33) Du sollst nicht die Ehe brechen
Die Dirne kostet dich nur Brot,
die Frau des Andern bringt dir Not.
Denn trägst du Feuer im Gewand,
dann kommt es leicht zum Kleiderbrand.

Zur Frau des Nächsten gehe nicht,
wenn deren Schönheit viel verspricht.
Das Ehebrechen lasse sein,
denn Schande bringt es dir nur ein.

13 (24) Schwarze Pädagogik
Wer liebt seinen Sohn, der verprügelt ihn bald,
wer hasst seinen Sohn, der vermeidet Gewalt.

14 (20) Arme werden gemieden
Den Armen, den hasst die Verwandtschaft meist sehr,
den Reichen, den ehrt die Bekanntschaft viel mehr.

15 (17) Gemüse statt Fleisch und Hass
Willst weise du sein, dann beherzige das:
Gemüse mit Liebe statt Ochse mit Hass.

21 (3) Statt zu opfern lieber gerecht sein
Besser als dem Herrn zu schlachten
ist es, auf das Recht zu achten.

22 (4, 7) Der Arme soll dem Reichen dienen
Wer reich ist, der herrscht,
das ist keineswegs schlecht.
Wer arm ist und borgt,
ist des Herrschenden Knecht.

23 (29-35) Warnung vor Wein
Wer hat Klage, wer Gezänk?
Die, die sitzen beim Getränk.
Wein, der funkelt, doch nicht lange,
beißt er zu wie eine Schlange.

24 (21) Unterwerfe dich der Obrigkeit
Fürchte den König, fürchte den Herrn
und unterwerfe diesen dich gern.

26 (27) Wer Andern eine Grube gräbt
Er fällt selbst rein der böse Bube,
der andern Menschen gräbt 'ne Grube.

27 (6) Lieber Schläge vom Freund als Küsse vom Feind
Des Freundes Schlag ist gut gemeint,
doch trügerisch der Kuss vom Feind.
Dies gilt für mich und meine Leser
und von der Donau bis zur Weser.

31 (3-9) Warnung vor Wein und Weibern
Gib deine Kraft nicht an die Frauen,
sollst lieber auf die Armen schauen.
Du sollst dich nicht mit Wein betrinken,
der sei für die, die niedersinken.

Kohelet (Der Prediger Salomo)
"Das Buch Kohelet wurde um die Mitte des
3. Jahrhunderts vor Chr. geschrieben."
(Einheitsübersetzung, 2006, S. 716)

Alles ist eitel (Kohelet, Kap. 1-2)
Besitz, Gewinn:
wo ist der Sinn?
Die Erde steht,
der Mensch vergeht,
die Sonne auf- und untergeht.

Der Wind, der weht,
der Wind, der geht.
Der Fluss, der fließt,
ins Meer sich gießt,

und aus dem Meer
kommt Wiederkehr.
Was ist wird sein.
Im Sonnenschein,
im Sonnenlicht
gibt's Neues nicht.

Statt Weisheit ich nur Leiden find,
ich hasch nach Wind, ich hasch nach Wind.
Ich baute Häuser, pflanzte Wein
und Vieh in großer Zahl war mein.

Was ich nur wollte, konnt ich kriegen:
auch Frauen, Rinder, Schafe, Ziegen.
Viel Wissen konnt ich mir erwerben,
doch auch der Kluge muss mal sterben.

Es nützt dir nichts, wenn du viel weißt,
zur Ruhe kommt nicht nachts der Geist.
Geschäft bringt Ärger nur und Sorgen,
es hält dich wach fast bis zum Morgen.

Alles hat seine Zeit (Kohelet, Kap. 3)
Weinen und klagen,
sterben, sich plagen,
töten und tanzen,
lieben und pflanzen,
Frieden und Streit
hat seine Zeit.

Deshalb hab ich mir gedacht:
Gott hat für uns dies gemacht.
Glück und Besitz sind Geschenke,
kommen von Gott, dies bedenke.

Oft man auch sieht:
Unrecht geschieht.
Was auch geschah,
es war schon da.

Wir Menschen sind auch nur Tiere
(Kohelet, Kap. 3)
Wir Menschen sollten klar erkennen,
auch wenn wir stolz uns Menschen nennen,
dass Männer, Frauen, Greis und Kind
in Wahrheit auch nur Tiere sind.

Ob Leid, ob Freud, ob Pech, ob Glück:
wir unterliegen dem Geschick.
Denn sterben müssen Mensch und Tier,
wir sind für kurze Zeit nur hier.

Wir sind wie Wind, wie Windeshauch,
es stirbt das Tier, der Mensch stirbt auch.
Der Menschen Atem aufwärts steigt?
Der Tiere Hauch nach unten neigt?

Nur eines ich ganz sicher glaub:
wir sind aus Staub, wir werden Staub.
Wir können Freude nicht genießen,
nachdem wir uns´re Augen schließen.

Freude gibt es dann nicht mehr?
Kohelet, ich mag dich sehr!

Der Mensch kann keine Welt erschaffen,
er ähnelt mehr den Menschenaffen,
ist sterblich wie ein Regenwurm
trotz Goethe, Kant und Kirchenturm.

Glücklich die Toten, elend die Armen
(Kohelet, Kap. 4)
Glücklich die, die nicht mehr leben,
keinem Herrscher untergeben,
der sie schindet mit Gewalt.
Glücklich auch die nie geboren,

niemals einsam und verloren,
ausgebeutet, arm und alt.
Denn wer einsam ist und fällt,
dem hilft niemand auf der Welt.

Niemand hält im Schlaf ihn warm,
niemand leiht ihm seinen Arm.

Unrecht, nutzloser Reichtum und Glück
(Kohelet, Kap. 5)
Vom Unrecht sei nicht überrascht,
dies gilt für die Gerichte auch.
Wer Luxus liebt, nach Windhauch hascht,
es schläft nicht gut der volle Bauch.

Nackt wird jeder Mensch geboren,
Reichtum geht sehr oft verloren.
Nackt muss er dann wieder gehen,
solches konnte oft ich sehen.

Glücklich ist, wer trinkt und isst,
Freude hat, den Tod vergisst.

Kohelet warnt vor den Frauen
(Kohelet, Kap. 7)
Der Frauen Arme sind wie Ketten,
wem Gott wohlwill, der kann sich retten.

Kohelet rät, das Leben zu genießen
(Kohelet, Kap. 9)
Iss dein Brot und trink vom Wein,
denn was ist, das soll so sein.
Gott hat es so festgelegt,
auch, wer frische Kleider trägt.

Gieße Duftöl auf dein Haupt,
tue, was die Hand erlaubt.
Lieb dein Weib, genieß das Leben,
das der Herr dir hat gegeben.

Es zählt weder Tun noch Geld,
bist du in der Unterwelt.
Nicht die Schnellen werden siegen,
nicht die Tapf´ren in den Kriegen.

Nicht die Klugen werden reich:
Zeit und Zufall machen gleich.

Einsicht reimbibel.de/einsicht
Wichtig ist es zu erfassen,
was der Welt wir hinterlassen,
wenn wir aus dem Leben scheiden.

Haben wir der Welt genützt,
Kinder und Natur beschützt,
linderten wir Not und Leiden?

Gar nichts können wir mehr tun,
wenn wir in der Erde ruh´n.
Weiterleben nach dem Tode

ist zwar immer noch in Mode,
doch wir sollten gleich den Tieren
uns aufs Diesseits konzentrieren.

Wir erhalten den Planeten
nicht, indem wir für ihn beten.

In einem schlimmen Kriminalfall hat das Beten tatsächlich geholfen und einem 13-jährigen Mädchen und vermutlich noch weiteren Mädchen das Leben gerettet: reimbibel.de/19-2.

Die Frage „Mensch, wo kommst du her?"
gefällt mir philosophisch sehr.
War es ein Teich, ein See, ein Meer?

*Wer fragt „Oh Mensch, wo gehst du hin?",
glaubt fest an einen Neubeginn,
sonst wär´ die Frage ohne Sinn.*

*Die Frage „Mensch, was machst du hier?"
gefällt jedoch am besten mir.
Denn was wir nehmen, was wir geben,
ist die Essenz von unserm Leben.*

Das Hohelied reimbibel.de/hl
*Mit Küssen bedeckt mich dein Mund, mein Geliebter.
Dein Name ist Salböl, dich lieben die Mädchen.
Ich rieche den Duft deiner köstlichen Salben.
Der König führt mich nun in seine Gemächer.
Wir freuen uns deiner, dich liebt man zu Recht.
Doch seht mich nicht an, weil ich dunkel gebräunt
bin. Die Söhne der Mutter, sie waren mir böse, sie
ließen mich Weinberge hüten am Mittag.
Den eigenen Weinberg, den konnt ich nicht hüten.
Dich liebt meine Seele, sag mir, wo du lagerst!
Wozu soll ich irren herum bei den Herden?*

Wenn du das nicht weißt, oh du Schönste der
Frauen, dann folge den Spuren der Schafe und
weide dein Zicklein nicht fern von dem Lager der
Hirten. Der Stute am Wagen des Pharaos
gleichst du. Die Wangen so schön und mit
Kettchen umschlungen. Dein Hals zwischen
Perlen und goldenen Kettchen. Wir machen
daran dir noch Kugeln aus Silber.

*Die Narde verströmt ihren Duft an der Tafel.
Er ruht an der Brust mir wie Myrrhe im Beutel.
Geliebter, wie Henna bist du von En-Gedi.*

So schön bist du, Freundin, du bist ja so schön.
Die Augen so schön wie die Augen von Tauben.
Wo Disteln sind ist meine Freundin die Lilie.

*Mein Liebster ist schön und das Grün unser
Lager. Aus Zedern, Zypressen gebaut unser
Haus. Ich bin eine Blume auf Wiesen des
Scharon. Im Walde ein Apfelbaum, Liebster, bist
du. Will sitzen im Schatten des Freundes und
schmecken die Süße der Früchte mit Zunge und
Gaumen. Er führt mich ins Weinhaus, sein
Zeichen heißt Liebe. Er stärkt mich mit Kuchen,
erquickt mich mit Äpfeln. Bin krank nun vor
Liebe, es hält mich sein Arm.*

Gazellen, als Zeugen beschwöre ich euch:
die Freundin stört nicht, bis sie selber erwacht ist.

*Doch hört: Mein Geliebter, er springt über Berge,
er hüpft über Hügel gleich einer Gazelle. Er steht
schon am Fenster des Hauses und spricht:*

Steh auf, meine Freundin, so komm doch, du
Schöne! Vorbei ist der Winter, verrauscht ist der
Regen. Die Blumen erprießen, der Lenz ist gekommen.
Die Stimme der Taube, wir hören sie wieder.
Am Feigenbaum reifen schon wieder die Früchte,
Du Taube im Felsen, versteckt in der Steilwand.
Dein Antlitz mir zeige, lass hören die Stimme.
Die Stimme ist süß, dein Gesicht ist so lieblich.

*Mein Freund gehört mir, und ich bin nun die Seine.
Am Abend komm du, mein Geliebter, zu mir.
Du gleichst der Gazelle, dem Hirsch auf den
Bergen. Des Nachts auf dem Lager, da suchte ich
ihn. Ich suchte ihn dort, und ich fand ihn dort nicht.
Ich streif durch die Gassen, ich such auf den
Plätzen. Den liebt meine Seele. Ich finde ihn nicht.
Ich fragte die Wächter: habt ihr ihn gesehen?
Doch kaum ging ich weiter, da fand ich ihn endlich.
Ich packte ihn, bracht ihn ins Haus meiner Mutter,
zur Kammer der Mutter, die mich einst geboren.*

Dein Haar: eine Herde von Ziegen am Berge.
Die Zähne seh´n aus wie geschorene Schafe.
Wie lieblich dein Mund ist, die Lippen zwei Bänder.
Zwei Kitzlein die Brüste wie Zwillingsgazellen.
Kein Makel, du Schöne, kann man an dir finden.
Verzaubert hat mich ganz der Blick deiner Augen.
Wie schön deine Liebe, die süßer als Wein ist.
Die Lippen der Braut sind voll Milch und voll Honig.
Der Duft deiner Kleider ist Libanons Duft.
Der Garten der Braut ist verschlossen, versiegelt.
Granatbäume locken mit köstlichen Früchten.
Die Quelle des Gartens bist du, meine Freundin.

*Erwache nun, Nordwind, erwache nun Südwind.
Durchwehet meinen Garten, lasst strömen die Düfte.
Geliebter, so komm doch und iss von den Früchten.*

Ich komm in den Garten der Braut, und ich pflücke
die Myrrhe, den Balsam, trink Wein und die Milch.
So freut euch, ihr Freunde, im Rausche der Liebe.

*Es klopft mein Geliebter,
mach auf, meine Schwester!
ich habe mein Kleid doch schon niedergelegt,
die Füße gewaschen. Soll ich sie beschmutzen?
Da sah ich die Hand meines Freunds in der Luke,
ergriff schnell den Riegel und öffnete ihm.
Doch er war verschwunden, mir stockte der Atem.
Ihr Töchter Jerusalems, wo soll ich ihn suchen?
Sein Haupt ist aus Gold, seine Locken sind Rispen,
die Augen wie Tauben am Laufe von Bächen,
die Wangen wie Beete, die Lippen wie Lilien,
die Finger wie Stäbe aus Gold und Geschmeide.
Sein Leib wie aus Elfenbein, Schenkel wie Marmor,
erlesen wie Zedern ist seine Gestalt.*

Jerusalem gleich, bist du lieblich, Geliebte.
Doch schau mich nicht an, deine Augen verwirren.
Wie Morgenrot ist sie, so schön wie der Mond,
so prächtig wie Sterne, so rein wie die Sonne.
Wende dich, Braut, denn wir woll´n dich betrachten.
Du Edelgeborne, wie schön deine Schritte,
ein Kunstwerk die Hüften. Voll Würzwein das Becken.
Dein Leib wie ein Hügel, mit Lilien umstellt.
Die Brüste zwei Kitzlein, die Augen wie Teiche.
Wie Purpur die Haare, sie fangen den König.
Wie schön und wie reizend, du Liebe voll Wonne.
Du gleichst einer Palme, die Brüste wie Trauben.
Ich steig auf die Palme, ich greif nach den Rispen.
Dein Atem ist Apfelduft, Wein ist dein Mund.

*Nun komm, mein Geliebter, wir schlafen in Dörfern,
und früh woll´n wir dann zu den Weinbergen
gehen. Treibt dort schon der Weinstock,
blüh´n dort schon die Bäume?*

*Es duften die Äpfel der Liebe für dich nur.
Ach, wärst du mein Bruder, genährt von der Mutter,
dann träf ich dich draußen, ich würde dich küssen.
Ich würde dich bringen ins Haus meiner Mutter,
und niemand darf deshalb die Tochter verachten.
Ich gäbe dir Würzwein, Granatapfelmost.
Die Hand meines Liebsten, sie hält meinen Kopf.
So stark wie der Tod sind die Gluten der Liebe.
Sie ist nicht zu löschen durch Wasser und Ströme.
Fort, fort, mein Geliebter, gazellengleich fort.*

Jesaja

Die Untreue des Volkes (Jesaja, Kap. 1)
Hoch von einer Himmelswolke
spricht der Herr zu seinem Volke:
„Söhne hab ich großgezogen,
doch sie haben mich betrogen.

Sind von Herren abgefallen,
darum zürne ich jetzt allen.
Höret was der Herr nun spricht:
Ihr gefallt dem Herren nicht.

Wund der Kopf, das Herz ist krank,
aus den Wunden steigt Gestank.
Ich hab eure Opfer satt.
Ständig finden Feste statt,

was mir überhaupt nicht passt.
Euer Tun ist mir verhasst.
Eure Hände sind voll Blut,
was ihr tut, ist gar nicht gut.
Schützt die Witwen, nährt die Waisen,
gebt den Armen, ehrt die Greisen."

Das Gericht über Jerusalem (Jesaja, 1)
„Kommet her und lasst uns rechten,
ich vergebe auch den Schlechten,
wasche ihre Sünden rein,
doch sie müssen folgsam sein.

Sollen alle Güter erben,
die nicht folgen, sollen sterben.
Hört ihr Leut und lasst euch sagen:
Mit dem Schwert werd ich sie schlagen.

Mörder herrschen in der Stadt,
die den Herrn verlassen hat.
Witwen wird verwehrt das Recht,
und den Waisen geht es schlecht."

Weiter hört man Jahwe wettern:
„Sünder werde ich zerschmettern,
werde furchtbar Rache nehmen,
töten die, die sich nicht schämen."

Schwerter zu Pflugscharen (Jesaja, Kap. 2, Micha, Kap. 4)
„Hört, was ich im Traum gesehen,
hört, was schließlich wird geschehen:
Aus der Nähe und von fern
ziehen sie zum Haus des Herrn,

das sie auf dem Berge sehen,
woll´n auf seinen Pfaden gehen.
Denn von Zion kommt die Weisung,
und man hört der Völker Preisung.

Schwerter machen sie zu Pflügen,
Winzermesser waren Lanzen,
und anstatt den Krieg zu üben,
werden sie den Frieden pflanzen."

Der Slogan „Schwerter zu Pflugscharen" wurde mitsamt einer Grafik ab 1980 von nichtstaatlichen Abrüstungsinitiativen in der DDR verwendet und von Teilen der Friedensbewegung in der Bundesrepublik übernommen.

Gott will den Frauen ihren Schmuck und ihre Männer nehmen (Jesaja, Kap. 3)
„Zions Töchter sind geschminkt,
was mir schon sehr lange stinkt.
Trippeln hin und trippeln her,
lieben ihr Geschmeide sehr.

Nehmen werd ich diese Dinge:
Schleier, Kettchen, Fingerringe.
Spangen, Kleider nehm ich allen,
ihre Männer werden fallen."

Die Ankündigung der Vernichtung Assurs (Jesaja, Kap. 10)
„Es ist der Knüppel meiner Hand,
den ich nach Juda hab gesandt,
der sie zertritt wie Straßenstaub,
dem ich das Rauben dort erlaub.

Doch diesem Knüppel schick ich Feuer,
er zahlt für seinen Hochmut teuer.
Ich kann euch heute schon berichten:
mein Zorn und Grimm wird ihn vernichten."

Die Ankündigung des messianischen Reiches (Jesaja, Kap. 11)
„Der Tag ist nun nicht mehr sehr fern,
da sprießt hervor die Frucht des Herrn.
Er schlägt die Schläger mit dem Wort
und führt das Werk des Herren fort.

Der Knabe hütet Kalb und Kuh,
und Panther, Löwen schauen zu.
Dazwischen liegen junge Bären,
als ob sie selber Kälber wären.

Nun werden alle Menschen froh,
und Löwen fressen nur noch Stroh.
Der Herr erschlägt die letzten Feinde,
nichts Böses tut mehr die Gemeinde."

Die Ankündigung der Vernichtung Babels (Jesaja, Kap. 13)
„Erhebt eure Stimme und ruft meine Helden
und stellt auf dem Berge ein Feldzeichen auf.
Ich selbst habe heilige Krieger geholt,
ich habe sie alle zusammengerufen,
damit sie den Zorn ihres Herren vollstrecken.
Es dröhnt im Gebirge der Lärm meiner Truppen,
sie kommen vom Ende des Himmels herbei,
das Land zu verwüsten im Namen des Herren.
Schreit auf, denn der Tag eures Herrn ist nahe,
voll Grausamkeit, Grimm und voll glühendem Zorn. Denn Er straft die Bösen für ihre Vergehen,
dem Hochmut der Stolzen macht Er so ein Ende.
Die Sonne ist dunkel, vom Mond kommt kein Licht,
die Sterne am Himmel, sie leuchten nicht mehr.
Der Himmel wird zittern, die Erde wird wanken
am Tage des glühenden Zornes des Herren.
Und eilig flieht jeder und sticht jeden nieder.
Die Kinder zerschmettert im Beisein der Eltern,
die Häuser geplündert, die Frauen geschändet,
denn Babel, dem Kleinod, wird solches geschehen.
Für immer verlassen, wird´s nie mehr besiedelt,
kein Hirte lässt dort seine Herde sich lagern.
Hyänen durchstreifen die öden Paläste,
es heulen Schakale in Lustschlössern laut."

Die betrunkenen Priester (Jesaja, K. 28)
„Es schwanken die Priester betrunken vom Bier,
sie haben Visionen, doch sind sie nur voll.
Geschwätz und Gestammel, das ist ihre Zier, sie schwanken und torkeln und stammeln wie toll."

Die Prophezeiung des Gerichts über Edom (Jesaja, Kap. 34)
„So hört nun, ihr Völker, horcht auf, ihr Nationen:
Der Herr ist erzürnt, er ist zornig den Heeren.
Sie sollen dem Herren ein Schlachtopfer sein,
er hat sie im Zorne dem Tode geweiht. Die Berge soll'n triefen vom Blute der Leichen, die Luft sei verpestet von ihrem Gestank. Die Heere der Heiden, sie werden verwelken, wie Früchte am Feigenbaum werden sie schrumpfen. Am Himmel erscheint dann das Schwert meiner Rache, seht her, wie es fährt auf die Heiden herab. Das Schwert ist voll Blut, und es trieft von dem Fette der Lämmer und Böcke, der Widder und Büffel. Der Herr hält ein Schlachtfest in Bozra und Edom, er schlachtet die Kälber und Stiere und Ochsen. Das Land wird bedeckt sein vom Blut und vom Fett, ein Tag ist´s der Rache, Vergeltung für Zion. Das Wasser wird Pech sein, der Boden gleicht Schwefel, und alles wird brennen bei Tag und bei Nacht. Das Land ist verödet, und Rauch steigt empor, dort hausen nur Dohlen und Eulen und Raben. Die Bocksgeister treiben ihr Unwesen frech, die Edlen von Edom, sie leben nicht mehr. Es ranken sich Dornen an ihren Palästen, ein Ort für Schakale, Hyänen und Geister. Auch Lilith, das Nachtgespenst, findet dort Ruhe, der Kauz legt hier Eier und brütet sie aus. Der Herr hat´s befohlen, dass Geier hier wohnen, die Tiere besitzen für immer das Land."

Die Verheißung des messianischen Heils (Jesaja, Kap. 35)
Die Wüste soll blühen, das Land soll sich freuen,
die Steppe soll blühen und jubeln und jauchzen.
Macht stark eure Hände, macht fest eure Knie,
und sagt den Verzagten: ´Seht her, hier ist Gott.´
Die Rache wird kommen und seine Vergeltung,
der Herr kommt hernieder und rettet euch selbst.
Dann werden die Augen der Blinden geöffnet,
die Ohren der Tauben beginnen zu hören.
Die Lahmen, sie springen herum wie die Hirrsche,
die Zunge des Stummen lobt dankbar den Herrn.
Es fließen die Bäche, aus Sand werden Teiche,
zu Binsen und Schilfrohr führt euch eine Straße,
kein Unreiner darf diese Straße betreten.
Kein Raubtier betritt diesen heiligen Weg,
dort wandeln Erlöste voll Freude und Wonne.

Gott erschafft das Übel und den Frieden (Jesaja, Kap. 45)
„Der Herr ist's, der das Übel schafft,
denn Er ist groß und rätselhaft.
Der Herr ist's, der euch Frieden gibt."
Ob Gott die Menschen wirklich liebt?

Ein Zeichen der Liebe Gottes wäre es z.B. gewesen, wenn er alle Menschen vor Übeln verschont und sie zu Liebe, Freiheit, Frieden, Freundschaft, Wissenschaft und Kunst geführt hätte.

Das vierte Lied vom Gottesknecht (Jesaja, Kap. 52-53)
Mein Knecht hat Erfolg und die Völker erstaunen,
selbst Könige müssen vor ihm nun verstummen.
Aus trockenem Boden kam er wie ein Sprössling,
er sah nicht so aus, dass Gefallen wir fanden.
Er wurde verachtet, von Menschen gemieden,
ein Mann voller Schmerzen, mit Krankheit vertraut.
Er trug unsre Krankheit, er trug unsre Schmerzen,
er wurde durchbohrt wegen unsrer Verbrechen.
Zu unserem Heil lag die Strafe auf ihm nun,
wir hatten uns alle verirrt wie die Schafe.
Der Herr lud auf ihn ab die Schuld von uns allen,
er wurde misshandelt und niedergeworfen.
Doch aus seinem Munde erklang keine Klage.
Der Herr fand Gefallen an diesem Gerechten,
er rettete den, der sein Leben dem Tod gab.
Mein Knecht, der gerechte, er trägt ihre Schuld nun,
denn er gab sein Leben und tat niemals Unrecht."

In der christlichen Theologie werden die Erzählungen vom Gottesknecht in Hinblick auf Jesus diskutiert.

Gott verheißt den Gerechten Lohn (Jesaja, Kap. 58)
„Ist das ein Fasten in Sack und in Asche?
Besser, die Fesseln des Unrechts zu lösen,
Brot für die Hungrigen, Obdach für Arme,
Nackte bekleide und hilf der Verwandschaft.
Dann strahlt dein Licht und der Herr gibt dir Antwort,
wenn du um Hilfe rufst, sagt er: „Hier bin ich".
Wenn du dem Hungrigen Brot reichst, ihn satt machst,
dann geht dein Licht auf, dein Dunkel wird hell.
Ehrst du den Sabbat, und machst nicht
Geschäfte, dann wirst am Herren du Wonne nur
haben. Gott lässt dich gehen auf Höhen der
Erde, wirst dann genießen das Erbe des Jakob."

Schweinefleischessern drohen furchtbare Strafen (Jesaja, Kap. 65)
„Ich sprach zu euch, doch ihr wolltet nicht hören.
Ihr esst das Fleisch von den unreinen Schweinen.
Ich war zu finden für die, die mich suchten.
Ihr aber habt mich auf Hügeln verhöhnt.
Ich sprach zu euch, doch ihr hörtet nicht zu.
Ich zahl euch heim das, was ihr euch verdient habt.
Ich werd euch richten, ihr werdet geschlachtet.
Mein Knecht soll essen, doch ihr leidet Hunger.
Mein Knecht soll trinken, doch ihr leidet Durst.
Mein Knecht soll jubeln, doch ihr werdet heulen.

Jeremia

Gott kündigt Götzendienern furchtbare Strafen an (viele Kapitel)
„Hör, Jeremia, was Gott dir nun kundtut:
Gehe zum Volke und lasse es wissen,
weil es so boshaft und räuchert den Göttern,
weil es nun betet zum Werk seiner Hände,
sollen die Löwen laut brüllen und schreien,
sollen die Löwen verwüsten das Land.
Solches tust, Israel, alles dir selber,
weil du verlässt deinen Gott, der dich leitet.
Schuld hast du selber, wenn du jetzt gestäupt wirst.
Spüre den Jammer, der dir widerfährt nun,
weil du so furchtlos den Herren verlassen,
weil du zerbrochen das Joch und die Bande,
liefst zu den Hügeln, zu dienen den Götzen.
Hab dich gepflanzt einen rechtschaffen Samen,
bist mir geraten zum bitteren Weinstock.
Wenn du dich wüschest mit Lauge und Seife,
säh ich nur klarer dein Laster vor mir.
Könige, Priester und Fürsten, Propheten
werden zu Schanden, wenn ich sie ergreife.
Bin ich für Israel Ödland und Wüste?
Niemals vergisst eine Braut ihren Schleier,
aber mein Volk, das vergisst seinen Gott.
Überall findet man Blut von den armen,
schuldlosen Seelen an so vielen Orten.
Leugnest das Laster, drum will ich dich richten,
wirst bald vertrieben und nichts wird gelingen.
Hurst mit den Buhlen und willst dich nicht schämen,
darum versage ich dir allen Regen.
Fort tut die Vorhaut, ihr Männer, des Herzens,
dass ich nicht grimmig wie Feuer euch brenne.
Wasche nun, Juda, dein Herz von der Bosheit,
denn eine Botschaft kommt her vom Gebirge.
Alles soll wüst sein, denn ich hab's geredet.
Fort aus den Städten werden sie fliehen,
laufen in Wälder und kriechen in Felsen.
Löwen und Wölfe und Parder, sie lauern.
Holz sollt ihr werden und Feuer mein Wort.

Fremde von ferne werd ich zu euch bringen,
Städte verderben sie dann mit dem Schwert.
Söhne und Töchter, sie werden gefressen,
Schafe und Rinder, sie werden verschlungen.
Habt mich verlassen und dient fremden Göttern,
dient nun den Fremden im eigenen Land.
Weil sie nicht hören und Gräuel nur treiben,
geb ich die Häuser samt Weibern den Fremden.
Diebe und Mörder, sie räuchern dem Baale,
siehe, mein Zorn und mein Grimm, der soll brennen.
Menschen und Vieh und die Früchte des Landes,
alles soll brennen, und keiner kann's löschen.
Vögel des Himmels und Tiere der Erde
sollen die Leichen des Volkes verspeisen.
Und in Jerusalem schweige die Freude,
schweige der Bräutigam, schweige die Braut.
Königsgebeine, Gebeine der Fürsten,
Priestergebeine, Gebein der Propheten,
Bürgergebeine wirft man aus den Gräbern.
Kot soll'n sie werden, zerstreut auf den Feldern.
Wer dann noch lebt von dem Volk an dem Orte,
wird lieber tot als lebendig sein wollen.
Siehe, der Tod kommt, die Kinder zu würgen,
heimsuchen werde ich Juda und Edom,
Kinder des Ammon und Moab und alle
Männer, die rundum die Haare abschneiden.
Denn deine Geilheit, die hab ich gesehen
und deine Gräuel auf Hügeln und Äckern. Kommt
man zum Brunnen, so gibt's dort kein Wasser,
weil es nicht regnet, vertrocknet die Erde.
Bringen sie Opfer, so will ich's nicht lohnen,
sondern sie töten durchs Schwert und durch Hunger.
Söhne und Töchter und Mütter und Väter:
Dung soll'n sie sein auf den Feldern des Landes.
Und wenn sie fragen: *Warum dieses Unglück?*,
sage, sie folgten und dienten den Götzen.
Ewig wird brennen das Feuer des Zornes,
Fluch sei dem Mann, der den Herren verlässt.
Wenn ihr nicht achtet den heiligen Sabbat,
werd ich mit Feuer die Häuser verzehren.
Einer soll fressen des anderen Fleisch.
Fleisch von den Söhnen und Fleisch von den Töchtern."
In dieser Art geht es lange noch weiter:
wütend und zornig verkündet der Herrgott,
wie er die Menschen zu strafen gedenkt,
die ihn verschmähen und beten zu Götzen.

Aus den Klageliedern des Jeremias

Aus Kapitel 3
„Er hat mich getrieben, er hat mich gedrängt, er
kehrt seine Hand gegen mich und mein Fleisch.
Er brachte Erschöpfung, ich wohnte im Finstern.
Ich kann nicht entrinnen, bin wie längst verstorben.
Er hat mich in Fesseln gelegt und zerfleischt.
Er war wie ein Löwe, ein Bär im Versteck.
Er spannte den Bogen und traf meine Nieren.
Gelächter war ich und ein Spottlied dem Volk."

Aus Kapitel 4
Als hätt' er nicht genug verbrochen,
ließ Jahwe Mütter Kinder kochen.
Die Kinder dienten so als Speise,
und Gnade fanden selbst nicht Greise.

Es staunt nur noch der „Atheist",
was Christen alles heilig ist.

Hesekiel

Hesekiels Vision und Berufung (Hesekiel, Kap. 1-3)
Vom Herren kann ich dieses sagen:
Er kam auf einem großen Wagen.
Der Wagen war erfüllt mit Licht,
ich sah es selbst und lüge nicht.

Am Wagen waren Menschentiere,
sie hatten Flügel, alle Viere.
Ein jeder hatte davon vier,
die Füße waren wie vom Stier.

Und alle hatten vier Gesichter,
ich sah es selbst und bin kein Dichter.
Teils Mensch, teils Adler, Löwe, Stier
und Köpfe hatten sie je vier.

Dazwischen gab es große Hitze,
und aus dem Feuer zuckten Blitze.
Acht Menschenhände hatte jeder,
der Wagen hatte große Räder.

Die Räder waren grünlichblau,
die Flügel machten laut Radau.
Die Räder folgten den Gestalten,
zum Wenden mussten sie nicht halten.

Darüber war ein Himmelsthron,
auch das ist wahr und nicht Fiktion.
Dort saß der Herr im Feuerscheine,
er hatte weder Kopf noch Beine.

Den Herren sah zuvor ich nicht,
drum fiel vor Schreck ich aufs Gesicht.
Er sprach zu mir: ´Erhebe dich!´,
da kam der Geist zurück in mich.

´Mein Volk ist von mir abgefallen,
drum gehe hin und sprich zu allen.
Und fürchte dich vor ihnen nicht,
weil Gott durch dich zu ihnen spricht.´

Er gab mir dann ein großes Blatt,
das Er zuvor beschrieben hat.
Er gab mir diesen Brief zu essen,
ich habe ihn dann aufgegessen.

Wie Honig war er süß im Mund,
dann tat der Herr mir dieses kund:
´Das Volk, das ich für dich erwähl,
das ist das Volk von Israel.

Von diesem muss ich leider sagen,
sie hören nicht auf meine Klagen.´
Da hob der Geist mich weit empor,
ich hörte Dröhnen wie zuvor.

Nachdem dies alles ich gehört,
war sieben Tage ich verstört.
Ich war an einem fremden Ort
und hörte dort des Herren Wort:

„Wer schuldig ist, soll dafür sterben,
doch sollst du ihn zuvor verwarnen.
Tust du das nicht, wird er getötet.
Wenn du das tust, und er nicht umkehrt,

wird sterben er für seine Sünden.
Doch wenn du warnst, und er nicht sündigt,
dann hast zwei Leben du gerettet,
des Sünders Leben und das eigne."

Die Wahrheit oder Anfallsleiden?
Der Leser möge selbst entscheiden.

Gott kündigt eine Hungersnot an (Kap.4)
„Nun back dein Brot auf Menschenkot!
Du sagst, dass du ein Guter bist?
Dann back dein Brot auf Rindermist.
Doch werde ich drauf achten,

dass alle bald verschmachten.
Ihr sündigt schwer, ich sehe rot,
drum esst mit Sorgen euer Brot.
Ich strafe euch durch Hungersnot."

Väter werden ihre Kinder und Kinder ihre Väter essen (Hesekiel, Kap. 5)
„Vor den Augen der Heiden
sollt ihr alle nun leiden.
Kinder sollen verhungern,
Tiere sollen stets lungern.

Väter, sie essen die eigenen Kinder,
Kinder, sie essen die Väter nicht minder.
Eueren Götzendienst sollt ihr bereuen,
in alle Winde will ich euch zertreuen.

Außerdem bringe ich Hunger und Pest,
fallen durchs Schwert soll der schändliche Rest.

Strafandrohung gegen Land und Volk (Hesekiel, Kap. 6-7)
„Eure Stätten, die werd ich vernichten,
eure Tische, die werd ich zerbrechen,
eure Priester, die werde ich richten,
so viel kann ich euch heut schon versprechen.

Leichen leg ich den Götzen zu Füßen,
lasse sie ihre Schandtaten büßen.
Viele werde ich dann noch erschlagen,
dieses lasst mich euch außerdem sagen:

Unter uralten, schattigen Eichen
liegen überall stinkende Leichen.
Schwert und Hunger und Pest bringen Not
dem, der bricht seines Herren Gebot.

Dich, oh Israel, trifft nun mein Zorn,
denn mein Urteil wird dich nun erreichen.
Mitleid werde ich nicht mit euch haben,
Schonung werdet ihr nicht mehr genießen.

Alle Köpfe, sie werden geschoren,
nichts wird bleiben von Reichtum und Macht.
Draußen fälle ich euch durch mein Schwert,
drinnen fressen euch Hunger und Pest.

Schlimmste Völker führ ich nun heran,
dass sie enden der Mächtigen Mut.
Angst wird herrschen und keiner kann raten.
Wer der Herr ist, wird dann man erkennen."

Gott kündigt an, Kinder und Frauen töten zu lassen (Hesekiel, Kap. 9)
Gott schrie laut mir in die Ohren:
„Männer kommen von den Toren,
töten Mädchen, Kinder, Frauen,
die sie stechen, die sie hauen.
Füllt den Tempel voll mit Leichen,
denn die Schuld ist ohnegleichen."

Drohung gegen das untreue Jerusalem (Hesekiel, Kap. 16)
„Zur Dirne hast du dich gemacht
und jeden lüstern angelacht.
Du machtest dir aus Gold Figuren,
um damit geil herum zu huren.

Du hast des Herren Wort missachtet,
für Götzen Kinder hingeschlachtet.
Dem Nachbar mit dem großen Glied
sangst du voll Lust dein Liebeslied.

Du triebst es frech vor aller Welt
und gabst den Freiern auch noch Geld.
Voll Grimm und Zorn und Eifersucht
seist du dafür von mir verflucht.

Zu strafen dich für deine Tücke,
haun Schwerter dich in kleine Stücke.
Dies alles werde ich bald tun,
erst dann wird all mein Ärger ruhn."

Das Ende der Sippenhaft (Hesekiel, Kap. 18)
„Wenn ein Vater Übles tut,
doch sein Sohn tut trotzdem gut,
soll nur noch der Vater sterben,
nicht hingegen seine Erben."

Gott schärft und poliert sein Schwert (Hesekiel, Kap. 21)
„Ich ziehe mein Schwert aus der Scheide
und strafe die Guten und Schlechten.
ich schlage sogar die Gerechten,
ich will, dass mein Volk dies erleide.

Mein Schwert ist geölt und geschmiert,
ich rotte euch allesamt aus,
Ich schone kein einziges Haus,
mein Schwert ist geschärft und poliert."

Das Gleichnis von den unzüchtigen Schwestern (Hesekiel, Kap. 23)
„Schon in Ägypten da trieben sie Unzucht,
ließen die Brüste von Fremden betasten,
gierig nach Männern mit Gliedern wie Esel,
deren Erguss dem der Hengste fast glich.

Danach gehörten sie auch den Assyrern,
die sie erschlugen mitsamt ihren Kindern.
Spüren sollt ihr meinen Grimm, meine Rache,
Heere mit Reitern und Wagen soll'n kommen.
Augen und Ohren sollt ihr dann verlieren,
Töchter und Söhne, die nehmen sie weg.
Was dann noch lebt, wird vom Feuer verzehrt.
Nackt wirst du sein, deine Scham wird entblößt.
Weil ihr mit Götzen euch unrein gemacht,
sollt ihr misshandelt und ausgeraubt werden.
Sündige Schwestern, euch soll man zerteilen,
würgen soll man eure Töchter und Söhne."

Die untreuen Hirten (Hesekiel, Kap. 34)
„Weh den Hirten, die nicht weiden,
mit der Wolle selbst sich kleiden.
Weh den Hirten, die nicht heilen,
Fettes nicht mit Schwachen teilen.

Meine Schafe sind zerstreut,
was mich überhaupt nicht freut.
Wilde Tiere Schafe fressen,
denn ihr habt sie ganz vergessen.

Meine Herde will ich retten,
töten werde ich die Fetten,
deren Schafe so befrei'n.
David soll ihr Hirte sein."

Der gute Hirte (Hesekiel, Kap. 34)
„Ich werd euch alle weiden
und schützen vor den Heiden.
Und alle meine Schafe
sind sicher auch im Schlafe.

Zur Zeit schick ich euch Regen,
der Regen bringt euch Segen.
Ich ende eure Hungersnot,
die wilden Tiere mach ich tot."

Gott füttert Vögel und Feldtiere mit Heiden (Hesekiel, Kap. 39)
„Saget den Tieren, auch denen, die fliegen,
dass sie nun tot auf den Bergen rumliegen.
Fresset ihr Fleisch auf und saufet ihr Blut.
Jahwe erschlug diese heidnische Brut."

Daniel
Daniel wird Berater des Königs von Babylon (Daniel, Kap. 1)
Nebukadnezzar verschleppte die Söhne
der Juden, die schön an Gestalt und verständig.
Sie lernten in Babel die dortige Sprache
und sollten dem König zu Diensten dann sein.
Zum Essen und Trinken gab´s Speisen
und Wein von der Tafel des Königs.
Doch Daniel hat einen der Diener des Königs
davon überzeugt, dass er selbst und Hananja,
Mischael und Asarja sich zehn Tage lang
von pflanzlichen Speisen und Wasser ernähren.
Danach sah´n sie besser aus als all die anderen,
erhielten fortan nur Veganes und Wasser.
Am Ende der Lehrzeit sprach Nebukadnezzar
mit allen vier Juden. Er fand sie viel klüger
als andre Berater.
Sie traten daher in den Dienst dieses Königs.

Daniel deutet einen Traum des Königs (Daniel, Kap. 2)
Die Weisen sollten dem Könige sagen,
was er beim Träumen gesehen.
Da fingen die Weisen an zu klagen:
„Unmöglich kann dieses geschehen".
Den Weisen ging es fast an den Kragen,
auch David spürte nun Unbehagen

und bat, diese Sache erst zu vertagen.
Hilfe kam dann schließlich von oben,
und David fing an, seinen Schöpfer zu loben.

Er konnte dem König erzählen,
dass sich Eisen und Ton nicht vermählen.
Gespalten würde das Reich
und dann dem Erdboden gleich.

„Was Gott offenbart, wird geschehen.
Das vierte der Reiche wird gehen.
Nur Gottes Reich ewig bestehen".

Daniels Freunde im Feuerofen (Daniel, Kap. 3)
Der Herold des Königs verkündete allen:
„Vorm Standbild soll jedermann stets niederfallen.
Das Standbild soll'n alle verehren,
sonst wird sie das Feuer verzehren!"

Doch als die Chaldäer bezeugten,
dass Juden sich trotzdem nicht beugten,
da packte den König die Wut:
„Macht siebenmal stärker die Glut.
Ins Feuer die Juden dann tut!"

Das Feuer ergriff zwar Chaldäer,
doch kam es den Juden nicht näher.
Asarja mit Freunden zusammen
spazierte gesund durch die Flammen.

Ein Engel hielt Flammen stets fern,
da lobten die Drei fromm den Herrn:
„Preist die Kälte, preist die Hitze,
preist die Winde, preist die Blitze,
preist den Herrn, der uns befreit,
preist den Herrn in Ewigkeit."

Der König ließ dann seinen Hofstaat noch wissen:
„Wer den Judengott schmäht, wird in Stücke
gerissen, sein Haus wird zertrümmert!"
Fortan hat er sich um die Freunde gekümmert.

Daniel deutet den Traum vom gefällten Baum (Daniel, Kap. 4)
Der König, der hatte erneut einen Traum,
der wieder den Herrscher erschreckte.
Er träumte von einem ganz riesigen Baum,
der sich bis zum Himmel erstreckte.

Der Baum bot Nahrung dem Mensch und dem Tier,
doch dann kam ein Wächter vom Himmel nach hier:
Nun fällt diesen Baum und zerstreut seine Früchte,
so dass jedes Tier vor dem Baum sich fort flüchte.

Die Lebenden sollen nun daran erkennen:
Nur Jahwe kann jeden zum Herrscher ernennen.

Die Weisen konnten den Traum ihm nicht deuten,
dies konnte nur einer von seinen Leuten.
„In Daniel, der auch Beltschazzar heißt,
ist ganz gewiss der Götter Geist."

Und Daniel sprach: „Der Baum bist du,
für dich geh'n nun alle Türen zu.
Du musst bei den Tieren nun leben,
zu essen wird Gras es nur geben."

Als später der König sich lobte,
der Wächter das hörte und tobte.
Es ist dann genauso gekommen,
die Herrschaft, sie wurde genommen.

Der König dann Demut noch zeigte
und sich vor Jehova verneigte.
Da kehrte das Glück
zu dem König zurück.

Das Menetekel an der Wand des Palastes (Daniel, Kap. 5)
Belschazzar gab ein großes Mahl
für tausend Gäste an der Zahl.

Sie tranken aus Bechern,
die sein Vater geraubt
und lobten die Götter,
an die schon sein Vater geglaubt.

Da sahen sie eine Menschenhand,
die schrieb nun auf eine weiße Wand.
Nur Daniel konnte die Schrift dort lesen
und sagte dem König, was früher gewesen:

„Dein Vater verlor einst die Macht und den Thron,
und Hochmut befiel nun auch seinen Sohn.
Mene tekel u-parsin: Deine Tage sind gezählt."
Und noch in dieser gleichen Nacht
wurde Belschazzar umgebracht.

Daniel in der Löwengrube (Daniel, Kap. 6)
Satrapen und hohe Beamte erreichten beim König,
dass man den Daniel den Löwen zum Fraß gab.
Doch Gott verschloss schnell den Löwen die Mäuler.

Die Bibel uns bis heute lehrt:
Der Daniel blieb unversehrt,
und Darius hat Gott verehrt.
Mit Satrapen, Kindern, Müttern
ließ man dann die Löwen füttern.

Hosea

Das Gericht über die Priester (Hosea, Kap. 4)
„Es gibt keine Treue, es gibt keine Liebe,
ein jeglicher folgt nur dem eigenen Triebe.
Es gibt keine Treue, es gibt keine Liebe,
es gibt nur noch Unzucht und Mörder und Diebe.

Das Land soll verdorren, ich hasse es sehr,
mit all seinen Tieren und Fischen im Meer.
Verklagt wird der Priester, es stürzt der Prophet,
ich strafe den Priester, der Sünden begeht."

Gott als Motte und Made (Hosea, Kap. 5)
„Weil du nicht dienst deinem Gotte,
will ich dir sein eine Motte.
Dass ihr nur hurt, ist sehr schade,
ich will euch sein eine Made."

Gott will Feuer in Judas Städte schicken (Hosea, Kap. 8)
„Jeder, der von meinem Wege frech wich,
schreit zu mir: ´Jahwe, wir kennen nur dich!´
Alle, die meine Gesetze nicht achten,
will ich bestrafen, sie sollen verschmachten.

Alle, die meine Gesetze verletzen,
will ich zurück nach Ägypten nun hetzen.
Feuer soll heiß ihre Häuser verzehren,
weil sie noch immer die Götzen verehren."

Gott will Kinder zerschmettern (Hosea, Kap. 13-14)
„Will Kinder zerschmettern
und Schwang're zerreißen,
wie Löwen euch fressen,
wie Bären euch beißen."

Joel

Die Ankündigung von Frieden und guten Ernten (Joel, Kap. 2)
„Zu enden eure große Pein,
send ich euch Öl und Brot und Wein,
vertreib den Feind aus euerm Land,
vertreib ihn bis zum Meeresstrand.

Der Feigenbaum wird wieder grün,
das ganze Land wird wieder blüh'n.
Weil Gott mit euch Erbarmen hat,
wird Mensch und Tier bald wieder satt."

Wer ist Gott? Und wenn ja: wie viele?

Gott kündigt einen schrecklichen Wutanfall an (Joel, Kap. 3)
Die Sonne wird dunkel, der Mond wird zu Blut,
denn dann kommt der Tag meiner schrecklichen
Wut. Zuvor schütt ich aus meinen heiligen Geist,
gerettet wird der, der mir Ehre erweist.

Macht Pflugscharen zu Schwertern! (Joel, Kap. 4)
„Ich führe mein Volk aus der Knechtschaft zum Sieg,
verkündet den Völkern den Heiligen Krieg. Aus
Sicheln macht Spieße, aus Pflügen macht Schwerter,
dann schlagt alle Heiden, seid stärker und härter.
Ich werde euch rufen mit brüllender Stimme
und Edom verwüsten im Zorn und im Grimme.
Zur selben Zeit triefen die Berge von Wein,
und Zion soll ewig die Gottesstadt sein.
Der Herr wird laut brüll'n, dass die Erde erbebt,
und Josaphat endlich sein Urteil erlebt."

Amos

Das Gericht über die Völker (Amos, 1-2)
„Feuer soll fressen Ben-Hadas Paläste,
weil sie den Gilead grausam zermalmten.
Feuer soll fressen auch Gazas Paläste,
weil sie die Menschen nach Edom verschleppten.
Feuer soll fressen Paläste in Tyrus, denn
sie verschleppten die Menschen nach Edom.
Weil sie verfolgten und Mitleid nicht kannten,
schicke ich Feuer gen Teman und Bozra.
Weil sie die schwangeren Frauen erstachen,
lege ich Feuer an Rabbas Paläste.
Weil sie die Knochen des Königs verbrannten,
schicke ich Feuersbrunst auch gegen Moab.
Weil sie der Weisung des Herren nicht folgten,
schicke ich Feuer in Judas Paläste.
Weil mein Volk Israel Menschen verkaufte,
wird sie verschlingen der schwankende Boden."

Amos kündigt Erniedrigung, Mord und Vertreibung an (Amos, Kap. 7)
Amazja zu Amos im Streit:
„Du treibst es jetzt wirklich zu weit.
Ich will dich hier länger nicht sehen,
nach Juda sollst du deshalb gehen."

Doch Amos gehorche ihm nicht
und Gott durch den Amos dies spricht:
„Zur Hure wird werden dein Weib,
dein Sohn wird verlieren den Leib.

Den Acker soll'n Andere erben,
in unreinem Land sollst du sterben.
Und Israel werd ich vertreiben,
nicht einer soll länger dort bleiben."

Jona

Bestrafung und Errettung des Propheten Jona (Jona, Kap. 1-4)

Statt direkt nach Ninive
fuhr er über einen See.
Hatte sich vor Gott versteckt,
dass der Herr ihn nicht entdeckt.

Doch im Falle dieses Falles
sah der Herrgott sofort alles.
Schickte Wind und wildes Meer,
Jona fürchtete sich sehr.

Schiffer fragten, wer er sei,
Jona gab schnell kleinlaut bei:
„Nie erreicht ihr sich´ren Hafen,
Jahwe wird uns alle strafen,

weil der Herr mir furchtbar grollt.
Macht mit mir nun, was ihr wollt."
Nach des Jona klarem Wort
warf man Jona über Bord.

Dieses war des Herren Wille,
sofort stand das Wasser stille.
Alle waren sehr erstaunt,
dass der Herr nun gut gelaunt.

Jona aber fraß ein Fisch,
in dem Fisch roch es nicht frisch.
Jona in des Fisches Bauch
betete nach altem Brauch:

„Hilf mir, Herr, in meiner Not,
rette mich vor solchem Tod.
Herr vergib mir meine Sünden,
stets will ich dein Lob verkünden."
Weil der Herr das prima fand,
spuckt der Fisch den Mann ans Land.
Gott erhörte den Propheten,
tat, worum er ward gebeten.

Jona diente als Prophet,
allerdings ein wenig spät.
Doch er überzeugte jeden
durch die Worte seiner Reden.

Was sich dann für alle lohnte,
weil der Herr die Stadt verschonte.
Jona war das gar nicht recht.
Jona war im Herzen schlecht.

*Der Wal ist innen voll Gestank,
er frisst meist Krill nur, gottseidank.
(Wale sind Säugetiere.)*

Micha

Micha droht dem Volk Israels (Micha, Kap. 1-3, 6-7)

„Höret ihr Völker, was Jahwe euch sagt,
der eure Taten schon lange beklagt.
Jahwe verlässt seinen himmlischen Ort,
Wildwasser reißen die Talgründe fort.

Alles geschieht wegen Jakobs Vergehen,
ist das denn wirklich so schwer zu verstehen?
Jetzt kommt des Herren Gerichtstribunal,
Steine der Städte stürzt Jahwe zu Tal.

Jahwe wird Bilder und Götzen zerschlagen,
barfuß und nackt bin ich, kann nur noch klagen.
Kann nur noch heulen wie nachts die Schakale,
Gott straft die Laster und euer Geprahle.

Weil sie nur Böses und Unheil ersinnen,
führt man die Kinder des Landes von hinnen.
Wegen der Habsucht und schändlicher Dinge
kriegt ihr den Kopf nicht mehr raus aus der Schlinge.

Fressen mein Volk und zerbrechen die Knochen,
legen das Fleisch in den Kochtopf zum Kochen.
Bald wird man hören ihr eignes Gekreisch,
von ihren Knochen entfernt man das Fleisch.

Zion erbaut ihr auf Unrecht und Blut,
über euch kommt des Allmächtigen Wut.
Fälscht eure Waagen und eure Gewichte,
Gott wird euch strafen mit seinem Gerichte.

Weil sie betrügen, die Wahrheit nicht sagen,
wird sie der Herr alle zornig zerschlagen.
Gott wird die Richter und Reichen zerstören,
mich aber wird er am Ende erhören."

Nahum

Das drohende Gericht über Ninive (Nahum, Kap. 1)

Es sprach des Herren Sprecher:
„Der Herrgott ist ein Rächer,
der niemals wird vergessen,
was Feinde ausgefressen.
Der Herr ist voll Geduld,
doch straft er schwere Schuld.

Er lässt die Berge beben
und nimmt dem Feind das Leben.
Sein Zorn brennt heiß wie Feuer.
Wer Gott trotzt, der zahlt teuer.
Er brennt im Feuer lichterloh
wie Dornen oder dürres Stroh."

„Die Erschaffung einer ganzen Welt durch das Wort gelang Gott, die Menschen allein durch das Wort für sich zu gewinnen, gelang ihm offenbar nicht." Uwe Lehnert: Warum ich kein Christ sein will - Mein Weg vom christlichen Glauben zu einer naturalistisch-humanistischen Weltanschauung. Tectum 2018, S. 314

Haggai

Das Volk soll Gott einen neuen Tempel bauen (Haggai, Kap. 1-2)
„Statt nur auf euer Wohl zu schauen,
sollt ihr mir einen Tempel bauen.
Ganz ehrlich sag ich allen:
Das würde mir gefallen.

Dass ihr in schönen Häusern wohnt,
wird keineswegs von mir belohnt.
Im Gegenteil, denkt doch mal nach,
warum gering ist der Ertrag

des Ackers und der Reben,
Warum so karg das Leben,
warum ihr kaum zu essen kriegt.
Weil noch mein Haus in Trümmern liegt!

Ich hole Gold von allen Plätzen
und fülle selbst das Haus mit Schätzen.
Ihr müsst nur noch den Grundstein legen,
dann spende ich euch meinen Segen."

Sacharja

Gott kündigt Grauenvolles an (Sacharja, Kap. 13-14)
„Zwei Drittel soll'n sterben, ein Drittel soll leben,
dies Drittel will ich in den Schmelztiegel geben.
Sie werden geläutert wie edles Metall
und preisen dann Jahwe, den Herrn, überall.

So sehet, es kommt nun des Herrlichen Zeit,
er sammelt die Heiden zum furchtbaren Streit.
Die Häuser geplündert, die Weiber geschändet,
die Hälfte der Stadt in Gefangenschaft endet."
Und weiter ist dann in der Bibel zu lesen:
„Die Augen und Zungen der Heiden verwesen,
derweil diese auf ihren Füßen noch stehen.
So soll's allen Völkern der Heiden ergehen,
die wider Jerusalem stritten."

So streng war'n bei Jahwe die Sitten!

Maleachi

Gott droht, mit Kot zu werfen (Maleachi, Kap. 1-2)
„Ihr opfert mir Tiere, doch diese sind krank.
Ist das meines Israels heiliger Dank?
Ihr opfert mir Tiere, doch diese sind lahm.

Ich find, eure Opfer sind ziemlich infam.
Verehrt ihr den Namen des Mächtigen nicht,
dann werf ich euch Tierkot in euer Gesicht."

Gott kündigt an, die Gottlosen zu verbrennen (Maleachi, Kap. 3)
„Die Gottlosen werdet ihr alle zertreten,
weil diese noch immer die Götzen anbeten.
Die Gottlosen brennen im Ofen wie Stroh,
die Guten, die springen im Sonnenlicht froh."

*Warum die Menschen Gott nicht trauten,
warum sie Bergaltäre bauten,
wird in der Bibel nicht erzählt.
Jedoch, warum der Herr sie quält.*

*Grauenvolle Stellen aus dem Alten Testament:
reimbibel.de/20-2
awq.de/bibelquiz
reimbibel.de/bibel-oder-koran*

„Gott ist in sich unendlich vollkommen und glücklich." Katechismus der Katholischen Kirche, Rom 1997, Nr. 1

*Wer dieses schrieb ist schizophren
und sollte zum Psychiater geh´n.*

„Die Wahrheit ist, dass das Judentum, wie fast jede andere Religion, rassistische und antirassistische, humanistische und barbarische Elemente einschließt. Die Kreuzfahrer, die auf dem Weg ins Heilige Land die Juden im Rheinland schlachteten und die Bewohner Jerusalems mordeten – Muslime genau so wie Juden – als sie die Stadt eroberten, schrieen: „Gott will es!" So kann man im Neuen Testament großartige Passagen finden, die Liebe predigen, und auch ganz andere Passagen. So sind auch im Koran Suren voller Liebe für die Menschheit und Aufrufe zu Gerechtigkeit und Gleichheit, aber es gibt auch ganz andere voller Intoleranz und Hass. So ist es auch mit der hebräischen Bibel. Die Rassisten zitieren Rabbi Maimonides, der zwei biblische Worte als ein Gebot interpretiert, Nichtjuden keine Wohn- und Lebensmöglichkeit im Lande zu geben. Das ganze Buch Josua ist ein Aufruf zum

Genozid. Die Bibel befiehlt den Israeliten, den ganzen Stamm der Amalekiter umzubringen („Männer, Frauen, Kinder und Säuglinge") und der Prophet Samuel entthronte König Saul, weil er das Leben von amalekitischen Gefangenen schonte (1. Sam.15). Aber die hebräische Bibel ist auch ein Buch von unvergleichlicher Menschlichkeit. Es fängt mit der Beschreibung der Erschaffung von Mann und Frau an, indem betont wird, dass alle Menschen nach dem Bilde Gottes geschaffen sind – und deshalb gleich. „Gott schuf den Menschen nach seinem Bilde, nach dem Bilde Gottes schuf er ihn, Mann und Frau." Die Bibel verlangt viele Male, den „Gerim" (den Fremden, der unter den Israeliten lebt) als Israeliten zu behandeln, „Weil ihr Fremde im Lande Ägyptens ward"."
Uri Avnery, israelischer Friedensaktivist, 25.12.2010. Übersetzung: Ellen Rohlfs
Quelle: t1p.de/96e52.

Der israelische Historiker Shlomo Sand stellt das Existenzrecht Israels nicht in Frage, kritisiert aber heftig die Behauptung, Israel sei ein jüdischer und vollwertig demokratischer Staat. Der Alleinanspruch auf das „Gelobte Land" beruhe auf Legenden. Die Vertreibung der „Kinder Israels" durch die Römer und die Rückkehr ins „Land der Väter" seien Erfindungen europäischer Zionisten des 19. Jahrhunderts. Ein jüdisches Volk im ethnischen Sinne habe es nie gegeben. Wenn überhaupt, seien eher die Palästinenser als die aus Europa eingewanderten Juden ethnische Nachkommen der biblischen Israeliten. Dadurch dass sich Israel ethnisch und religiös definiere, diskriminiere es die nichtjüdischen Bürger Israels.
Shlomo Sand: Die Erfindung des jüdischen Volks. Israels Gründungsmythos auf dem Prüfstand. List 2011

Gott ist der Urheber [Autor] der Heiligen Schrift. „Das von Gott Geoffenbarte, das in der Heiligen Schrift schriftlich enthalten ist und vorliegt, ist unter dem Anhauch des Heiligen Geistes aufgezeichnet worden."
Katechismus der Katholischen Kirche, Nr. 105

Aus dem Neuen Testament

Das sogenannte Neue Testament besteht aus 21 Briefen, der Apostelgeschichte, vier Evangelien und der Offenbarung (Apokalypse) des Johannes. Es wurde erst lange nach dem Tod Jesu in griechischer Sprache verfasst. Das NT deutet oft das AT aus christlicher Sicht.

Die echten Briefe des Paulus
Briefe, von denen man annimmt, dass sie tatsächlich von Paulus stammen, sind die Briefe an die Römer, Korinther, Galater, Philipper, Thessalonicher (I), Titus (?) und Philemon. Sie wurden etwa ab dem Jahr 50 geschrieben, sind also wesentlich älter als die vier kirchlich zugelassenen Evangelien und werden deshalb abweichend von der kirchlichen Anordnung hier zuerst dargestellt und kommentiert. Schüler des Paulus vermutet man hinter den Briefen an die Epheser, Kolosser, Thessalonicher (II) und Timotheus. Unbekannt sind auch die Verfasser der Briefe des Petrus, Johannes und Jakobus sowie des Briefs an die Hebräer.

An die Römer (verfasst etwa 56)
„Ich sprech zu euch in Jesu Namen,
des Herrgotts Sohn aus Davids Samen,
der wieder auferstanden ist.
Mit euch sei Gott und Jesus Christ!

Vorab sag ich euch erstmal das:
Ich denk an euch ohn Unterlass.
Nach Rom möcht ich sehr gerne geh´n,
denn es verlangt mich, euch zu seh´n.

Das Evangelium ist die Kraft,
die Vielen Seligkeit verschafft.
Der Herr ist Kraft und unsichtbar,
doch nimmt man seine Schöpfung wahr.

Der Herr ist folglich nicht okkult,
wer ihn nicht preist, ist selber schuld.
Die Narren, die nur eitel dichten,
sich weise dünken, sind´s mitnichten.

Sie machen Gott zum kriechend Tier,
doch der ist ewig, nicht wie wir.
Gar viele Menschen, Mann und Weib,
die schänden ihren eignen Leib.

Sie kennen nicht Gerechtigkeit,
sind voll von Neid und Schlechtigkeit.
Da sie den Herrgott nicht erkennen,
muss man sie lieblos, treulos nennen.

Ins Herz gab Gott darum Gelüste,
und Weib an Weib reibt sich die Brüste.
Und während sich die Weiber reiben,
die Männer es mit Männern treiben,
was sich vor Gott fürwahr nicht ziemt.
Sie haben ihren Tod verdient."
Römer 1 (1-32)

Homo-Sex reimbibel.de/homo-sex
*Homo-Sex sei ungebührlich,
widerlich und unnatürlich.
Kluge Homos sagen nur:
Wir sind Homos von Natur.
Küsst ein Schwuler eine Frau,
ist das nicht besonders schlau.*

*Lesben, die´s mit Männern treiben,
ließen dieses besser bleiben.
Homos lieben gleichgeschlechtlich,
was ist daran denn verächtlich?
Paulus liegt total verkehrt,
Hetze ist verachtenswert!*

Viele Homosexuelle wurden von den Nazis in Konzentrationslagern umgebracht. 1969 - bis dahin wurden in der BRD 50.000 Männer wegen „Unzucht" nach §175 StGB verurteilt - wurde der von den Nazis verschärfte §175 auf Initiative von Bundesjustizminister Gustav Heinemann (SPD) reformiert. Erst 1994 wurde § 175 abgeschafft. Die Katholische Kirche und die Evangelische Allianz betrachten homosexuelles Verhalten bis heute als sündhaft. Die EKD stellte noch 1996 in der Schrift „Mit Spannungen leben" fest: „Die Segnung einer homosexuellen Partnerschaft kann nicht zugelassen werden." In fast allen Landeskirchen wird die biblische Verurteilung der Homosexualität aber inzwischen relativiert. Es gibt dort Trauungen von homosexuellen Paaren. Der Vatikan erlaubt seit 12/2023 deren Segnung.

„O Mensch, der du den Andern richtest,
verdammst dich selbst, dich selbst vernichtest.
Wie willst dem Urteil du entrinnen
und nicht auf Gottes Güte sinnen?

Vor eitel Urteil dich behüte,
es hilft dem Mensch nur Gottes Güte.
Bist du verstockt und büßest nicht,
erwartet dich das Zorngericht.

Dann wird ein jeder dieses merken:
Der Herr vergilt euch nach den Werken.
Wer Gutes tat, wird ewig leben,
der Böse wird vor Angst erbeben.

Gerecht ist, wer nach Vorschrift lebt,
gerecht ist, wer nach Gutem strebt.
Ihr sagt, man soll nicht ehebrechen,
doch haltet ihr nicht dies Versprechen.

Ihr nennt euch Juden, nennt euch Lehrer,
doch seid ihr nicht die Führer derer,
die töricht sind und fehlen.
Ihr sagt, man soll nicht stehlen.

Doch predigt ihr verkehrt,
weil ihr den Herrn nicht ehrt,
weil ihr vom Tempel raubt,
weil ihr nicht richtig glaubt."
Römer 2 (1-29)

*Diese Mahnung stets dir merke:
„Gott beurteilt deine Werke."*
Römer 2 (16) 4 (4) Epheser 6 (8)
Kolosser 3 (25) Jakobus 2 (24)

*Auch diese Regel stets dir merke:
„Vor Gott hilft Wollen nicht noch Werke."*
Römer 8 (29,30) 9 (12,15) 11 (6)
2 Timotheus 1 (9)

*Es glaubt ganz fest der Calvinist,
dass Gottes Gnade alles ist.
Mit Luther kommt er nicht gut klar,
weil dieser Lutheraner war.*

„Wir Sünder waren wirklich schlecht,
durch Jesu Blut sind wir gerecht,
vor Gottes Zorn sind wir beschützt."
Doch wem hat Jesu Blut genützt?
Römer 3 (4,7) 5 (8-9)

Viele der folgenden Reime beginnen mit „Ich glaub". Sie geben religiöse Überzeugungen wieder, wie ich sie bei einem im Prinzip „linientreuen" Christen vermute. Weitere Verse, die mit „Ich glaub" beginnen, geben - bisweilen in sarkastischer Form - meine eigenen Auffassungen wieder. Meinungen zur Bibel und größere Abweichungen vom Text der Bibel sind durch Schrägschrift kenntlich gemacht.

*Ich glaub, die Sadduzäer waren
noch nicht erleuchtet in den Jahren,
da Paulus sie besuchte,
wobei er ziemlich fluchte.*

*Ich glaub, er kannte Jesus nicht,
weshalb er meist von Christus spricht.*

*Auch war er nicht von jener Sorte,
die ständig denkt an „Jesu Worte".*
„Der Sündenleib voll Schlechtigkeit
sei Waffe der Gerechtigkeit."
Römer 6 (12-13)

„Ich wollte machen, was ich sollte,
doch tat mein Fleisch stets, was es wollte.
Ich will das Gute, doch die Glieder,
die wollen Böses immer wieder.

Ich bin gefangen von dem Bösen,
wer wird vom Bösen mich erlösen?"
Römer 7 (14-23)

„Gesandt hat Gott als sündig Fleisch
der Sünde halber uns sein Kind.
Auf dass wir nach dem Geiste wandeln
und nicht mehr nach dem Fleische handeln.

Dem Sünder wird der Tod gegeben,
wer geistlich denkt, erhält das Leben.
Auch Trübsal, Angst und großes Leiden
wird uns von Gottes Huld nicht scheiden.

Wir werden alles überwinden,
in Christo Gottes Liebe finden.
Römer 8 (1-11, 35-39)

„Nach euerm Willen wird´s nicht gehen,
wenn ihr vom Herrn nicht ausersehen.
Egal wozu ihr selbst bereit,
ihr braucht des Herrn Barmherzigkeit.
Den Reichen und den Armen
hilft nur des Herrn Erbarmen."
Römer 8 (28-32) 9 (12-22)

„Ich habe Traurigkeit und Schmerz
ohn Unterlass in meinem Herz."
Römer 9 (1-2)

Ich glaub, wenn jemand was verbockt,
dann wurde er vom Herrn verstockt.
Der Töpfer töpfert Gutes, Schlechtes,
Verdorbenes, doch auch Gerechtes.

Ich glaub, dass nur die wirklich Schlechten
mit Gott dem Herren ständig rechten.
Doch das ist gar nicht angebracht,
denn Gott der Herr hat sie gemacht.

„Spricht denn ein Topf zum Töpfermeister:
´Was du gemacht, ist Scheibenkleister`?
Der Herrgott tut stets, was er will."
Wer das nicht mag, der schweige still.
Römer 9 (18-21)

*Das "Verstocken" erinnert an den Pharao, „Topf und
Töpfer" an die üble Rechtfertigung Gottes am später
hinzugefügten Ende des Buchs Hiob.*

*Eine Frage von den großen:
Hat Gott sein eignes Volk verstoßen?*

Für Paulus war vollkommen klar,
dass Er vom Stamme Davids war
und zwar vom Zweige Benjamin.
„Der Herr hat seinem Volk verzieh´n.

Aus Gnade sind wir auserwählt,
das Werk bei Gnade nicht mehr zählt."
Für Paulus stand ganz fraglos fest:
„Der Herr erwählte nur den Rest."
Römer 11 (1-7) reimbibel.de/10.pdf

„Voll Güte sei und Gottvertrauen,
sonst wirst auch du noch abgehauen.
Doch alle die, die wiederkommen,
die werden wieder aufgenommen."
Römer 11 (22-23)

„Dem Herren kann der Mensch nicht raten,
denn er begreift nicht Gottes Taten."
Römer 11 (33-34)

*Und wer den Herren nicht versteht,
am Sonntag in die Kirche geht,
weil dort ein echter Fachmann spricht.
Wer glaubt, der glaubt und zweifelt nicht.*

„In Christ wir viele Glieder haben,
verschieden sind der Glieder Gaben.
Wir lehren, mahnen und regieren,
doch soll sich damit niemand zieren."
Römer 12 (3-6)

„Ein Christ soll stets das Arge hassen
und sich nicht träge treiben lassen,
denn Trägheit ist stets große Sünde,
was ich euch hiermit heut verkünde.

Glaubt nicht, ihr wäret wirklich klug,
des Geistes Brunst sei euch genug.
Seid fröhlich, haltet am Gebet
und helft dem Wandrer ganz konkret.

Die euch verfolgen, alle segnet,
weint mit, wenn Trauer euch begegnet.
Seid ehrbar gegen jedermann,
so dass man Frieden haben kann.

Der Zorn sei nur des Herren Sache,
du selber übe keine Rache.

An Gutes sollst du immer denken
und deinen Feinden Essen schenken.
Und lasse nie das Böse siegen,
die Feinde sollen Wasser kriegen."
Römer 12 (17-21)

„So achtet stets die Obrigkeit,
stets ihr zu folgen seid bereit.
Die Obrigkeit, die kommt vom Herren,
dagegen sollt ihr euch nicht sperren.

Drum seid die Guten, seid die Braven,
die Obrigkeit wird dann nicht strafen.
Die Obrigkeit, die kommt von oben.
Wer Gutes tut, den wird sie loben.

Doch wer sich ihr entgegenstellt,
sofort dem Strafgericht verfällt.
Nicht maßlos seid und seid nicht geil,
denn nahe ist uns jetzt das Heil.

Wir wollen unsern Nächsten lieben,
und folgen nicht den bösen Trieben."
Römer 13 (1-14)

Das Bündnis von Altar und Thron ist eine üble Perversion. Die staatsgestützte Religion bringt Repression und Stagnation. „Dem Kaiser was des Kaisers ist!", sprach einst einmal Herr Jesus Christ. Ob deshalb viele fromme Christen des Adolfs Nazifahnen hissten?
Mark 12 (17) Luk 20 (25) reimbibel.de/kyrill

Nach P. Lapide wäre die richtige Übersetzung: „Gebt doch dem Kaiser zurück, was des Kaisers ist." Das Abbild des Kaisers auf den römischen Münzen verstieß gegen das Gebot „Du sollst dir kein Bildnis machen." Jesus wollte, dass diese gotteslästerlichen Münzen zurückgegeben werden. P. Lapide: Ist die Bibel richtig übersetzt? Gütersloh 2004, S.198.

„... greuliche Sunden wider Gott und Menschen laden diese Bauern auf sich, daran sie den Tod verdienet haben an Leibe und Seele: ... Drum soll hier zuschmeißen, wurgen und stechen, heimlich oder offentlich, wer da kann, und gedenken, daß nichts Giftigers, Schädlichers, Teuflischers sein kann denn ein aufruhrischer Mensch, gleich als wenn man einen tollen Hund totschlahen muß: Schlägst du nicht, so schlägt er dich und ein ganz Land mit dir."
Martin Luther: Wider die räuberischen und mörderischen Rotten der Bauern, 1525.

Ich habe im Aufruhr alle Bauern erschlagen; all ihr Blut ist auf meinem Hals. Aber ich schiebe es auf unseren Herrgott; der hat mir befohlen, solches zu reden." Martin Luther: Tischreden. Weimarer Ausgabe der Lutherschriften III.

*Stets nur treu und stets loyal
Und vor allem stets zufrieden,
So hat Gott es mir beschieden,
Folglich bleibt mir kein Wahl.*

*Ob des Staates alten Karren
Weise lenken oder Narren,
Dieses geht mich gar nicht an,
Denn ich bin ein Untertan.*
Aus: „Des Untertanen Glaubensbekenntnis" von Gottfried Kinkel, zit. in Klaus Schmidt: Gerechtigkeit – das Brot des Volkes (1996).

*Hände falten, Ohren spitzen,
Klappe halten, stille sitzen!
Menschen, die sich früh schon bücken,
kann man leichter unterdrücken.*

*Was den Ruhm der Kirchen mindert:
Kriege wurden nicht verhindert.
Durch der Kirchen große Macht
wurden Kriege angefacht,
und so mancher fromme Christ
seinen Jesus schnell vergisst:*

„Wir wollen Gott dem Herrn für seine liebevolle Führung dankbar sein, welche die höchsten Führer unseres Vaterlandes erleuchtet und gestärkt hat, daß sie die furchtbare Gefahr, welche unserem geliebten deutschen Volke durch die offene Propaganda für Gottlosigkeit und Unsittlichkeit drohte, erkannt haben und sie auch mit starker Hand auszurotten suchen." Bischof Clemens August Graf von Galen am Tag seiner Bischofsweihe (28.10.1933), nachdem er als erster Bischof vor Reichsminister Hermann Göring den Treueeid auf die neue Regierung abgelegt hatte. Graf von Galen, der als Bischof von Münster von 1939 bis 1945 die Kriegspolitik Hitlers unterstützt hat, wurde 1946 von Papst Pius XII. zum Kardinal ernannt und 2005 von Papst Benedikt XVI. selig gesprochen.

*Dem Landser ward ins Hirn gebrannt:
Mit Gott für Volk und Vaterland.
reimbibel.de/kirche-im-dritten-reich*

*Auf den Koppelschlössern der deutschen Soldaten stand sowohl im 1. als auch im 2. Weltkrieg:
GOTT MIT UNS.*

"Wir stehen mit dem Reichskirchenausschuß hinter dem Führer im Lebenskampf des deutschen Volkes gegen den Bolschewismus ... Wir werden unsere Gemeinden unermüdlich aufrufen zum vollen Einsatz der christlichen Kräfte in diesem Kampf in der Gewißheit, daß damit dem deutschen Volk der wertvollste Dienst geleistet wird." Die evangel. Landesbischöfe, 20.11.1936

"In dieser entscheidungsvollen Stunde ermuntern und ermahnen wir unsere katholischen Soldaten, in Gehorsam gegen den Führer, opferwillig, unter Hingabe ihrer ganzen Persönlichkeit ihre Pflicht zu tun. Das gläubige Volk rufen wir auf zu heißem Gebet, daß Gottes Vorsehung den ausgebrochenen Krieg zu einem für Vaterland und Volk segensreichen Erfolg und Frieden führen möge." Gemeinsames Wort der deutschen Bischöfe, Martinusblatt, 17.9.1939

Vulkane brechen aus. Kriege werden von Menschen vorher geplant. Weder der Katholik Adolf Hitler noch sonst ein Nazi ist wegen seiner Verbrechen exkommuniziert worden.
Im Unterschied zu Werken von Kopernikus, Galilei, Bruno, Kant und Heine ist „Mein Kampf" nie auf die Liste der vom Vatikan verbotenen Bücher (Index librorum prohibitorum) gesetzt worden.
reimbibel.de/11.pdf

Lieber Gott, mach mich fromm,
dass ich weit nach oben komm.
Lieber Gott, mach mich kalt,
dass ich nie zu Schwachen halt.
Lieber Gott, mach mich dumm
dass ich niemals frag warum.
Aus: „Schülerleins Nachtgebet",
von Dieter Hildebrandt vorgetragen 1988.
(„Scheibenwischer"-Kabarett-Programm)

Der Mensch vergisst bisweilen dies:
Die Obrigkeit ist meistens mies.

„Hört, ihr Lieben, was ich sage:
feiert ruhig Feiertage.
Keiner für sich selber lebe,
jeder sich dem Herren gebe.

Wenn wir sterben, wenn wir leben,
wir uns ganz dem Herren geben.
Denn für uns starb Jesus Christ,
der lebendig wieder ist.

Alle Knie soll´n sich beugen,
alle Zungen Gott bezeugen."
Römer 14 (5-11)

„Nicht Essen, Trinken sollt ihr lieben:
Gerechtigkeit und Freud und Frieden.
Wer darin Jesus Christus ehrt,
ist Gott gefällig, Menschen wert."
Römer 14 (17-18)

„Um Grüße hab ich euch gebeten.
Den Satan möge Gott zertreten,
er lege ihn zu euren Füßen.
Timotheus lässt freundlich grüßen."
Römer 16 (1-21)

Paulus schrieb einst an die Römer:
„Im Himmel gibt es täglich Döner."

An die Korinther (I) (verfasst ca. 55)
„Seid eines Geists und einer Haltung,
verhindert unter euch die Spaltung.
Gehört hab ich von Streit und Zank,
getauft nur Zweie, gottseidank."
1. Korinther 1 (10-14)

„Der Weisen Weisheit wird vernichtet,
die Klugen macht der Herr zu Toren,
denn wie Jesaja schon berichtet,
der Weisen Weisheit geht verloren.

Denn selig macht die Torheitspredigt,
der Weise wird vom Herrn erledigt."
1. Korinther 1 (17-29) 3 (18-20)

„Gott offenbart sich durch den Geist,
wie es schon bei Jesaja heißt.
Der Geist erforschet alle Dinge,
dass er in Gottes Tiefe dringe."
1. Korinther 2 (9-10)

„Wir sind nur Gottes Mitarbeiter,
wir geben nur den Grundstein weiter."
1. Korinther 3 (9-10)

„Wahrlich, ich sag euch, ihr seid Gottes Tempel,
also wohnt in euch der Geist unsres Herren.
Jeder, der wagt, diesen Tempel zu schänden,
den wird Gott richten, denn ihr seid ihm heilig.

Denn wir verwalten Geheimnisse Gottes,
Diener des Herren und Christi Gehilfen.
Richten wird Gott dann, was dunkel verborgen.
Euch wird er loben, des seid euch gewiss.
Was aber habt ihr, das ihr nicht empfangen?

Rühmet euch nicht so, als wär´s von euch selber.
Also vermahne ich euch, liebe Kinder,
die ich gezeugt hab im Geiste des Herren.
Was also wollt ihr?

Soll ich mit Ruten euch kommen und strafen
oder mit Liebe und sanftmüt'gem Geiste?"
1. Korinther 3 (16f) 4 (1,5,7,14,15,21)

„Wenn man uns schilt, so segnen wir doch,
wenn man verfolgt, so dulden wir´s noch,
wenn man uns lästert, flehen wir an.
Bald werd ich kommen, kennen euch dann."
1. Korinther 4 (12-19)

„Wahrlich, ich sag euch, es geht eine Rede,
dass ihr herumhurt noch schlimmer als Heiden.
Einige treiben's sogar mit der Mutter,
liegen beim Weibe des eigenen Vaters.

Wisst ihr nicht, dass etwas sauerer Teig
kann euch versauern den übrigen Teig?
Fegt sie hinweg, übergebt sie dem Satan,
selig sollt sein ihr am Tage des Herren.

Wisset ihr nicht, dass ihr Richter dann seid?
Selbst über Engel werden wir richten,
wie viel mehr über die zeitlichen Güter.

Weder die Hurer noch die ohne Gott sind
werden das ewige Reich Gottes erben.
Auch nicht die Fremdgeher, Weichlinge, Diebe,
Knabenbeschläfer und trunkenen Bolde.

Viele von euch sind vom Wege gewichen,
doch seid ihr heilig nun durch Jesu Namen.
Denn eure Leiber sind Glieder des Herren,
dienen dem Herren und meiden die Unzucht."
1. Korinther 5-6, 12 (27)

„Die Weiber wollen euch verführen,
ihr sollt sie besser nicht berühren.
Doch führt das oft zum Lotterleben,
drum könnt ihr euch das Jawort geben.

Ich sage euch aus reiner Gunst:
Könnt ihr euch nicht enthalten,
und quält euch eure große Brunst,
und will die nicht erkalten,
und könnt ihr nicht enthaltsam sein,
dann geht halt eine Ehe ein."
1. Korinther 7 (1-9)

*Besonders hier versprüht die Schrift
ihr antisexuelles Gift.
Man sollte diese Schrift beschriften:
„Rezept, das Leben zu vergiften".*

*Vgl. Karlheinz Deschner:
Das Kreuz mit der Kirche. Eine Sexualgeschichte
des Christentums, Frankfurt 1998*

„Wen Gott als Sklaven hat berufen,
der strebe nicht nach höh´ren Stufen."
1. Korinther 7 (17-24)

„Ergreifet nun die ew´ge Krone,
erlangt das Kleinod euch zum Lohne.
Wer predigt, der sei fern der Sünde,
und weil ich euch das Heil verkünde,
muss stets mein Leib mein Knecht sein,
darf ich nicht selber schlecht sein."
1. Korinther 9 (24-27)

„Die Väter folgten einst der Wolke,
doch Götzendiener gab´s im Volke.
Und lasst euch auch noch dieses sagen:
Der Herr vernichtet die, die klagen.
Drum sehe, dass wer steht nicht fällt,
wenn es zum Ende kommt der Welt."
1. Korinther 10 (1-12)

„Ich lobe, dass ihr an mich denkt,
der euch im rechten Glauben lenkt.
Beim Beten hüllt nicht euer Haupt,
doch das ist Weibern nicht erlaubt.

Der Mann ist Gottes Bild und Ehre,
beim Weibe greifet gleich zur Schere,
wenn ihr ein freches Weib entdeckt,
das seinen Kopf nicht hat bedeckt.

Und lauft nicht rum mit langen Haaren,
das sollt dem Herrgott ihr ersparen.
Der Mann ist nicht vom Weibe,
das Weib aus seinem Leibe.

Der Mann ist nicht des Weibes willen,
das Weib soll still die Kinder stillen.
Das Weib schuf Gott dem Mann,
dass es ihm helfen kann.

Vor Gott gibt es nur Frau und Mann,
der Mann allein nicht leben kann.
Denn wie die Frau vom Manne stammt,
geht der aus einer Frau hervor.

Von Gott kommt alles insgesamt."
*Das sagt uns auch der Herr Pastor.
Ganz sicher ist, dass Paulus glaubt:*
„Der Mann ist stets der Frauen Haupt."
1. Korinther 11 (1-15)

*Ein Kopftuchgebot gibt es in der Bibel,
aber nicht im Koran. 1. Kor. 11 (5)*

*Männer, die die Haare schneiden,
konnte Jahwe einst nicht leiden.*

*Damals kamen die zu Tode,
Paulus ändert nun die Mode.
Jeremia, 49 (32)*

„Als Jesus nachts das Brot gebrochen,
hat er von seinem Leib gesprochen:
So nehmt und esset meinen Leib,
dass ich euch im Gedächtnis bleib.

Und trinkt vom Kelch, von meinem Blut,
und denkt an mich, wenn ihr dies tut.
Wer isst und trinkt und glaubet nicht,
der tut das selbst sich zum Gericht."
1. Korinther 11 (23-29)

*Zu lieben und geliebt zu werden,
gehört zum Schönsten hier auf Erden.
Was Paulus den Korinthern schrieb,
ist wunderschön und wirklich lieb:*

„Die Liebe glaubet, hoffet, duldet,
und niemand dafür Lohn ihr schuldet."
*Nur scheint es, jenes höchste Wesen
hat diesen Brief noch nicht gelesen.*
1. Korinther 13 (1-13)

*Die Liebe macht den Menschen froh,
doch meistens gilt hier: „quid pro quo"
beziehungsweise „do ut des".
So will es unsre DNS.
Auch wenn du glaubst, dass du heiß liebst:
Es ist nicht so, dass du nur gibst.
Das ist den Liebenden nicht klar,
klingt zynisch, aber ist wohl wahr.*

Glauben und Hoffen machen besoffen.

„Ich bitte heute von euch jeden,
von Zeit zu Zeit ganz wirr zu reden.
Auch wenn das Volk das nicht versteht,
die Rede doch zum Herren geht.

Es geht darum, den Herrn zu ehren,
dagegen sollt ihr euch nicht wehren.
Doch wisst, ihr redet in den Wind,
das Volk, das glaubt, dass ihr wohl spinnt.

Drum sollt die Zungen ihr erklären,
um so den Glauben zu vermehren.
Mit Zungen reden hilft nur dann,
wenn jeder es verstehen kann."
1. Korinther 14 (1-40)

„Wir alle haben schlimm gesündigt,
doch habe ich euch schon verkündigt,
dass Er für unsre Sünden starb,
sein Körper aber nicht verdarb.
Am dritten Tage auferweckt,
hat Kephas ihn zuerst entdeckt.

Die Jünger sah´n ihn und Fünfhundert,
man hat sich damals sehr gewundert.
Zuletzt ist Jesus mir erschienen,
der ich nicht wert bin, ihm zu dienen."
1. Korinther 15 (3-9)

Dies ist die älteste Stelle im Neuen Testament, in der behauptet wird, Jesus sei für unsere Sünden gestorben, begraben und nach drei Tagen wieder auferweckt worden. Christen nehmen an, dass Kephas und Paulus tatsächlich den Auferstandenen gesehen haben. Alternativ halten sie deren Visionen für einen Beweis für die Auferstehung Christi. Objektive Belege gibt es dafür aber nicht.

„In euch der falsche Glaube steckt,
er wurde niemals auferweckt.
Dann wäre unser Glauben leer,
ich glaub, ihr irrt euch hierbei sehr.

Wenn Christ nicht neu geboren,
dann wären wir verloren.
Doch weil er wirklich auferstand,
muss herrschen er im ganzen Land.

Es ist der Tod, auf den zuletzt
der Heiland seine Füße setzt.
Und sündigt nicht, vernehmt mein Bitten:
Geschwätz verdirbt die guten Sitten."
1. Korinther 15 (12-25, 33)

*Wenn Christ nicht auferstanden ist,
dann reden Pfarrer großen Mist.
Ich glaube, was der Pfarrer spricht,
das glaubt er häufig selber nicht.*

„Der Leib wird zwar zugrunde gehen,
doch unverweslich auferstehen.
Uns wird die Hölle nicht besiegen,
weil wir im Tod das Leben kriegen.
Drum lasst euch nicht vom Wege bringen,
das Werk des Herren lasst gelingen."
1. Korinther 15 (54-57)

„Bevor ich komme sammelt Geld,
so viel, wie man für richtig hält.
Die Steuer können wir dann nützen,
die Heiligen zu unterstützen."
1. Korinther 16 (1-3)

*Nur wenn das Geld im Kasten klingt,
die Seele aus dem Feuer springt.*

„Wer nicht sein Heil in Christus sucht,
der sei für alle Zeit verflucht.
Ich grüße alle Frommen,
der Heiland wird bald kommen."
1. Korinther 16 (21-22)

An die Korinther (II) (verfasst ca. 56)
„Gelobt sei ewig Jesus Christ,
der Trost in unsrer Trübsal ist.
Die Trübsal werde euch zum Heile,
die Trübsal, die ich mit euch teile,
die uns in Asien widerfahren,
wo wir so sehr beschweret waren."
2. Korinther 1 (3-8)

„So jemand euer Herz betrübt,
euch alle in Vergebung übt.
An Christi statt auch ich vergebe,
auf dass sich Satan von euch hebe."
2. Korinther 2 (5-7)

*Jesus muss zur Rechten sitzen.
Praktisch für die Kirchenfritzen,
die seitdem bis zum Erbrechen
für die Herrn im Himmel sprechen.*

„Die Gott verblendet sehen nicht
des Evangeliums helles Licht.
Wir meiden Schande und das Schlechte,
um Jesu willen sind wir Knechte."
2. Korinther 4 (1-5)

„Wir preisen Gott und Jesus Christ,
dass unsre Trübsal zeitlich ist.
Wir sehen auf das Unsichtbare,
das Herrliche, das ewig Wahre."
2. Korinther 4 (15-18)

*Selbst die, die in die Kirche gehen,
die haben niemals Gott gesehen.
Ich glaub, im großen Welttheater
kennt nur der Sohn den Himmelsvater:*
„Nur des Vaters eigner Sohn
sah bisher den Vater schon."
Matt 11 (27)

„Darum, dass Er für euch gestorben,
sollt ihr nicht für euch selber leben.
Weil Er für euch das Heil erworben,
sollt Ihr ihm euer Leben geben.

Denn denen, die in Christo leben,
hat Gott durch seinen Sohn vergeben.

Er gab uns so Gerechtigkeit,
nahm fort von uns die Schlechtigkeit.
Er brachte den zum Opfer dar,
der selber ohne Sünde war."
2. Korinther 5 (15-21)

Jesu Quasisuizid reimbibel.de/quasisuizid
*Gott opfert Gott, um so Gott zu versöhnen?
Gott opfert Gott, um sein Werk so zu krönen?
Gott arrangiert, dass man Gott furchtbar quält?
Hirnverbrannt ist, was die Bibel erzählt.
Was hat uns Menschen dies Opfer genützt,
wo es uns doch vor der Sünde nicht schützt?
Warum ließ Gott seinen Sohn nicht am Leben,
warum kann Gott uns nicht einfach vergeben?*

*Bei Jesu Quasisuizid
den Herrgott wohl der Teufel ritt.
Der große Selbstmorddreifachgott,
er macht sich damit selbst zum Spott.
Ihr Christen, merkt euch diesen Vers:
Den Sohn zu opfern, war pervers!
Wenn euch das jetzt erbost,
dann denkt euch nur getrost:
An Sündern, die so sprechen,
wird Gott sich schon noch rächen,
er ist ja Rachespezialist.
Nicht jeder ist ein guter Christ.
Warum der Herr am Kreuze litt,
wozu der ganze Masoshit?
Die Liebesthese kam erst spät:
Er starb aus Solidarität!
Er wollte seine Liebe zeigen,
davor soll´n wir uns nun verneigen.*

Der Tod am Kreuz des legendären Jesus bildet den Kern des christlichen Aberglaubens. Es gibt dazu bis heute anhaltende intensive Debatten unter Theologen, aus denen sich dann Profis und Laien wie aus einem Bauchladen raussuchen können, was ihnen am besten gefällt. Die Solidaritätshypothese, die z.B. vom ehemaligen Vorsitzenden der DBK, Missbrauchsvertuscher und Erzbischof Dr. Robert Zollitsch, vertreten wurde, ist nur eins von vielen „Ergebnissen" theologischer Gehirnakrobatik. Einen lesenswerten Einblick in diese Bemühungen, den Erlösungsglauben als glaubwürdig erscheinen zu lassen, bietet dieser „Grundlagentext des Rates der EKD (2015)": reimbibel.de/12.pdf.

„Jetzt ist die angenehme Zeit,
die engen Herzen machet weit.
Der Tempel Gottes sollt ihr sein,
drum rührt nichts an, was nicht ganz rein."
2. Korinther 6 (16-17)

„Was Titus sprach, hat mich gefreut,
die reine Reue niemand reut.
Mein Brief tat mir am Anfang leid,
doch das verging im Lauf der Zeit.
Die gottgewollte Traurigkeit,
sie macht zum Heile euch bereit."
2. Korinther 7 (7, 10-13)

„Obwohl selbst arm, sie willig gaben
für die, die derzeit Mangel haben.
Damit die vielleicht später Reichen
den Mangel euch dann auch begleichen.

Wenn wir um Steuern alle bitten,
so achten wir auf gute Sitten,
dass alles redlich ist für jeden,
dass niemand möge übel reden."
2. Korinther 8 (3-21)

„Ihr lieben Brüder, ihr sollt spenden,
der Heil'gen Mangel also wenden.
Apostel reisen, das ist teuer,
drum zahlt aus Liebe eure Steuer.

So könnt ihr Gott den Herren preisen,
und Gottes Knecht kann wieder reisen.
Den Geber liebt der liebe Gott,
drum sendet Bargeld, *aber flott*.

Dann sind wir mancher Sorge ledig,
und Gott den Gebern gut und gnädig."
2. Korinther 9 (1-15)

„Auch wenn wir hier im Fleische wandeln,
so wollen wir doch geistlich handeln.
Doch soll man sich nicht selber loben,
denn Lob sei nur dem Herrn dort oben."
2. Korinther 10 (3-18)

„Habe ich mich denn versündigt?
Nein, ich hab umsonst verkündigt.
Andrer Geld hab ich genommen,
um dienend dann zu euch zu kommen."
2. Korinther 11 (7-8)

„Die Lügner werden euch umgarnen,
wie Satan sich als Engel tarnen."
2. Korinther 11 (13-14)

„In Gefahr war ich oft sehr,
in der Wüste, auf dem Meer.
Ward gestäupt und ward gesteinigt,
Hunger, Durst hat mich gepeinigt.
Sehr gefährlich war das Reisen,
will nur meine Schwachheit preisen."
2. Korinther 11 (23-30)

Ein Engel quälte Paulus arg:
„In meiner Schwachheit bin ich stark.
Ein Pfahl ins Fleisch ist mir gegeben,
ich soll mich niemals überheben.

Zum Herren hab ich drum gefleht,
dass Satans Engel wieder geht.
Doch Jesus wollte dies nicht machen,
die Kraft des Herrn sei in den Schwachen."
2. Korinther 12 (7-9)

„Ich liebe euch, ihr lieben Brüder
und komme gerne noch mal wieder.
Doch Hader, Neid und Zorn und Zank
erwarte ich statt Lohn und Dank.

Ich fürcht, dass viele nicht gut spuren
und Unzucht treiben mit den Huren.
Seid fröhlich, friedsam allezeit,
ich wünsche euch Vollkommenheit.

Euch segne Vater, Sohn und Geist."
(Apostel nach Diktat verreist.)
2. Korinther 12 (14-21) 13 (9-13)

*Der Klerus lehrt Dreifaltigkeit.
Ich glaub, da geht er viel zu weit,
denn Vater, Sohn und Heil´ger Geist
sind ziemlich unterschiedlich meist.*

Die Trinität kam erst sehr spät. Der einfältige Glaube an den dreifaltigen Gott wurde erst 381 auf dem 1. Konzil von Konstantinopel zum Dogma erhoben. Merke: Gott hat drei verschiedene Aggregatzustände!

*In Griechenland glaubt jeder Pater:
Der Heil´ge Geist geht aus vom Vater.
Im Westen ist man weiter schon:
Der Heil´ge Geist kommt auch vom Sohn.*

*„Der innertrinitarische Logos geht in seinem Personsein ganz und gar darin auf, vom Vater her und auf den Vater hin zu sein und ist gerade so (mit dem Vater zusammen) der Ausgang für den Heiligen Geist. Gerade durch sein Vom-Vater-her- und Auf-den-Vater-hin-Sein ist er also die Ermöglichung von einer Gemeinschaft, die gerade durch Andersheit konstituiert ist."
Klaus von Stosch: Einführung in die Systematische Theologie, Stuttgart 2006, S. 137*

*Paulus schrieb an die Korinther:
„Kauft Euch Socken, es wird Winter!"*

An die Galater
(verfasst etwa 50-57 oder 48-51)

„Seitdem ich euch zuletzt besucht,
habt ihr euch abgewendet.
Wer anders predigt, sei verflucht,
auf dass Verwirrung endet."
Galater 1 (6-9)

„Was ich berichte allen Frommen,
hab ich von Menschen nicht bekommen.
Was ich von Christus euch berichte,
kam mir durch Christus zu Gesichte.
Was Petrus tut ist gar nicht richtig,
der Glaube, nicht das Werk ist wichtig."
Galater 1 (11-16)

*Man merkt, wenn Paulus dieses spricht:
Den Petrus mag er wirklich nicht.*
„Der Petrus und der Barnabas,
die heucheln sich zusammen was.

Zu Petrus sprach ich drum vor Zeugen:
'Warum sich dem Gesetze beugen?
Du lebst gemeinsam mit den Heiden,
warum willst du die denn beschneiden?

Der Sohn hat sich für uns gegeben,
damit wir nun im Glauben leben.
Wir sind nicht des Gesetzes Knecht,
der Glaube nur macht uns gerecht.'"
Galater 2 (13-21)

*Auch diesen Christenspruch dir merke:
„Durch Gnade tun wir gute Werke."
(Luthersche Rechtfertigungslehre)*

„Der Heiland ward für uns ein Fluch,
geschrieben steht es so im Buch."
Galater 3 (13)

Wenn ich auf Jesus Christus schau,
dann trenn ich nicht nach Mann und Frau.
Ob Jude, Grieche, Sklave, frei:
vor Christus ist das einerlei."
Galater 3 (28)

„Kinder sind wir nicht der Magd,
Abram hat sie fortgejagt.
Dass wir niemals Knechte seien,
sind wir Kinder einer Freien."
Galater 4 (22-31)

„Das Fleisch bekämpft die reinen Geister
und ist in diesem Kampfe Meister.
Ihr sollt nicht zürnen, huren, hassen
und auch das Saufen unterlassen.

Das Fleisch führt euch nur ins Verderben,
das Reich des Herren nicht zu erben.
Ihr sollt für Christum euch kasteien
und euch vom Joch des Fleischs befreien."
Galater 5 (10-12, 19-24) 6 (8)

*Zur Toleranz neigt nicht der Christ,
der im Besitz der Wahrheit ist.
Auch fühlt er sich sehr leicht gekränkt,
wenn jemand eher kritisch denkt.*

„Einer trage des anderen Last.
Jeder dieses sich sorgfältig merke:
Prüf, was selber du Rühmliches hast,
Ruhm hast du nicht an anderem Werke."
Galater 6 (2-4)

*Paulus schrieb an die Galater:
„Hört jetzt auf mit dem Theater!"*

An die Philipper (verfasst ca. 61-63)

„Der Friede sei mit euch des Herrn,
ich bete allzeit für euch gern.
Auf dass ihr für den Glauben kämpft
und werdet nicht vom Feind gedämpft.

Ich möchte aus dem Leben scheiden,
um ganz bei Jesus Christ zu sein.
Doch wollen wir um Christi leiden,
zur Seligkeit gehört die Pein."
Philipper 1 (1-4, 20-30) 2 (5-9)

„Gehorsam war der Gottessohn,
erniedrigt und erhöht zum Lohn.
Aller Kniee soll'n sich beugen,
um den Herren zu bezeugen.

Alle sollen ihn bekennen,
ihn bei seinem Namen nennen.
Gott nach seinem Wohlgefallen
wirkt in Euch und wirkt in allen."
Philipper 2 (10-13)

„Vernehmt erneut die gleiche Kunde
und achtet auf die bösen Hunde.
So wahr ich heute Paulus heiße:
als Saulus *baute ich nur Scheiße.*

Ich sage Euch mit Weinen:
Sie sind des Kreuzes Feind,
denn wir nur sind die Seinen,
wir sind im Herrn vereint.

Es naht des Herren Wiederkunft,
der Friede übersteigt Vernunft.

Zum Herren im Gebete sprecht,
tut weiterhin, was keusch und recht.
Ich bin geschickt in allen Dingen,
der Mangel kann mich nicht bezwingen.
Ob satt, ob hungrig oder karg:
Durch Jesus Christus bin ich stark."
Philipper 3 (1-8, 17-21) 4 (5-13)

Nach Jesus, der predigte, das Endgericht und das Reich Gottes auf Erden stünden unmittelbar bevor, macht nun auch Paulus die falsche Prophezeiung, Jesus käme bald wieder.

Paulus schrieb an die Philipper:
„Kann nicht kommen, habe Schnupfen."
(Herbert Fischer, 1941-2015)

An die Thessalonicher (I) (etwa 50)
Laut neutestamentlicher Forschung handelt es sich hier um den ältesten Text des Neuen Testaments.

„Die Juden hindern uns zu lehren,
die Heiden alle zu bekehren.
Propheten töteten sie schon,
sie töteten den Himmelssohn.
Der Menschen Freunde sind sie nie,
der Zorn des Herrn kam über sie."
1. Thessalonicher 2 (15,16)

Mit den getöteten Propheten sind nach Gilliard die Propheten Jesu und nicht Personen des ersten Testaments gemeint. Sollte Paulus, was Gilliard annimmt, zwischen den Versen 15 und 16 kein Komma gemacht haben, wären nicht **die** *Juden, sondern nur eine örtliche Gruppe von Juden gemeint gewesen. Vgl. Gilliard, Frank D.: The Problem of the Antisemitic Comma between 1 Thessalonians 2.14 and 15, NTS 35/4 (1989), 481-502. Für eine besonders starke Abneigung des Paulus gegenüber* **den** *Juden spricht aber, dass er sich in mehreren Briefen sehr negativ über* **die** *Juden äußert und quasi ein Konvertit war.*

„Die schärfsten Kritiker der Elche
waren früher selber welche."
(F.W. Bernstein)

Die Brunst der Lust, des Fleisches Schwächen:
Der Herr mag´s nicht und wird sich rächen.
Er steigt herab mit Feldgeschrei.
Die Schläfer aus der Totengruft,

sie zieh´n zum Herren durch die Luft.
Lebendig noch sind wir dabei.
Gleichwie ein Dieb in finstrer Nacht
der Herr dereinst Gerichtstag macht.
Gleichwie der Schmerz ein schwang´res Weib,
ergreift er jedes Sünders Leib.
Zum Schluss will ich noch dieses sagen:
Sollt trösten und die Schwachen tragen.

Sollt beten ohne Unterlass,
sollt danken, denn der Herr will das.
Sollt beten, prüfen, selig sein,
vermeidet aber bösen Schein.
1. Thessalonicher 4 (5-17) 5 (2-21)

Paulus schrieb nach Saloniki:
„Schickt mir Schotter, wikiwiki!"

An Titus (verfasst etwa 60)
„Die Kreter strafe, diese Schlimmen,
sie achten Fabeln, die nicht stimmen.
Dem Reinen nur ist alles rein,
der Kreter aber ist gemein.

Drum stopft der Kreter loses Maul,
denn sie sind Schwätzer, frech und faul.
Ihr Werk verleugnet Gott den Herrn,
deshalb hat Gott sie auch nicht gern.

Verleugnet auch an Kretas Küste
die Lügen und die eitlen Lüste.
Seid stets für Jesus Christ bereit
und wartet auf die Herrlichkeit.

Erinner sie an ihre Pflicht,
den Fürsten widerspricht man nicht.
Der Herr goss aus den heil'gen Geist,
der uns zum ew'gen Leben weist.

Gesetze und Geschlechtsregister
sind eitel und nur für Philister.
Den Ketzer mahne, aber dann
sieh diesen Menschen nicht mehr an.

Du tatest treulich deine Pflichten,
der Ketzer wird sich selber richten.
Denn wisse, dieser ist verkehrt,
weil er den Herrn nicht recht verehrt."
Titus 1 (10-16) 2 (9-14) 3 (4-11)

Paulus schrieb einst an den Titus:
„Beschneidung ist ein blöder Ritus."

„Mit Ketzern braucht man kein langes Federlesen zu machen, man kann sie ungehört verdammen. Und während sie auf dem Scheiterhaufen zugrunde gehen, sollte der Gläubige das Übel an der Wurzel ausrotten und seine Hände in dem Blute der Bischöfe und des Papstes baden, der

der Teufel in Verkleidung ist."
Martin Luther: Tischreden III., S. 175.

An Philemon (verfasst etwa 56)
Paulus schrieb an Philemon:
„Mit Dir sei Gott und Gottes Sohn.
Ich danke Gott und denk an Dich,
Du bist mir Trost, ich freue mich.

Im Kerker lieg ich armer Mann,
ich hoffe, ich besuch Dich dann,
wenn ich Euch wieder bin geschenkt.
Epharus grüßt und an Dich denkt.

Onesimus ist mir ein Kind,
dem Sklaven bin ich wohlgesinnt."
*(Onesimus war wie ein Sohn,
gehörte aber Philemon.)*

„Er ist zwar nicht bei Dir geblieben,
doch sollst Du ihn als Bruder lieben.
Er soll nun nicht mehr Sklave sein,
ich hoff, wir stimmen überein.

Mit uns ist er ganz gleich vorm Herrn,
was er Dir schuldet, zahl ich gern.
Ich schreibe dies Dir im Vertrauen,
ich weiss, auf Dich kann ich fest bauen,

da Du mir stets zu Diensten bist.
Es sei mit Dir Herr Jesus Christ."

*Paulus schrieb einst sehr viel Mist,
doch Mist gefällt dem frommen Christ,
der sonntags in die Kirche rennt
und nichts von Karlheinz Deschner kennt.*

*Was Paulus aus Gerüchten machte,
den Christen Pauli Kirche brachte.
Ich glaub, die meisten Kirchenchristen
nennt man am besten gleich Paulisten.*

*Recht sperrig war, was Jesus lehrte,
bis Paulus mit dem Besen kehrte.
Ganz simpel hat er so geworben:
„Der Heiland ist für dich gestorben."*

*Für Römer war es gut zu hören:
„Wir werden nicht beim Herrschen stören,
und weil wir nicht den Kaiser hassen,
kann dieser uns in Ruhe lassen."*

*Allein, der Gottesmutter Hymen
vergaß Apostel Paul zu rühmen.
Doch herrscht beim Glauben keine Eile,
Legenden brauchen eine Weile.*

Die Evangelien der Synoptiker

Das älteste der vier amtlich zugelassenen Evangelien stammt von Markus, der es etwa im Jahr 70, d.h. ca. 40 Jahre nach dem Tod Jesu verfasst hat. Matthäus schrieb etwa im Jahr 80, Lukas zwischen 80 und 90, „Johannes" etwa im Jahr 100. Die Autoren der Evangelien nach Markus und Matthäus sind unbekannt. Lukas war vermutlich ein im Jahr 40 durch Paulus missionierter Heidenchrist. Hinter Johannes vermutet man nicht einen einzelnen Autor, sondern eine philosophisch-theologische Schule.
Die Evangelien der Synoptiker enthalten zahlreiche, teils wörtliche Übereinstimmungen, aber auch viele Widersprüche und „Sondergut", das in den jeweils anderen Evangelien nicht vorkommt. Markus, Matthäus und Lukas werden als die Synoptiker bezeichnet, da sie eine gemeinsame Sicht der Dinge hatten und vermutlich gemeinsam die „Quelle Q" benutzt haben. Während bei Matthäus und Lukas auch Geschichten aus dem frühen Leben Jesu erzählt werden, beginnen Markus und Johannes erst mit Johannes dem Täufer und der Taufe Jesu. Es waren unter den frühen Christen noch Dutzende anderer Evangelien in Umlauf, deren Inhalte erheblich divergierten (z.B. die Evangelien nach Jakobus, Thomas, Petrus, Judas, Philippus und Nikodemus). Die heute zum Kanon gehörenden Schriften der Bibel wurden erst im 4. Jahrhundert ausgewählt (s. Wikipedia: Bibelkanon). Die vier Evangelien sind den Kirchen und den Gläubigen besonders wichtig.

**Die angebliche Volkszählung
unter Augustus**
*Ich glaube, Josef war es klar,
dass er vom Stamme Davids war.
Drum reiste er all die km
von Nazareth nach Bethlehem.*

*Augustus wollte gerne zählen,
drum mussten sie sich vorwärts quälen.
Maria war mit Jupp „vermählt",
doch wurde sie nicht mitgezählt.*

*Die Zählung ist historisch Mist,
doch glaub ich was geschrieben ist,
weil Lukas es so präsentiert,
vom Heil'gen Geiste inspiriert.*
Luk 2 (1-5)

Herodes starb 4 vChr. Eine Volkszählung fand nicht unter Augustus, sondern erst im Jahre 7 nChr unter Quirinus statt. Eine Reise nach Bethlehem wäre unsinnig gewesen, weil die Steuern stets am Wohnort eingetrieben wurden. Jesus wurde wohl etwa im Jahr 7 vChr geboren.

Abstammung und Zeugung
*Es glaubten frühe Christen schon,
der Jesus sei des Davids Sohn.
Und Josef stammt von Jakob ab,
doch andres auch gelesen hab.
Danach war Jupp des Elis Sohn.
Es mangelt hier an Präzision.*

Plötzlich war Maria schwanger,
Josef ward es bang und banger.
Konnte dieses gar nicht fassen,
wollt' Maria schon verlassen.

Doch er hatte einen Traum.
Was geschah, man glaubt es kaum.
Gottes Engel zu ihm spricht:
„Lieber Josef, fürcht' dich nicht!"

*Weiter es im Buche heißt:
„Vater ist der heilge Geist,
sie wird einen Sohn gebären."
Viele sie deshalb verehren.*
Matt 1 (18-21)

*Zur Gattin Josef Mary machte,
nachdem er aus dem Schlaf erwachte.
Er hielt sich dann zurück sogar,
bis sie ihr erstes Kind gebar,*

das sie dann folgsam Jesus nannten.
den Namen sie vom Engel kannten.
*Die Juden hatten wenig Holz,
auf Holz am Haus war man sehr stolz.*

War Josef denn ein Zimmermann?
Selbst dies man nicht klar sagen kann.
Denn „tekton" ist nicht sehr genau,
vielleicht war er ein Mann vom Bau.

*Ich glaub, dass der Herr Jesus Christ
vom Stamm des Königs David ist.
Doch wenn ich's recht verstanden hab,
stammt Josef wohl von David ab,*

und Jesus hat nicht Josefs Blut,
was aber nichts zur Sache tut.
Mark 12 (35-37) Matt 1 (1-17, 22-25)
Luk 3 (23-31)

*Ich glaub, er war des Josefs Sohn,
denn davon schrieb Matthäus schon.*

Doch stimmt, dass der Herr Jesus Christ
der Sohn von unserm Herrgott ist.
Matt 13 (55) Luk 1 (26-38)

In den Evangelien werden zwei verschiedene Geburtslegenden überliefert. Matthäus spricht vom Jungfrauensohn, Lukas vom Krippenkind.

Der Jungfrauensohn
*Ich glaub, man hat schon lang entdeckt,
Maria war stets unbefleckt:
„Sie war ganz ohne Sünde,
was ich hiermit verkünde."*
Papst Pius IX., Bulle vom 8.12.1854

Das Fest der Unbefleckten Empfängnis wurde 1476 von Papst Sixtus IV. eingeführt: Maria sei ohne Erbsünde geboren worden.

Maria war des Josefs Braut,
es heißt, sie war ihm schon vertraut.
*Ich glaub, dass Jesus Superstar
der Sohn von einer Jungfrau war.*

Ich glaube, ahne und vermute,
die Mutter Gottes war 'ne Gute.
Ich glaube, Josef war sein Vater,
doch dafür eher wenig tat er.
Matt 1 (18,23,25) Luk 1 (26-38)

Jesus hatte mehrere Brüder:
Mark 3 (31), 6(3); Matt 12 (46); Luk 24 (10).

*Ich glaub, Gott ist ein Gott der Liebe,
doch fremd sind ihm gewisse Triebe.
Ich glaub, Gott ist nicht selbst gekommen,
zumindest sagen das die Frommen.*

*Ich glaub, es war der Heil'ge Geist,
der manchmal für den Herren reist.
Ich glaub, dass er sie überkam,
und sich dabei diskret benahm.*

Ich glaub, er hat sie nicht begattet,
sie ward von ihm nur überschattet.
Ich glaub, dass er sie nicht mal küsste,
der Geist kennt keine Fleischgelüste.

*Der Geist ist weder scharf noch wild,
wie man das kennt vom „Ebenbild".
Hatte Gott Geschlechtsverkehr?
Kenner zweifeln daran sehr.*

Zwar zeigt Gott sehr oft Gefühle,
aber dieses Sex-Gewühle,
dieses Küssen, Drängen, Gieren,

dies Umschlingen, Sezernieren,
um die Art zu propagieren,
würde Gott desavouieren.
Andre Götter vögeln rum,
unserm Herrn ist das zu dumm.
Denn ein Gott, der auf sich hält,
überlässt den Sex der Welt.
reimbibel.de/hatte-gott-geschlechtsverkehr

Maria war gebenedeit,
sie war zur Mutterschaft bereit.
Woher man dieses heute weiß?
Wer mir das sagt, bekommt ´nen Preis.

Vielleicht hat Josef rumerzählt:
„Maria wurde auserwählt!"
Der Engel hat sie nicht gefragt,
doch hat sie schnell noch ja gesagt.

Dafür wird sie vom Volk verehrt,
das Volk liegt eben oft verkehrt.
Ich glaub, sie liebte Gott den Herrn
und wurde von ihm schwanger gern.
Luk 1 (35, 46-55)

Ob Mary wirklich Jungfrau war,
als sie den Knaben einst gebar?
Denn „almah" heißt nur „junge Frau",
´ne Jungfrau „bethula" genau.

Da „almah" in der Quelle steht,
kam es zur Jungfrau per Dekret.
Die Griechen sagten „parthenos",
aus der der Heiland dann entspross.

Dem Markus war wohl nicht ganz klar,
dass Mary immer Jungfrau war.
Er schrieb viel auf nach Jesu Tod
und war vermutlich kein Idiot.

Auch Paulus wusste nichts davon,
Matthäus zwar, jedoch nicht John.
Auch Jesus war wohl selbst nicht klar,
dass seine Mutter Jungfrau war.

Albertus Magnus, von Aquin
bekämpften die Virgin-Doktrin.
Die Katholiken glauben stur:
Marias Leib zum Himmel fuhr.
Was manchen auf die Nerven geht,
weil davon in der Schrift nichts steht.

Die Sache mit der Jungfernhaut:
von Mithras hat man's abgeschaut.
Ganz ähnlich ging's beim Pharao,
in Babylon und anderswo.

Bei jedem großen Göttersohn
gehörte das zum Standard schon.

Wenn Pfarrer der EKD das Glaubensbekenntnis sprechen, sollte man genau hinhören. Einige nuscheln nämlich: „geboren von der jungen Frau Maria".

„...der griechische Halbgott Perseus wurde geboren, nachdem Zeus die Jungfrau Danae als Goldregens besucht und geschwängert hatte. Buddha kam durch eine Öffnung in der Hüfte seiner Mutter zur Welt. Der Aztekengott Huitzilopochtli wurde geboren, nachdem seine Mutter Coatlicue, die mit dem Schlangenrock, einen kleinen Daunenfederball aus dem Himmel empfangen hatte. Die Jungfrau Nana pflückte die Frucht eines Mandelbaums, der aus dem Blut des erschlagenen Urwesens Agdistis aufgegangen war, legte sie sich in den Schoß und gebar den Gott Attis. Die jungfräuliche Tochter eines Mongolenkönigs erwachte eines Nachts von einem grellen Licht, das sie umgab, und gebar den Dschingis Khan. Krishna wurde von der Jungfrau Devaki geboren, Horus von der Jungfrau Isis. Die Jungfrau Maia gebar Hermes, die Jungfrau Rhea Silvia Romulus." Christopher Hitchens: Der Herr ist kein Hirte. München 2007, S. 36.

Es bleibt des Geistes Vaterschaft
bis heute ziemlich rätselhaft.
Denn schwanger werden ohne Samen,
das fällt ein wenig aus dem Rahmen.

Ich glaube, der Mariensohn
war so was wie ein Gottesklon
und war mit Jahwe wesensgleich.
Wer´s glaubt, erwirbt das Himmelreich.

Im Jahr 325 veranstaltete Kaiser Konstantin I. das Bischofs-Konzil von Nicäa. Es wurde entgegen der Lehre des Arius beschlossen, dass Gott und Jesus wesensgleich seien.

Ich glaube, dass die Hirten
sich hier ein wenig irrten:

„Maria ist Jungfrau geblieben, als sie ihren Sohn empfing, Jungfrau, als sie ihn gebar, Jungfrau als sie ihn trug, Jungfrau, als sie ihn an ihrer Brust nährte. Allzeit Jungfrau" (Augustinus). Katechismus der Katholischen Kirche, Nr. 510

Die Jungfernschaft sah Benedikt
vor vielen Jahren nicht so strikt:

„Die Gottessohnschaft Jesu beruht nach dem kirchlichen Glauben nicht darauf, dass Jesus keinen menschlichen Vater hatte; die Lehre vom Gottsein Jesu würde nicht angetastet, wenn Jesus aus einer normalen menschlichen Ehe hervorgegangen wäre."
Joseph Ratzinger: Einführung in das Christentum. München 1968, S. 225.
reimbibel.de/jungfrauensohn

Das Krippenkind
Der Josef war aus Nazareth,
in Betlehem fand er kein Bett,
als die Maria schwanger war
und dort ihr erstes Kind gebar.

Obwohl das Kind aus Davids Sippe,
war dessen Bett nur eine Krippe.
Verkündet hat ein Engel Freude
nicht weit von jenem Stallgebäude.

Der Engel zu den Hirten spricht:
„Ihr Hirten, fürchtet euch jetzt nicht!"
Und weiter dieser Engel spricht:
„Der Retter wurde heut geboren,
zum Heiland ist er auserkoren."

Es sprach dann noch ein Himmelsheer,
das lobte Gott den Herren sehr.
Worauf die Engel aufwärts flogen.
So steht's bei Lukas, ungelogen.

Die Hirten fanden dann das Kind,
bei dem auch dessen Eltern sind.
Die Hirten sagten, was geschehen,
was sie gehört, was sie gesehen.

Die´s hörten staunten still und stumm,
die Hirten aber kehrten um.
Maria hat im Herz bewahrt,
was ihr die Hirten offenbart.
Luk 2 (4-20)

Die Sterndeuter reimbibel.de/sterndeuter
Es kamen Weise von ganz fern,
sie folgten einem hellen Stern.
Der Stern blieb dann ganz plötzlich steh´n,
da konnten sie zum Kinde geh´n.

*Denn wenn der liebe Gott es will,
dann stehen sogar Sterne still.*
In Windeln fanden sie den Herrn,
gar mancher glaubt den Unsinn gern.

Sie schenkten Weihrauch, Myrrhe, Gold
und war´n dem holden Knaben hold.

Sie fielen vor dem Kindlein nieder,
dann zogen sie nach Osten wieder.

*Waren sie Könige, war´n sie zu dritt?
Darüber teilt uns „Matthäus" nichts mit.
Nennt er die Namen der würdigen Herrn?
Nein, aber Sternsinger sagen sie gern.*
Matt 2 (1-12)

Die angeblichen Knochen der „Heiligen Drei Könige" waren jahrhundertelang die Hauptattraktion des Kölner Doms. Der Kölner Erzbischof Rainald von Dassel hat sie bei der Eroberung Mailands im 12. Jahrhundert als Geschenk des kaiserlichen Feldherrn Barbarossa erhalten und nach Köln gebracht.

*Der Kölner Dom ist groß und gotisch,
der Knochenkult ist religiotisch.*
(Zum Begriff „Religiotie": hpd.de/node/6606)

Die Flucht nach Ägypten
Zu Josef sprach dereinst ein Engel:
„Steh auf und schnapp dir deinen Bengel
und fliehe ins Ägypterland!"
So dass Herodes sie nicht fand.

Danach ging es nach Nazareth,
*dass alles seine Ordnung hätt.
Doch ist historisch völlig klar,
dass dies erfunden und nicht wahr.*
Matt 2 (13-23)

Die Beschneidung der Vorhaut
*Ich glaub, es ist ganz unbestritten,
das Glied des Herrn ward bald beschnitten.*
Luk 2 (21) reimbibel.de/beschneidung

*Vater Josef ist zu loben,
hat die Vorhaut aufgehoben.
Stetig wurde sie vermehrt
und in Kirchen hoch verehrt.*

*Zierte einen Wallfahrtsort,
war dann aber plötzlich fort.
Frommen Nonnen ist das Ding
heilig wie ein Ehering.*

*Beinah eine Schrift beweist,
dass sie um Saturnus kreist.
Längsgeteilt durch eine Klinge
bildet sie die beiden Ringe.*

Maria war sehr fest im Glauben
und ehrte Gott mit Turteltauben.
Luk 2 (22-24)

Der zwölfjährige Jesus im Tempel
Jerusalem, *nun Stadt statt Nest*,
beging das große Passahfest.
Auch Jesus mit dem Elternpaar
bei diesem schönen Feste war.

Am Ende dieser Feiertage,
so sagt es uns die Jesus-Sage,
da zogen Jesu Eltern fort,
doch Jesus blieb noch länger dort.

Dem Jesus war´n die Eltern schnuppe.
Die glaubten ihn in einer Gruppe.
Als sie dann endlich umgekehrt,
ihr Sohn im Tempel sitzt und lehrt.

Das tut er dort wohl seit drei Tagen,
er stellt sogar den Lehrern Fragen.

Erstaunt sind alle, die ihn hören,
bis Jesu Eltern ihn dort stören.
Als seine Mutter sich beklagt,
(es klingt aus ihr heraus Verdruss)
ihr Sohn zu ihr nur dieses sagt:
„Bin hier, weil ich doch hier sein muss

in dem, was meines Vaters ist.
Warum habt ihr mich denn vermisst?"
Die Eltern, die dies nicht verstehen,
mit Jesus nun nach Hause gehen.

Der Knabe aber wuchs heran,
und wurde immer weiser dann.
(Luk 2, 41-52)

Ich glaube, ihrer Aufsichtspflicht
genügten Jesu Eltern nicht.

Johannes der Täufer
Der Oberengel Gabriel,
der hatte einst vom Herrn Befehl,
den Täufer anzukünden,
den Spezialist für Sünden.

Zum Vater sprach der Engel:
„Dein Weib kriegt einen Bengel!
Der Täufer wird kein Säufer sein,
er trinkt nicht Schnaps, noch trinkt er Wein.

Er wird das Volk bekehren,
dass sie den Herrn verehren."
„Wie soll denn das nur gehen,
ich kann ja kaum noch stehen?

Elizabeth ist auch zu alt!"
Doch Gabriel ließ das ganz kalt:

„Du glaubst mir nicht? Wie dumm.
Zur Strafe sei nun stumm!"

Ich glaube, dass es so geschah,
der Alte wurde noch Papa.
Luk 1 (1-25)

Die selten in die Bibel schauen,
die halten Engel meist für Frauen.
Doch wissen alle Bibelkenner:
die Engel waren immer Männer.

Ich glaub, Johannes ward beschnitten,
am achten Tag hat er gelitten.
Sein Vater war des Geistes voll
und fand Johannes wirklich toll.
Luk 1 (59, 67-79)

Johannes sprach von Schlangenbrut:
„Was ihr tut, das ist gar nicht gut."
Vorm Munde hatte er fast Schaum:
„Ins Feuer kommt der schlechte Baum."

Sie fragten, was man machen soll.
Er sprach: „Erhebt gerechten Zoll,
hört auf mit dem Erpressen,
gebt Kleider ab und Essen.

Der kommt wird stärker sein als ich,
und ihm nur unterwerf ich mich.
Er wird das Werk erkennen,
die Spreu vom Weizen trennen,
die Spreu wird ewig brennen."

Ich glaub, er sagte vieles schon
wie später dann der Gottessohn.
Matt 3 (1-10) Luk 3 (1-18)

Versuchungsgeschichten
Der Heiland ging einst in die Wüste,
wo ihn der Teufel so begrüßte:
„Ich seh, du leidest große Not,
dann mach doch aus den Steinen Brot!"

Doch Jesus ließ das lieber sein:
„Der Mensch lebt nicht vom Brot allein."
„Ich glaub, du kannst ganz prima fliegen!"
Auch so war Jesus nicht zu kriegen.

„Ich schenke dir die ganze Welt!"
Auch dies dem Heiland nicht gefällt.
Das war es mit dem Teufel dann,
an Jesus traten Engel ran.
Matt 4 (1-11) Luk 4 (1-13)

*Der Teufel quälte Hiob schon,
hier testet er den Gottessohn.
Da wüsste ich doch wirklich gern:
war dieser Test ein Test des Herrn?*

*Doch warum sollte Gott ihn testen,
den Allerliebsten, Allerbesten?
War Gott sich nicht des Sohnes sicher?
Verzeihung, dass ich etwas kicher.*

*Den Teufel gab es lange schon
davor im fernen Babylon.
Viel Böses hat er stets getan,
er nannte sich dort Ahriman.*

*Der das Böse stets gebiert,
wurde einfach importiert.
Dazu noch der Engel sieben,
mehr zum Fürchten als zum Lieben.*

Die „Bergpredigt" („Feldrede")
Textanalysen haben ergeben, dass es sich hier nicht um eine zusammenhängende Predigt, sondern eine Zusammenstellung von angeblichen Worten Jesu handelt.

Ich glaube, selig sind die Armen,
denn ihrer wird sich Gott erbarmen.
Ich glaube, selig ist wer trauert,
weil Leid und Schmerz nicht ewig dauert.

Ich glaub, den Menschen sanften Mutes
tut Jesus Christus immer Gutes.
Ich glaub, er wird die Menschen weiden,
die unter Unrecht jetzt noch leiden.

Gerechtigkeit wird es dann geben
für jene, die stets danach streben.
„Ist hier das Herz der Menschen rein,
dann werden Gott sie nahe sein.

Im Himmel Gott den Mensch umarmt,
der sich auf Erden stets erbarmt.
Die hier nicht mit den Steinen schmeißen,
wird Gott im Himmel Kinder heißen.

Und selig sind, die Frieden stiften,
das Klima nicht durch Streit vergiften.
Und selig sind auch die Gerechten,
die deshalb leiden unter Schlechten.

Erleidet ihr heut Spott und Hohn,
im Himmel wartet euer Lohn.
Ihr seid fürwahr mit das Salz der Erde,
das dumme Salz zertreten werde.
Das Gute soll'n wir nicht verschweigen,
das Licht soll'n wir den Menschen zeigen.
Das Licht soll auf das Gute weisen,
den Herrn im Himmel soll'n wir preisen."
Matt 5 (1-16)

*Liebe Christen, auf die Schnelle:
„Jesu Worte" sind Appelle:
Der nur sei am Ende gut,
der das Gute selber tut.*

*Gut sind aber außer Christen
häufig auch die „Atheisten".
Gottlos kann man ebenso
gut sein, edel, hilfreich, froh.*

*Der Sinn war nicht von Jesu Leben,
Prophetenworte aufzuheben:*

Ich glaub, der Himmel wird vergehen,
doch das Gesetz, das bleibt bestehen.
„Wer trotzdem ein Gesetz aufhebt,
als Kleinster nur im Himmel lebt.

Doch den, der im Gesetze lebt,
im Himmel Gott dereinst erhebt.
Dem Himmel kommt der Mensch nicht näher,
ist er gerecht wie Pharisäer."
Matt 5 (17-20) Luk 16 (17)

*Ich glaub, ich soll nicht töten,
sofern es nicht vonnöten.*
„Wer tötet, der ist des Gerichts."
Im Kriege aber macht das nichts?
Matt 5 (21)

*Pfaffen, die fromm Waffen weihen,
wird ihr Kriegsgott wohl verzeihen.
Sterben müssen schließlich alle,
dies gilt auch im Friedensfalle.
Doch um Unrecht abzuschaffen,
geht es oft nicht ohne Waffen.*

Ich glaub, wer Brüder Narren nennt,
bald ewig in der Hölle brennt.
Doch kann man auch bei Jesus finden:
„Weh euch, ihr Narren und ihr Blinden!"
Matt 5 (22) 23 (16-17) Luk 11 (40)

„Von Brüdern mag ich Opfergaben,
wenn die zuvor versöhnt sich haben.
Sei gut zu deinem Widerpart,
weil das dir später Leid erspart."
Matt 5 (23-25)

*Ich glaub, wer sündigt mit dem Pimmel
kommt nie zu Jesus in den Himmel.*

Und Ehebruch ist schon ein Blick,
denkt Mann dabei an einen Fick.

Der Heiland in die Hölle schmeißt,
wer niemals sich ein Aug´ ausreißt.
„Wer seines Nächsten Weib begehrt,
der hat die Ehe schon entehrt."

Ich glaub, ich soll die Weiber meiden
und notfalls mir (m)ein Glied abschneiden.
Matt 5 (27-30)

Um Himmels willen sich kastrieren?
Und dann noch nicht mal masturbieren?
Matt 19 (12)

Ich glaub, der Herr kann es nicht leiden,
wenn Männer sich von Frauen scheiden.
Wenn Frauen sich von Männern scheiden,
dann kann der Herr das auch nicht leiden.
Mark 10 (11) Matt 5 (32) 19 (3-12) Luk 16 (18)

Ich glaub, ich soll auf Jesus hören
und niemals bei dem Himmel schwören.
Matt 5 (34)

„Nur ja und nein möcht ich noch hören,
was drüber ist, wird übel stören."
Matt 5 (37)

Ich glaub, man soll dem Schläger sagen,
er soll es ruhig noch mal wagen.

Ich glaube, so bescheuert ist
noch nicht einmal ein Fundi-Christ.

Was mir bei Jesus nicht behagt:
dass er die Notwehr untersagt.

Und „Aug´ um Auge, Zahn um Zahn"
war besser als Vergebungswahn.
Zu Moses Zeit war das nicht schlecht,
doch heute gibt es bess´res Recht.

Ich glaub, die feindlich mir begegnen,
soll ich von Herzen alle segnen.
Ich glaub, ich soll die Feinde lieben
und freundlich sein auch zu den Dieben.

Ich glaube, meinen Feind zu hassen,
das soll in Zukunft ich ganz lassen.
Ich soll nicht nur den Nächsten suchen,
soll segnen die, die mich verfluchen.

Will jemand meinen Mantel rauben,
dann soll den Raub ich ihm erlauben.

Will jemand, dass ich mit ihm gehe,
der Bitte ich nicht widerstehe.

„Wer nur dem Bruder Gutes tut,
ist Zöllner und nicht wirklich gut.
Ihr alle sollt vollkommen sein,
wie Gott im Himmel gut und rein."
Matt 5 (40-48) Luk 6 (27-36)

Ich glaube, seinen Feind zu lieben,
ist wirklich etwas übertrieben.
Wie Jahwe möchte ich nicht sein,
und Jesus droht mit Höllenpein.
Den beiden scheint es zu gefallen,
wenn Engel sich die Sünder krallen.

„Almosen sollst du heimlich geben
und nicht nach Lob und Beifall streben.
Für Andre sollst du selbstlos sorgen,
dein Vater sieht auch was verborgen."
Matt 6 (1-4)

„Die Heuchler beten ohne Sinn,
sie haben ihren Lohn dahin.
Im Kämmerlein sollst du still beten,
die Schule nicht dazu betreten."
Matt 6 (5-6)

Ich glaub, die Christen kümmert nicht,
was Jesus hier zu ihnen spricht.
Ich glaub, man kann sich´s Beten schenken,
denn was man braucht, kann Gott sich denken.
Matt 6 (8)

Ich bete oft zu Jesus still,
doch Jesus tut nicht, was ich will.

Wir soll´n das Vaterunser beten,
der Pfarrer kriegt dafür Moneten.
Natürlich für die Predigt auch,
wer glaubt bezahlt und liebt den Brauch.

Des Herren Wille soll geschehen?
Davon ist nicht sehr viel zu sehen.
Denn vielen fehlt das täglich Brot,
und viele leiden andre Not.

Ob Menschen so viel Leid gebührt,
weil Gott uns in Versuchung führt?
Wann kommt das Reich, wann kommt die Kraft?
Der Herr ist stumm und rätselhaft.
Matt 6 (9-13)

Denn wer vergibt, dem wird vergeben,
wer nicht vergibt, wird´s nicht erleben.

Ich glaub, ich soll bisweilen fasten,
um Geist und Körper zu entlasten.
Am besten tu ich das verborgen,
für Lohn wird dann der Vater sorgen.
Matt 6 (14-18)

„Die Schätze, die ihr häuft auf Erden,
von Motten bald gefressen werden.
Im Himmel sollt ihr Schätze sammeln,
wo sie nicht rosten noch vergammeln.

Auch werden sie dort nicht gestohlen,
für Diebe ist dort nichts zu holen."
Matt 6 (19-20)

*Der Himmel ist kein Ort für Diebe,
weil es ihn gar nicht gibt.
Der größte Schatz, das ist die Liebe,
auf Erden man sich küsst und liebt.*

*Ich glaub, die Schätze hier auf Erden
von Menschen ausgebeutet werden.
So mancher kam schon an die Ware
im Schlepptau frommer Missionare.*

„Zwei Herren kann der Mensch nicht dienen,
den einen hasst er dann von ihnen.
Ihr könnt nicht Gott den Herren ehren
und dabei euern Mammon mehren."
Matt 6 (24)

„Leute, sorgt euch nicht um Morgen,
seht die Vögel: Ohne Sorgen
fliegen sie am Himmel rum.
Auch die Lilien sind nicht dumm:

Säen nicht und ernten nicht,
was für Gottes Güte spricht.
Gott ernährt und liebt sie alle,
wieviel mehr in euerm Falle.

Essen, trinken, sich bekleiden:
danach fragen nur die Heiden.
Sollt nicht nach dem Morgen fragen,
jeder Tag hat seine Plagen."
Matt 6 (25-34)

*Wie kann man so was Dummes sagen?
Am Anfang bringt die Vogelmutter
dem kleinen Vogel gratis Futter.
Danach muss dieser suchen, jagen,
denn leer bleibt sonst der Vogelmagen.*

„Richtet nicht, auf dass sodann
Gott euch gnädig richten kann.

Das Maß, mit dem du selber misst,
das Maß für deine Sünden ist."
Matt 7 (1-2)

„Des Bruders Auge nicht studiere,
das eig´ne Auge erst kuriere.
Den Balken zieh heraus und dann
kommt deines Bruders Splitter dran.

Die Perlen nicht vor Säue schmeißen,
auf dass sie euch dann nicht zerreißen."
Matt 7 (3-6)

„Bittet, suchet, klopfet an,
denn dann wird euch aufgetan.
Wer ihn bittet der empfängt
von dem Herrn, der alles lenkt.

Gut seid ihr zu euern Söhnen,
Gott wird euch viel mehr verwöhnen."
Matt 7 (7-11) Luk 11 (9-13)

*Jesus hat sehr viel versprochen,
aber dann sein Wort gebrochen.
Gott ist ein Totalversager
nicht nur im Vernichtungslager.*

*Was ich schon sehr lange glaub:
Gott ist blind und Gott ist taub.
Es lehrte einst schon Epikur:
die Götter walten oben nur.*

*Den Lauf der Welt kein Wesen lenkt,
das ähnlich wie wir Menschen denkt.
Kein Gott kann all das Beten hören,
doch Christen scheint das nicht zu stören.*

*Manch Christ glaubt per Pascalscher Wette,
er tut, als ob er Glauben hätte,
womit er noch den Wahnsinn toppt:
Er hält den Herren für bekloppt.*

*Der fromme Christ hält sich für schlau,
er kennt den Herrgott ganz genau.
Er weiß, was dieser fühlt und denkt,
sich freut, wenn jemand Weihrauch schwenkt.*

*Ich glaub, es gilt für Kind und Kegel
die gute, alte Gold´ne Regel.
Die gab es bei den Griechen schon,
schon lange vor dem „Gottessohn":*

*Was du nicht willst, dass man dir tu,
das füg auch keinem Andern zu.
Und was du willst, dass man dir tut,
das tue selbst, sei selber gut.*

*Der Mensch soll sich des Lebens freuen
und Andre nicht betrüben.
Dann hat er wenig zu bereuen
und ist ein Mensch geblieben.*

*Der Mensch soll Andre unterstützen,
auch völlig fremde Leut.
Das wird ihm meistens selber nützen,
indem es ihn erfreut.*

„Die (sogenannte) „Nächstenliebe" ist keine christliche Erfindung. Sie ist eine natürliche Eigenschaft aller Lebewesen, die in Familien, Gruppen und sonstigen Stammesverbänden leben. Der Nächste ist der Blutsverwandte, die eigene Sippe, der Freundeskreis.
Das Zusammengehörigkeitsgefühl innerhalb dieser Gruppen ist für deren Überleben „naturnotwendig" und aus diesem Grunde seitens unserer Mutter Natur jedem Lebewesen genetisch einprogrammiert worden. Von manchen Naturvölkern, die noch nie vom Christentum „beglückt" worden sind, können wir in dieser Hinsicht einiges lernen."
Norbert Rohde: Abschied von der Bibel.
BoD, Norderstedt 2004, S. 148

*Die am Amazonas lebenden Pirahã kennen weder Götter noch Geister. Der jahrelang bei ihnen lebende Missionar Daniel Everett war von ihrer Freundlichkeit und ausschließlichen Orientierung am „Diesseits" so beeindruckt, dass er seinen christlichen Glauben aufgab. Daniel Everett:
Das glücklichste Volk. Sieben Jahre bei den Pirahã-Indianern am Amazonas, München 2010*

„Der Weg zum Himmel ist sehr schmal,
ihn findet eine kleine Zahl.
Sollt nicht den falschen Männern glauben,
von Dornen erntet man nicht Trauben.

Den Falschen sollt ihr nicht vertrauen,
der faule Baum wird abgehauen.
An ihren Früchten sie erkennt,
der faule Baum im Feuer brennt.

Nur der von euch ist wirklich gut,
der meines Vaters Willen tut.
Die Andern hören von mir später:
Weicht fort von mir, ihr Übeltäter!"
Matt 7 (13-23)

Am Menschen hat Gott Wohlgefallen,
doch wohlgesinnt ist Er nicht allen.
Nur denen, die ihn wirklich lieben,
gibt Er auf Erden schon den Frieden.

„Ehre sei Gott in der Höhe und Friede auf Erden unter den Menschen seines Wohlgefallens (seiner Gnade)." Luk 2 (14)

„Propheten sollt ihr stets vermeiden,
die Wölfe sind, als Schaf sich kleiden."
Matt 7 (15)

„Wer mir und meinem Wort vertraut,
der hat sein Haus auf Fels gebaut:
In Sturm und Regen bleibt es stehen.
Doch wird der Wind das Haus verwehen
des Mannes, der mich reden hört,
und weiter tut, was mich empört."
Matt 7 (24-27)

*Ich glaub, dass Jesus sehr schockierte,
als er vom Berg herab dozierte.
Mark 1 (22) Matt 7 (28-29) 22 (33)*

*Jesus hielt oft große Reden,
doch erreichte er nicht jeden.*

Ich glaub, wer hat dem wird gegeben.
Wer nichts hat, hat nicht viel vom Leben.
Denn das, was er bekommen,
das wird ihm abgenommen.
Mark 4 (25) Matt 13 (12) 25 (29)
Luk 8 (18) 19 (26)

„Selig sind die geistig Armen",
sagte Jesus voll Erbarmen.
Matt 5 (3)

*Ein Verdacht will nicht verstummen:
Sind im Himmel nur die Dummen?*

Ich glaube, selig ist wer arm.
Oh Herr, der Armen dich erbarm!
„Für Arme ist das Gottesreich,
wer hier noch weint, der lacht sogleich."

Ich glaub, wer hungert der wird satt,
weil er genug zu essen hat.
Ich glaub, wer folgt dem Gottessohn,
erhält im Himmel seinen Lohn.

Ich glaub, wer alles gibt den Armen,
des wird der Herr sich einst erbarmen.
Luk 6 (20-23, 27-30, 35)

Im Evangelium nach Lukas werden die materiell Armen auf das zukünftige Gottesreich vertröstet. Dies dürfte die Ausbeutung der Armen durch die weltlichen und die geistlichen Herrscher erleichtert haben. Roman: Der Dorfschneider von Kerzlin.

*Die Kirchen hängen sehr am Geld,
das weiß doch heut die ganze Welt.
Ich glaub, dass es nun Kirchen gibt,
ist nichts, was Jesus wirklich liebt.
Das Papsttum wäre ihm verhasst,
weil´s nicht zu seiner Lehre passt.*

Bei Caritas und Diakonie beträgt nach Angaben von C. Frerk der Kirchenanteil an den Kosten nur 2%. Misereor bezog im Jahr 2009 162 Mio. Euro. Geld kam vom Staat (63%), von Spendern (32%) und aus kirchlichen Mitteln (5%). Aus der Werbung dieses „Bischöflichen Hilfswerks": „Mit Zorn und Zärtlichkeit an der Seite der Armen".

*Wer spielt dem Volk Theater vor
und zieht den Schäfchen übers Ohr
geschickt das Kirchensteuerfell
in jedem Monat lautlos, schnell?*

*Wer sagt, dass dies für Wohlfahrt ist,
und täuscht so Christ und Atheist?
reimbibel.de/L7.htm*

Die Diakonie hat bundesweit etwa 627.000, die Caritas über 690.000 Angestellte, die überwiegend aus öffentlichen Mitteln bezahlt werden. Wegen der Dominanz von Diakonie und Caritas im sozialen Bereich sind viele Menschen beruflich gezwungen, Kirchenmitglieder zu bleiben oder zu werden. Geschiedenen Lohnabhängigen kann die Caritas bei erneuter Heirat kündigen. Das Arbeitsrecht gilt bei den Kirchen nur eingeschränkt. http://gerdia.de

Gott ist gütig *reimbibel.de/gott-ist-guetig
Gott ist gütig, Gott ist klasse,
aber leider knapp bei Kasse.
Hat kein Geld fürs Personal:
Pastor, Bischof, Kardinal.*

*Diese Jungs sind ziemlich teuer,
knapp wird da die Kirchensteuer.
Hilfe für das Sündikat
kommt jedoch von Vater Staat.*

*Der hilft gern beim frommen Werk.
Näheres weiß Carsten Frerk:
Violettbuch der Kirchenfinanzen.
Wie der Staat die Kirchen finanziert.
Aschaffenburg 2010. reimbibel.de/13.htm*

*Der Christ in seinem Alltagstrott
vergisst sehr oft den „lieben Gott".
Ich glaub, wer seinen Nächsten liebt,
ihm gerne sein Vermögen gibt.*

*Ein jeder, der nur Liebe heuchelt,
im Grunde seinen Nächsten meuchelt.
Ich glaub, dass der Herr Jesus Christ
kein Freund von Geld und Luxus ist.*

*Ich glaub, ich soll den Frieden suchen
und segnen die, die mich verfluchen.
Ich glaub, die mir den Mantel nehmen
soll ich mit meinem Hemd beschämen.
Luk 6 (28-29)*

*Ich glaub, wer Andern nicht vergibt,
wird nicht von Jesus Christ geliebt.
Luk 6 (37)*

*Ich glaub, ich soll mich gar nicht sorgen,
der Herr ernährt mich auch noch morgen.
Ich glaub, wir brauchen nichts zu haben,
denn Gott ernährt nicht nur die Raben.
Ich glaub, es sorgen sich nur Heiden,
womit sie sich demnächst bekleiden.
Luk 12 (22-34) Matt 6 (25-34)*

*Er glaubte an das Weltgericht,
jedoch das kam bis heute nicht.
Ich glaub, er war fast Kommunist,
was peinlich für die Kirchen ist.
Mark 10 (25) Luk 12 (33) 14 (33)*

*Jesus sprach im Vatikan:
„Was habt ihr mir angetan?
Euer Prunken, euer Protzen,
euer Reichtum ist zum Kotzen."*

*Päpste tragen teure Kleider,
Katholiken mögen´s leider.
Kleider machen Leute,
dieses gilt noch heute.*

„Unter den Talaren Muff von 1000 Jahren."

„The history of every age teaches that there were always rich and poor; that it will always be so we may gather from the unchanging tenor of human destinies." Papst Pius XII., Enzyklika vom 1.11.1939 an die Bischöfe der USA

*Ich glaub, was Er vom Berg gepredigt
hat manchen Menschen schon geschädigt.
Was wir an Psycho-Elend sehn,
ist manches Mal ekklesiogen.
(Wikipedia: Ekklesiogene_Neurose)*

Die Frauen
Ich glaub, er mochte Mary nicht,
weil er zu ihr so garstig spricht.
Ich glaub, dass er Maria kränkte,
weil er ihr kaum Beachtung schenkte.

Maria war nicht grad entzückt,
sie hielt den Jesus für verrückt.
Matt 12 (46-50) Mark 3 (21, 31-35)

Was Simon über Jesus sagte
(er sei der Heiland, sei das Licht),
Maria wohl nicht sehr behagte,
was nicht für ihr Gedächtnis spricht.

Ich glaube, am Marienkult
trägt Jesus Christus keine Schuld.
Luk 2 (25-33) 8 (19-21) 11 (27-28)

Man weiß nicht erst seit gestern,
der Heiland hatte Schwestern.
Ich glaub, dass Marys Göttergatte
mit ihr noch weit´re Söhne hatte.
Mark 6 (3) Matt 13 (56)

Ich glaub, dass Jesus es begrüßte,
als sie ihm heiß die Füße küsste.
Das Huren hat er ihr vergeben,
sie konnte nun in Frieden leben.

Maria-Magda und die Andern,
die durften einst mit Jesus wandern.
Auch durften sie mit Jesus essen,
bezahlt von dem, was sie besessen.

Doch durften sie nicht predigen,
weil Männer das erledigen.
Johanna und Susanni,
die gaben Jesus money.

Er hatte einen Schlag bei Frauen,
auf diese konnte er stets bauen.
Ich glaub, die Füchse wohnen nett,
doch Jesus lebte ohne Bett.

Ich glaub, er zog in Marthas Haus,
doch zog er dann da wieder aus.
Maria mocht´ ihn reden hören,
die Martha schien das sehr zu stören.
Luk 7 (37-50) 8 (1-3) 9 (58) Matt 8 (29)
Luk 10 (38-42)

Ich glaub, dass er zum Weibe ging
und Frauen liebte ohne Ring.
Vielleicht war Er ja heimlich schwul,
das wär in diesem Falle cool.

Heilung von Kranken, Scheintoten und Toten reimbibel.de/heilung
Ich glaub, wer Jesu Kleid berührte,
alsbald Gesundheit wieder spürte.
Die Schwiegermutter hatte Fieber,
der Heiland hielt sie bei der Hand,

das Fieber schnell ein Ende fand.
Das war der Frau natürlich lieber.
Bei Lukas liest man schließlich dann:
Der Jesus schrie das Fieber an.

Auch diese Heilung war sehr fein:
Ein Mann mit Aussatz wurde rein.
Mark 1 (40-42) 6 (56) Matt 14 (36)
Luk 4 (39, Zürcher Bibel)

Ich glaub auch diesen Bibelzeilen:
Der Heiland konnte Gichtbruch heilen.

„Dass ihr wisst von meiner Macht,
gebet nun auf dieses acht:
Stehe auf und gehe heim!"
Dazu weiß ich keinen Reim.

Sofort legte sich die Gicht,
solches sah man bisher nicht.
Er stand auf und nahm sein Bett.
Jesus war zuweilen nett.
Mark 2 (3-12) Matt 8 (5-13) Luk 5 (17-26)

Ich glaub, der Satan macht uns krank,
doch Jesus heilt uns gottseidank.
Ich glaub, er heilte immer wieder,
und alle Geister fielen nieder.

Ich glaub, dass Er auf Erden weilte
und dort sogar die Toten heilte.
Mark 3 (11-12) 5 (36-43)

Dem Blinden er ins Auge spuckte,
worauf der Blinde wieder guckte.
Ich glaub, den Kranken half der Glaube,
es sprachen Stumme, hörten Taube.

Am Sabbat heilte Jesu Wort,
da war die Hand nicht mehr verdorrt.
Ich glaub, dem Knecht ging's wirklich schlecht,
da kam Herr Jesus g´rade recht.

Sein Hauptmann war total bescheiden,
drum heilte Jesus gleich das Leiden.
Zwei Tote hieß er aufzustehen,
da konnten beide wieder gehen.
Mark 7 (31-37) 8 (22-25)
Luk 6 (6-10) 7 (1-22) 8 (49-56)

Ein Weib gab Ärzten all ihr Gut,
doch weiter floss aus ihr viel Blut.
Da rührte an das Weib sein Kleid,
zu enden ihres Leibes Leid.

Es stand sofort der Blutgang still,
das klappt, wenn Jesus es so will.
Sie drängte durch die Menschentraube,
und Jesus sprach: „Dir half dein Glaube."
Mark 5 (25-34) Luk 8 (43-48)

Dem Vater half er aus der Not,
als dessen Tochter wohl schon tot.
Zehn Männer, die an Aussatz litten,
die taten Jesus Christus bitten.

Sie wurden alle wieder rein.
Ein Wunder muss geschehen sein.

Ein Knabe hatte hohes Fieber,
und Jesus sprach: „Geh hin, mein Lieber,
dein Sohn ist fortan nicht mehr krank."
Oft legt sich Fieber gottseidank.
Mark 5 (35-42) Luk 17 (11-14) Matt 8 (5-13)
Luk 7 (1-10)

Von vielen Heilern wird berichtet.
Ob's wahr ist oder nur erdichtet?
Denn manch antiker Göttersohn,
der heilte lang´ vor Jesus schon.

Ich glaub, dass er nicht alle heilte,
als er auf dieser Erde weilte.
Aufs Heilen hatte er kaum Bock
und heilte deshalb nur ad hoc.
Ich weiß nicht, was den Herrn dran hindert,
dass er auf Dauer Leiden lindert.

Teufelsaustreibungen /teufelsaustreibungen
Eine Frau dem Herrn erzählt:
„Meine Tochter wird gequält,
weil in ihr ein Dämon ist."
Schweigsam blieb Herr Jesus Christ.

Sie rief dann die Jünger an,
ob der Herr ihr helfen kann.
Schließlich fiel sie vor ihm nieder,
Jesus aber streikte wieder.

Jesus schließlich unumwunden:
„Brot gibt man doch nicht den Hunden."
„Stimmt, der Hund ja nichts erhält,
frisst vom Tisch, was runter fällt."

„Frau, dein Glaube ist sehr groß,
was du willst, das soll geschehen."

Tochter wurde Dämon los,
Mutter half ihr durch ihr Flehen.
Mark 7 (24-30) Matt 15 (21-28)

„Aus dem Mensch sprach Antichrist:
„Ich weiß sehr gut, wer du bist.
Bist des Gottes heil´ger Sohn."
Jesus, um ihn zu bedroh'n:

„Sei nun stumm und fahre aus!"
Laut der Teufel fuhr heraus.
Mark 1 (23-26)

Ein Mann im Gadarenerland
war allen als sehr wild bekannt.
Von bösen Geistern umgetrieben,
hat Ketten, Fesseln er zerrieben.

Es sprach der Geist: *„Ich heiß Legion,*
denn von uns gibt es viele schon."
Die Geister baten Jesus Christ,
zu zaubern wie ein Exorzist.

Sie wollten in die Säue fahren,
die draußen auf der Weide waren.
Ich glaub, das kann nur er alleine:
Er jagte alle in die Schweine.

Die Schweine stürzen sich ins Meer,
da staunten alle Hirten sehr.
Sie liefen fort, und in der Stadt
erzählten sie, was Jesus tat.

Die Städter suchten Jesus dann
und sahen sich den Kranken an.
Der war geheilt, man konnt´ es sehen.
Sie baten Jesus, nun zu gehen.
Mark 5 (1-17) Luk 8 (26-39)

Bei Lena waren es gleich sieben,
die Jesus aus ihr ausgetrieben.
Mark 16 (9) Luk 8 (2)

Die Juden hielten keine Schweine,
auf ihren Weiden waren keine.
Vielleicht gehörten sie den Heiden,
die Schweine hatten auf den Weiden?

Laut Markus 5 (13) sprangen 2.000 Schweine ins Meer.

Ich glaub, er ist ein Exorzist,
dem Satan nicht gewachsen ist.
Mark 7 (24-30) Luk 4 (33-37, 41)
6 (18) 7 (21) 9 (37-42) 11 (14-20)

Der Geist für Stummheit, Schaum und Fallen,
das ist der schlimmste Geist von allen.
*Man soll ihn kräftig kneten
durch Glauben und durch Beten.*

*Dann fährt der Geist frustriert heraus,
mit seiner Macht ist es dann aus.
Doch wenn man Jesus Christus heißt,
verjagt ein Wort den bösen Geist.*

*Es hören sogar taube Geister
auf diesen Exorzismusmeister.
Und stumme Geister müssen schreien
beim Mensch-vom-stummen-Geist-Befreien.*
Mark 9 (17-29)

*Ich glaub, bei schweren Anfallsleiden
da können sich die Geister scheiden.
Jedoch ich weiß als frommer Christ:
Oft hilft da nur ein Exorzist.*

*Auch Benediktus dachte so.
Ich bin deshalb von Herzen froh.
An Exorzisten herrscht kein Mangel
dank Benedikt und Josef Stangl.*

Bischof Josef Stangl war verantwortlich für den Exorzismus bei Anneliese Michel. Vermutlich war er auch mitverantwortlich für deren Leiden und Tod, da sie nicht ausreichend ärztlich versorgt wurde. theologe.de/theologe9.htm

Der Kirchenschoß ist fruchtbar noch,
aus dem der Teufelsglaube kroch:

„Wenn die Kirche öffentlich und autoritativ im Namen Jesu Christi darum betet, daß eine Person oder ein Gegenstand vor der Macht des bösen Feindes beschützt und seiner Herrschaft entrissen wird, spricht man von einem Exorzismus. Jesus hat solche Gebete vollzogen [Vgl. Mk 1,25-26]; von ihm hat die Kirche Vollmacht und Auftrag, Exorzismen vorzunehmen [Vgl. Mk 3,15; 6,7.13; 16,17.]. In einfacher Form wird der Exorzismus bei der Feier der Taufe vollzogen."
Katechismus der Katholischen Kirche, Nr. 1673

*Es ist gewiss kein Exorzist,
wer sich vorm Teufel gleich verpisst.
Es gilt, ihn zu vertreiben,
doch möchte der gern bleiben.
Oft hilft nur eine kleine List:
das Opfer zu entleiben.*

Weitere Wundertaten Jesu
*Ich glaub, die starke Fischvermehrung
beförderte die Christverehrung.*
Mark 6 (35-44) 8 (1-9) Matt 4 (19)

Ich glaub, er konnt' den Wind abstellen
und glätten so des Meeres Wellen.
Er sprach zum Wind: „Nun schweige stumm!"
Es legten sich drauf Wind und Wogen,
ein Wunder war das, ungelogen.
Erstaunt war Jesu Publikum.
Mark 4 (35-41) 6 (51) Luk 8 (22-25)

*Ich glaub, er konnt' auf Wasser gehen,
doch kann man das auch anders sehen.
Vielleicht stimmt, was Herr Langbein schrieb,
dass Jesus brav am Ufer blieb.*

*Vielleicht schrieb der Verfasser:
„Sie sah'n ihn geh'n **am** Wasser."*
Mark 6 (45-52)

Walter-Jörg Langbein: Lexikon der biblischen Irrtümer, Berlin 2006, S. 324-326

Ich glaube, Jesus wollte nicht,
dass man von seinen Wundern spricht.
Ich glaub, Herr Jesus konnte heilen
und wundersam viel Brot verteilen.

*Er hätte heut noch mehr zu tun,
doch scheint er sich nun auszuruh'n.*
Luk 8 (56) Luk 9 (12-17)

Schon im Alten Testament wird über eine wundersame Brotvermehrung berichtet. (2 Könige 4, 42-44) Schon Buddha (ca. 450 – 370 vChr) heilte Kranke, Blinde, Taube und Krüppel. Asklepios (5. Jhdt. vChr) wurden ähnliche Heilungen zugeschrieben. Außerdem stillte er Stürme und erweckte Tote. Herakles konnte angeblich über Wasser gehen.

*Ich glaub, die Wunder machten klar,
dass Jesus was Besondres war.*

„Weiber und niederes Volk muss man durch Fabeln und Wundergeschichten zur Gottesfurcht bringen." Strabon, griechischer Geschichtsschreiber (63 vChr bis 23 nChr)

Jesus spricht zu seinen Jüngern
Ich glaub, die Toten soll'n begraben,
die selbst nicht mehr das Leben haben.
Matt 8 (22) Luk 9 (59-60)

*Sie sollten alle Völker lehren,
den Willen Jesu so verkehren?
Die Jünger sollten es vermeiden,
das Heil zu bringen zu den Heiden!
Matt 10 (5,6,23) 15 (24) vs. 28 (19)*

Den Jüngern hat er dann geboten:
„Nun heilt die Kranken, weckt die Toten.
Dämonen sollt ihr exorzieren,
verlor'ne Schafe missionieren." Matt 10 (6,8)

Die Jünger, die mit Jesus weilten,
die Menschen von den Teufeln heilten.
Mark 3 (15) Matt 10 (8) Luk 9 (1-2) 10 (17-20)

Sie hatten weder Geld noch Brot,
weil Jesus ihnen das verbot.
Mark 6 (8) Matt 10 (9-10) Luk 9 (3), 10 (4)

„Wer euch nicht öffnet seine Tür,
der büßt am Jüngsten Tag dafür."
Mark 6 (11) Matt 10 (14-15) Luk 10 (10-16)

*Das alte Gerücht vom Jüngsten Gericht:
das glauben noch Alte, die Jungen meist nicht.*

„Unter Wölfen seid ihr Schafe,
hütet euch vor ihrer Strafe."
Matt 10 (16-17)

Ich glaub, es fällt kein Spatz tot um,
und Gott der Vater weiß nicht drum.
Matt 10 (29)

*Der Heiland sprach zu seinen Lieben:
„Denkt nicht, ich bringe euch den Frieden."
Und weiter hat er dann gelehrt:
„Ich bringe euch vielmehr das Schwert."
Matt 10 (34)*

Ich glaub, wer Kinder lässt zurück,
um nach dem Reich zu streben,
der hat im nächsten Leben Glück
und erbt das ew'ge Leben.

Ich glaub, nur der ist Jesu wert,
der mehr ihn als die Eltern ehrt.
Verlässt er Brüder, Eltern gleich,
kommt er bestimmt ins Himmelreich.

„Denn ich bin gekommen, um den Sohn mit seinem Vater zu entzweien und die Tochter mit ihrer Mutter und die Schwiegertochter mit ihrer Schwiegermutter; und die Hausgenossen eines Menschen werden seine Feinde sein."
Matt 10 (35-36)

Und Jesus sprach *fast wie von Sinnen:*
„Das Leben kann nur der gewinnen,
der meinetwillen es verliert."
Was nicht ein jeder gleich kapiert.

*Ich glaub, dass Jesus Zwietracht brachte
und sich aus Frieden nicht viel machte.
Matt 10 (34-39) Luk 12 (51-53) 14 (26-27)*

„Nehmet auf euch nun mein Joch,
dieses Joch ist sanft jedoch."
Matt 11 (29-30)

Ich glaub, er wollte nicht bekehren,
sie sollten seine Jünger ehren.
Sie sollten schauen, doch nicht sehen,
sie sollten hören, nicht verstehen.
Mark 4 (10-12,34) Matt 13 (10-16) Luk 8 (9-10)

„Auf Petrus bau ich die Gemeinde,
sie widersteht dem Höllenfeinde."
Matt 16 (18)

Dass der Endzeitprediger Jesus noch kurz vor dem erwarteten Jüngsten Gericht und dem Beginn des Gottesreiches eine Kirche gründen wollte, deren Leiter ihn bis dahin vertreten sollte, ist wenig glaubhaft. Ein entsprechendes Jesuswort haben die anderen Evangelisten nicht gekannt oder nicht für überliefernswert gehalten. Bei der Annahme, Petrus sei der Begründer der Kirche bzw. der erste Papst gewesen, dürfte es sich daher um einen fundamentalen Irrtum oder um eine Fälschung handeln.

„Das Reich wird mancher kommen sehen
von denen, die hier bei uns stehen."
Matt 16 (28)

Diese Prophezeiung Jesu war - falls er sie überhaupt gemacht hat - offensichtlich falsch.

Ich glaub, dass Jesus viel versprach,
doch kam danach nur Ungemach.
Mark 4 (10-12,34) Matt 17 (19-20) 21 (20-21)
Luk 17 (6)

„Die Kleinen sollt ihr nicht verachten,
denn deren Engel Gott betrachten."
Ich glaub, wo zwei versammelt sind,
da ist dann auch des Herren Kind.
Matt 18 (10 und 20)

Ich glaub, was immer auch man tut,
nur Gott der Herr allein ist gut.
Mark 10 (18) Matt 19 (16-17) Luk 18 (19)

„Die Jünger wird der Herr belohnen,
sie werden neben Jesus thronen."
Matt 19 (28) Luk 22 (28-30)
Auch Judas?

„Die Fürsten zwingen sie unter ihr Joch,
wer herrscht bei euch selber, der diene jedoch."
Luk 10 (1,17)

„Ich sage euch ganz ohne Witz:
Er fiel vom Himmel wie ein Blitz."
Den Satan hatte er gemeint,
der aber noch zu leben scheint.
Luk 10 (18)

Satan ist ein armes Schwein,
darf nicht in den Himmel rein,
darf den Himmel nicht betreten.
Christen sollten für ihn beten.

Ihr müsst von Habe euch befrein,
wollt ihr die Jünger Jesu sein."
Luk 14 (33)

Der Bhagwan lehrte solches auch,
es ist bei Sektenführern Brauch.

Ich glaub, den dreisten Öl-Betrug
fand Jesus Christus damals klug.
Denn Reichtum fand der Heiland schlecht,
Betrug war des Betrügers Recht.
Luk 16 (1-14)

Es ist Jesus gar nicht recht,
wenn ich danke meinem Knecht:
„Kommt der Sklave heim vom Vieh,
bitte ihn zum Essen nie.

Sollst vielmehr dann sagen:
´Fülle meinen Magen!
Erst wenn ich gegessen habe,
dich am Essen selbst erlabe.´

Nach der Speise, nach dem Trank
sagt man Sklaven keinen Dank."
Luk 17 (7-10)

„Solches werdet ihr erleben:
Pestilenz und große Beben.
Völker werden sich erheben,
Himmelszeichen wird es geben.

Vorher wird man euch sehr hassen,
euch gefangennehmen lassen.
Schließt sich die Gefängnispforte,
sorgt euch nicht um eure Worte.

Denn ich werd euch Weisheit geben,
dass sie euch nicht widerstreben.
Doch man wird um meinetwillen
manche von euch einfach killen."
Luk 21 (10-17)

Ich glaub den biblischen Geschichten:
des Herren Jünger werden richten.
„Wer nichts hat, der verkauft sein Kleid
und kauft ein Schwert und ist bereit."
Luk 22 (30-36)

Jesu Jünger Simon alias
Petrus der „Kirchen-Fels"
Ob er ihn wirklich Petrus nannte,
ob er genügend Griechisch kannte?
Mark 3 (16) Matt 10 (12) 16 (18)

Damals glaubte Petrus schon:
„Du bist Christus, Gottes Sohn."
Matt 16 (15-16)

Giordano Bruno (1548-1600) wurde u.a. deswegen als Ketzer in Rom bei lebendigem Leibe verbrannt, weil er Jesus nicht für den Sohn Gottes hielt. Nur vierhundert Jahre später kam der Vatikan zu der Erkenntnis, diese Hinrichtung sei Unrecht gewesen.
de.wikipedia.org/wiki/Giordano_Bruno

Ich glaub, dass er ihn Satan nannte,
als Petrus sich mal an ihn wandte.
Der wollte, dass der Herr nicht leidet,
Jerusalem deshalb vermeidet.
Mark 8 (31-33) Matt 16 (21-23)

Ich glaub, dass Petrus ihn betrog,
indem er dreimal feige log.
Denn Petrus dreimal lügt und spricht:
„Ich kenne diesen Jesus nicht."

Weshalb ich leichte Zweifel hab,
dass Jesus ihm die Schlüssel gab.
Drum soll man niemals denen trauen,
die frömmelnd auf den „Felsen" bauen.
Mark 14 (66-72) Matt 16 (18-19) 26 (69-75)
Luk 22 (54-62)

Das angebliche Jesuswort „Du bist Petrus und auf diesen Felsen werde ich meine Kirche bauen" findet sich nur bei Matthäus 16 (18). Auf ihm basiert die zentrale Lebenslüge der Kirchen, die bis heute behaupten, von jemand eingesetzt worden zu sein, der als angeblicher Gottessohn angeblich lehrte, das Gottesreich stünde unmittelbar bevor.

*Jesus wurde sehr verehrt,
einmal wurde er verklärt:*
Jesu Kleider: weiß wie Licht.
Petrus konnte Mose schauen,
wollte dann drei Hütten bauen.
Mancher glaubt das aber nicht.
Matt 17 (1-4)

*Man sagt, er ruht im Petersdom,
doch war er überhaupt in Rom?
Sah er Apostel Paulus dort?
Die Bibel sagt dazu kein Wort.*

Judas Ischkariot, Rebell und „Verräter"
*Ich glaube, Jesus roch den Braten:
der Judas würde ihn verraten.*
Jesu Jünger, zwölf an Zahl,
feierten das Passahmahl.

Und der Herr sprach von Verrat,
einer täte diese Tat.
Judas fragte: „Meinst Du mich?"
Darauf Jesus: „Ich mein dich."
Mark, 14 (17-20) Matt 26 (20-25) Luk 22 (14-23)

*Dass Satan in den Judas fuhr,
liest man bei John und Lukas nur.*
Luk 22 (3) Joh 21 (27)

Zum Hohepriester Judas ging,
damit man Jesus leichter fing.
Sie zahlten dreißig Silberstücke
dem Judas für Verrat und Tücke.
*So wurde Judas zum Verräter,
noch nicht bei Paulus, aber später.*
Mark 14 (10-11) Matt 26 (14-16) Luk 22 (3-6)

Ich glaub, dass Judas sich erhängte,
zuvor sein Geld dem Tempel schenkte.
*Doch Lukas schrieb: „Er barst entzwei,
man sah den Eingeweidebrei."*
Matt 27 (5) Apg 1 (18)

Die Darstellung des Judas in den Evangelien hat zu den bekannten Begriffen „Judaslohn" und „Judaskuss" geführt und den Antijudaismus des Paulus noch verstärkt.

Jesus spricht zu den Pharisäern
Die Frage kam aus vielen Mündern:
„Warum isst Jesus mit den Sündern?"
Und Jesus tat den Leuten kund:
„Den Arzt braucht nicht, wer kerngesund.
Nun gehet hin und seid bereit
und lernet die Barmherzigkeit."
Matt 9 (9-13)

„Das was ihr esst, das schadet nicht,
doch schadet oft, was einer spricht.
Denn aus dem Munde kommen Lügen,
kommt Mord und Diebstahl, das Betrügen."
Matt 15 (11-20)

„Ihr predigt fromm, doch seid es nicht
und wollt, dass man von Meistern spricht.
Weh euch, ihr wollt zu Ruhm gelangen,
Verdammnis werdet ihr empfangen.

Weh euch, ihr übertünchten Gruften,
ihr lasst die Andern für euch schuften.
Erschwert dem ganzen Volk das Leben,
wollt selber keinen Finger heben.

Der Witwen Häuser ihr verfresst,
Barmherzigkeit ihr ganz vergesst.
Die Becher haltet ihr zwar rein,
doch innerlich seid ihr gemein.

Ja seid ihr denn von allen Sinnen?
Wie wollt der Hölle ihr entrinnen?
Ihr Heuchler, Schlangen, hohen Priester,
was seid ihr nur für Teufelsbiester!"

*Die Pharisäer hasste er,
zog häufig über Rabbis her.
Er sprach vorm Volk in seiner Wut:
„Es komme auf euch alle Blut!"
Gerne man dies Wort zitierte,
als man Juden massakrierte.*

Ich warn euch vor den Schriftgelehrten,
sie spielen gern die Hochverehrten,
Ergaunern Häuser, beten lange,
bestehen stets auf ihrem Range.
Sind heilig alle nur zum Schein,
entsprechend wird ihr Urteil sein."
Mark 8 (11-13) 12 (38-40) Matt 23 (1-39)

*Ich glaub, verbale Exkremente
sind kein Ersatz für Argumente.
Zu richtigem Gelehrtenstreit
war Jesus Christus nicht bereit.*

*Sie baten um ein Himmelszeichen,
doch Jesus ließ sich nicht erweichen.
Sagt an und gebt mir einen Rat,
warum der Herr dies nicht gleich tat.*

Er trieb die Händler aus dem Tempel,
samt Wechselgeld und allem Krempel.
Im Tempel gab es Geißelhiebe
vom Prediger der Nächstenliebe.
Mark 11 (15) Luk 19 (45-48) Joh 2 (13-16)

Ich glaub, sie wollten Jesus morden,
doch Er ging mitten durch die Horden.
Luk 4 (28-30)

„Sehen werdet ihr mich nicht,
bis von euch ein jeder spricht:
Lobet den, der kommt im Herrn!"
Christen glauben so was gern.
Luk 13 (35)

Wer gut von sich selber spricht,
den mag Jesus Christus nicht.
Doch wird jeder promoviert,
der sich selber degradiert.
Luk 14 (11)

Jesus und die Priesterkaste:
Gott, wie er die Biester hasste!

In der Bibel steht geschrieben:
„Du sollst deinen Nächsten lieben!"
Dieser Spruch ist populär.
Besser ist: Sei immer fair!
Lev 19 (18) Mark 12 (31) Matt 22 (39)

Jesu Taufe und die Kindersegnung ohne Taufe

Ich glaube, Markus sagt präzis,
dass Gottes Sohn sich taufen ließ.
Ich glaube, Jesus ließ sich taufen,
da konnte er schon lange laufen.
Vom Himmel sprach der Herr zu allen:
„Am Sohne hab ich Wohlgefallen."
Mark 1 (9) Matt 3 (13-17) Luk 3 (21-22)

Kindertaufe wird empfohlen,
(jedenfalls von den Katholen,
Teufel sind in jedem Kind)
weil sie sonst die Teufel holen,
weil sie kleine Sünder sind.

Eltern lasst die Kinder taufen,
braucht sie nicht zu fragen.
Können sie nicht selber laufen,
müsst ihr sie halt tragen.

Taufe ist ein Sakrament
und von daher heilig.
Weil der Teufel niemals pennt,
ist die Sache eilig.

Taufe rettet Sünderseelen
vor den Höllenmächten,
die sich sonst im Feuer quälen,
fern von den Gerechten.
Mark 1 (4), Matt 5 (29), 7 (19), 10 (28), 13 (41)

Was dem Ganzen widerspricht:
Jesus taufte Kinder nicht.
Kinder sind ihm zwar begegnet,
doch er hat sie nur gesegnet.
Mark 10 (13-16) Joh 4 (2)

Der evangelische Theologe Karl Barth (1886-1968) hat die Kindertaufe als „kirchliche Schluckimpfung" bezeichnet. Sie steht am Anfang einer christlichen Indoktrinierung von Kindern durch kirchlich geprägte Elternhäuser, Kindergärten und Schulen. Die folgenden Texte aus dem Katechismus der Katholischen Kirche veranschaulichen das negative Menschenbild dieser christlichen Abspaltung vom Judentum:

Weil die Taufe Zeichen der Befreiung von der Sünde und deren Anstifter, dem Teufel, ist, spricht man über den Täufling einen Exorzismus (oder mehrere). ... "
(Katechismus der Katholischen Kirche, Nr. 1237)
reimbibel.de/kindertaufe-2

„Da die Kinder mit einer gefallenen und durch die Erbsünde befleckten Menschennatur zur Welt kommen, bedürfen sie der Wiedergeburt in der Taufe, um von der Macht der Finsternis befreit und in das Reich der Freiheit der Kinder Gottes versetzt zu werden, zu der alle Menschen berufen sind ..." (Katechismus der Katholischen Kirche, Nr. 1250)

Geht doch mal dazwischen,
wenn sie Kinder fischen!

Ich glaub, Johannes wusste schon:
der Jesus war des Herren Sohn.
Als Jesus aus dem Wasser stieg,
erschien ihm eine Taube.

Das weiß heut' jeder Katholik,
das lehrt uns unser Glaube.
Die Taube war der Heil'ge Geist,
wie's klipp und klar bei Lukas heißt.
Mark 1 (9-10), Lukas 3 (22)

Es weiß noch nicht mal jeder Christ,
wozu die Taufe nötig ist.
Die Taufe Jesu zeigt uns klar,
dass er sich selbst als Sünder sah.

Heut predigt man die Illusion
vom sündenfreien Gottessohn.
Er selber sagt: „Nur Gott ist gut."
Den Christen fehlt dazu der Mut.
Mark 10 (18) Matt 19 (17)

Jesu Höllenpredigten /hoellenpredigten
Ich glaube, alle Brüder, Schwestern,
die dürfen über Gott auch lästern.
Doch lästert wer den Heil'gen Geist,
dann kommt er in die Hölle meist.
Mark 3 (28-29) Matt 12 (32) Luk 12 (10)

Wer Fromme bringt in Glaubensnot,
für den wär´s besser, er wär´ tot.
Es sagt Herr Jesus jedenfalls:
„Wer ärgert seinen Bruder sehr,
der wäre besser tief im Meer
mit einem Mühlstein um den Hals."

Ich glaub, ich soll voll Gottvertrauen
mir notfalls meine Hand abhauen.
Denn wenn ich in der Hölle ende,
was helfen mir dann beide Hände?
Mark 9 (42-43 Luk 17 (1-2)3

Christi rohe Botschaft
vielen Menschen Not schafft.

Ich glaub an den Kamel-Vergleich:
Für Reiche gibt's kein Himmelreich.
Auch geht kein Seil durchs Nadelöhr,
was ich bei meiner Seele schwör.
Mark 10 (25) Luk 18 (25)

Ich glaub, dass er gern Feigen aß,
doch einmal dabei ganz vergaß,
dass es noch früh im Jahre war.
Der Baum bot ihm nur Blätter dar.

Zu zaubern hat er nicht versucht,
vielmehr erbost den Baum verflucht.
Nicht lange nach dem Jesuswort
war dann der Feigenbaum verdorrt.
Mark 11 (12-21) Matt 21 (18-19)

Ich glaub, er wird die Engel senden,
die Bösen werden furchtbar enden.
Ich glaub, es gibt ein Zähneklappen,
wenn Engel sich die Bösen schnappen.
Matt 8 (12)

„Das Himmelreich gleicht einem Netze,
worin die Fischer fangen Schätze.
Die guten sind für ihren Zweck,
die faulen Fische wirft man weg.

So wird´s den Bösen bald ergehen,
wenn Engel nach den Sündern sehen,
die Guten von den Bösen scheiden,
die dann im Ofen furchtbar leiden."
Matt 13 (47-50)

„Hungrig war ich, und ich ward nicht gespeist,
ohne Quartier bin ich weitergereist.
Ich war sehr durstig und außerdem krank,
ich war ganz nackt, ohne Kleid, ohne Trank.

Ilch war gefangen und ward nicht besucht,
weichet von mir, denn ihr seid nun verflucht.
Gehet von mir und erleidet die Pein,
ewig im Feuer sollt ihr alle sein."
Matt 25 (41-46)

Ich glaub, die heute hier noch lachen,
die wird Herr Jesus heulen machen.
Luk 6 (25b)

Ich glaub, wer Jesus Christ verkennt,
auf Erden noch im Feuer brennt.
Luk 12 (49)

„Schon hält er die Schaufel in der Hand; er wird
die Spreu vom Weizen trennen und den Weizen
in seine Scheune bringen; die Spreu aber wird er
in nie erlöschendem Feuer verbrennen."
Matt 3 (12)

„Ich aber sage euch: Jeder, der seinem Bruder
auch nur zürnt, soll dem Gericht verfallen sein;
und wer zu seinem Bruder sagt: Du Dummkopf!,
soll dem Spruch des Hohen Rates verfallen sein;
wer aber zu ihm sagt: Du (gottloser) Narr!, soll
dem Feuer der Hölle verfallen sein."
Matt 5 (22) (Bergpredigt)

„Denn es ist besser, dass eines deiner Glieder
verloren geht, als dass dein ganzer Leib in die
Hölle geworfen werde." Matt 5 (29) (Bergpredigt)

„Jeder Baum, der keine guten Früchte hervor-
bringt, wird umgehauen und ins Feuer gewor-
fen." Matt 7 (19) (Bergpredigt)

„Die aber, für die das Reich bestimmt war, wer-
den hinausgeworfen in die äußerste Finsternis;
dort werden sie heulen und mit den Zähnen knir-
schen." Matt 8 (12)

„Fürchtet euch nicht vor denen, die den Leib tö-
ten, die Seele aber nicht töten können, sondern
fürchtet euch vor dem, der Seele und Leib ins
Verderben der Hölle stürzen kann."
Matt 10 (28)

„Der Menschensohn wird seine Engel aussenden,
und sie werden aus seinem Reich alle zusam-
menholen, die andere verführt und Gottes Ge-
setz übertreten haben, und werden sie in den

Ofen werfen, in dem das Feuer brennt."
Matt 13 (41-42)

„Weg von mir, ihr Verfluchten, in das ewige Feuer, das für den Teufel und seine Engel bestimmt ist!" Matt 25 (41b)

„Und sie werden weggehen und die ewige Strafe erhalten, die Gerechten aber das ewige Leben."
Matt 25 (46)

*Die heilige römische Kirche, ...] „glaubt fest, bekennt und verkündet, dass niemand außerhalb der katholischen Kirche, weder Heide noch Jude noch Ungläubiger oder ein von der Einheit Getrennter - des ewigen Lebens teilhaftig wird, vielmehr dem ewigen Feuer verfällt, das dem Teufel und seinen Engeln bereitet ist, wenn er sich nicht vor dem Tod ihr (der Kirche) anschließt. ..."
Josef Neuner und Heinrich Roos:
Der Glaube der Kirche in den Urkunden der Lehrverkündigung. Regensburg 1992, Nr. 381*

*Ein Mensch, der diesen Weg nicht geht,
am Jüngsten Tag zugrunde geht.
Welch Pech für Hindus und Buddhisten:
Zum Vater kommen nur die Christen!*

*Ich glaube, dass die Hottentotten
'nen völlig falschen Gott vergotten.
Und auch die Gottheit dieser Sikhs
ist für uns Europäer nix.*

*Hölle sei nur Gottesferne,
sagen heute Pfaffen gerne.
Doch ich weiß als „Atheist",
dass das nicht die Wahrheit ist.*

*Eine Hölle nach Belieben
hat Matthäus nicht beschrieben.
Ewig in der Hölle brennt,
wer den Herrn nicht anerkennt.*

*Dabei ist besonders schändlich:
Höllenqualen sind unendlich.
Der, der dies ersonnen hat,
war ein übler Psychopath.*

*Der Heiland lehrt des Herrn Gebot
mit Peitsche und mit Zuckerbrot.
Wer Jesus glaubt, der wird belohnt,
wer ihm misstraut, wird nicht verschont
reimbibel.de/hoellenpredigten*

Ich referiere und kommentiere hier „Worte Jesu", die dieser angeblich gesagt haben soll. An den theologischen Fakultäten ist man sich aber seit langem weitgehend einig, dass die meisten dieser „Worte" der literarischen Figur Jesus nachträglich in den Mund gelegt wurden.

Der Papst
*Sehr reich ist auch der Vatikan
und stets dem Gelde zugetan.
Der Papst liebt Prunk, der Papst liebt Pracht,
vor allem aber seine Macht.*

*Gar mancher Mensch den Papst beneidet,
weil dieser sich so schön verkleidet.
Er ist im Vatikan der King,
man küsst ihm gern den Fischerring.
„Heil'ger Vater", „Exzellenz":
Eitelkeit in Hochpotenz!*

„Nur den nennt einen Heil'gen Vater,
der lenkt das ganze Welttheater."
Matt 23 (9)

*So manches, was der Heiland lehrt,
der Papst ins Gegenteil verkehrt.
Auch wenn sie sich sozial verpuppt:
die Kirche ist und bleibt korrupt.
Und für die Macht der Reichen
ging sie schon über Leichen.*

reimbibel.de/papst

Der Reiche in der Hölle
Lazarus lag voller Schwären
vor des Reichen Haus.
Konnte nicht den Hunden wehren,
bald war's mit ihm aus.

Engel trugen ihn nach oben
in des Abrams Schoß.
Kann nun dort den Herren loben,
litt auf Erden bloß.

Später starb dann auch der Reiche,
wurde schnell begraben.
Doch zur Hölle fuhr die Leiche,
wo sie Flammen haben.

Also müssen alle zahlen,
die nach Reichtum streben.
Ewig sind die Höllenqualen,
kurz nur ist das Leben.

Sah den Abraham von Ferne
mitsamt Lazarus:
„Etwas Wasser hätt ich gerne,
weil ich schmoren muss."

Abram sprach: „Gedenke, Sohn,
gut ist's dir ergangen.
Höllenpein ist nun dein Lohn,
Wasser dein Verlangen.

Zwischen uns ist eine Kluft,
niemand kann zu dir,
und von deiner heißen Gruft
führt kein Weg nach hier."

„Bitte sende Lazarus
in mein Vaterhaus,
weil er allen sagen muss,
hier hält man's nicht aus.

Soll sie warnend von mir grüßen,
dass sie später nicht so büßen."
Hat vergebens ihn gebeten:
„Es gibt schließlich ja Propheten!"

Doch der Reiche bat erneut:
„Dass die Sünden man bereut,
schicke einen Toten
aus von hier als Boten."
„Hör´n sie nicht, was Mose spricht,
werden diese Tauben
Toten auch nicht glauben."

*Also ging's dem Reichen schlecht,
der zu spät bereute.
Gottes Männer sind gerecht,
gestern und auch heute.*   Luk 16 (19-31)

Das Himmelreich
„Das Himmelreich ist nahe nun,
ihr müsst nun alle Buße tun."
Matt 4 (17)

„Das Himmelreich gleicht Sauerteig."
Wer das nicht glaubt, der besser schweig´.

*Gemeint ist mit dem Teigvergleich
das unsichtbare Gottesreich.
Verborgen noch ist dies Juwel
wie Sauerteig im Trog voll Mehl.*
Matt 13 (33) Luk 13 (20)

Es heißt, die Menschen hier auf Erden
soll'n wieder wie die Kinder werden.
Ich glaub, dass Jesus das so sah,
die Kinder sind dem Himmel nah.
Matt 18 (3) Luk 18 (15-17)

Auch der, der spät ehrt Gottes Sohn,
der soll erhalten vollen Lohn.
Matt 20 (1-16)

Ich glaub, dass der, der aufersteht,
im Himmel nicht zum Weibe geht.
*Er wird dann zwar im Himmel sein,
doch leben wie ein Engelein.*
Mark 12 (25) Matt 22 (30) Luk 20 (34-36)

„Lade nicht die Reichen ein,
arm soll´n deine Gäste sein.
Sollst nicht nach Vergeltung streben,
Lohn gibt es im neuen Leben.
Sollst den Lahmen dies gewähren,
Arme, Blinde, Krüppel nähren."
Luk 14 (12-14)

„Wenn ein Mann sein Schaf verliert,
sucht er dieses garantiert,
lässt die andern Schafe stehen,
um nach diesem Schaf zu sehen.

Freude wird im Himmel sein
über jedes Sünderlein,
das die Sünden noch bereut
und zu büßen sich nicht scheut."
Luk 15 (3-7)

*Ganz neu ist was hier Jesus spricht,
denn Gott versprach den Himmel nicht.
Zur Drohung mit der Höllennot
kommt nun des Himmels Zuckerbrot.*

„Lasst die Kinder nur zu mir,
hindert sie nicht dran."
*Das steht so im Buche hier,
dieses auch noch dann:*

„Das Gottesreich nur dann beginnt,
wenn ihr es annehmt wie ein Kind."
Mark 10 (13-16) Matt 19 (13-15) Luk 18 (17)

*Es glaubt ganz fest der fromme Christ,
dass diese Welt nicht alles ist.*

*Dass diese Welt schon alles ist,
das glaubt jedoch der „Atheist".
Doch Glauben ist hier nicht gleich Glauben,
möcht ich zu sagen mir erlauben.*

*Und um den Leser zu verwirren:
auch „Atheisten" können irren.
Da aber nichts für Geister spricht,
glaub ich an Geister lieber nicht.*

Gerichtspredigten
Ich glaub, er sprach zu allen:
„Der Tempel wird bald fallen."
Mark 13 (1-2) Matt 24 (1-2) Luk 21 (5-6)

„Heiden zertreten die heilige Stadt".
*Also sprach Jesus laut Lukas prophetisch.
Tatsächlich wurde die Stadt auch zerstört.
Jesus hat also den Fall prophezeit?*

*Oder log Lukas, der nach dem Fall schrieb?
Luk 21 (24)*

Die Römer haben den Tempel in Jerusalem im Jahr 70 zerstört. Dies war Matthäus und Lukas, eventuell auch Markus, bekannt. Jesu „Prophezeiung" könnte daher auch später in das Evangelium des Markus eingefügt worden sein. Viele Inhalte der Bibel dürften weniger den Tatsachen als religiösem Wunschdenken entsprechen.

*Das prophezeite Endgericht,
es kam bisher vom Himmel nicht.
Zerstörung kam durch Legionäre,
und nicht durch Jesu Himmelsheere.*

Ich glaube, Gottes Reich
sieht man, wenn´s kommt, sogleich.
Matt 24 (29-31)

Ich glaube, Gottes Reich
sieht man, wenn´s kommt, nicht gleich.
 Luk 17 (20-21)

Ich glaub, der Himmel wird vergehen,
doch Jesu Wort, das bleibt bestehen.
Mark 3 (31) Matt 24 (35) Luk 21 (33)

„Falsche Propheten werden kommen,
um zu verführen alle Frommen."
Matt 24 (23-24)

„Der böse Knecht im Herzen spricht: `
Mein Herr, der kommt noch lange nicht.`
Doch kommt der Herr zurück indessen
und sieht, sein Knecht genießt das Essen,
verpasst der Herr dem Knechte Beulen.
Der Knecht wird bei den Heuchlern heulen."
Matt 24 (48-51)

„Sitzen wird der Menschensohn
auf dem goldnen Himmelsthron.
Dort wird er die Völker richten,
einen Teil davon vernichten.

Denn er wird die Schafe scheiden
und nur die im Himmel weiden,
die den Armen Obdach gaben,
die bei Not geholfen haben.
Die die Nackten nicht bekleiden
werden in der Hölle leiden.

Die die Kranken nicht besuchen,
wird der Herr im Zorn verfluchen."
Matt 25 (31-46)

*Wer´s glaubt erwartet nach dem Tod
zunächst einmal das große Nichts,
dann Peitsche oder Zuckerbrot
am Tage des Gerichts.*

*Es fragt ganz frech der freche Frager:
Für Tote gibt´s ein Zwischenlager?*

„Wahrlich ist die Zeit nun rum,
glaubt ans Evangelium.
Gottes Reich ist nun gekommen,
Buße ziemt jetzt allen Frommen."
Mark 1 (16)

*Ich glaub, dass mit dem Jüngsten Tag
der Heiland nicht ganz richtig lag.
Ich glaub, dass Er sich zeitlich irrte
und viele dadurch sehr verwirrte.
Mark 13 (28-30) Matt 24 (32-34) Luk 21 (29-32)*

*Ich glaub, dass Jesus Herrscher hasst,
was nicht zu Papst und Bischof passt.
Matt 20 (25-28) 23 (1-39)*

Ich glaub, dass mein Erlöser lebt
und über mir im Himmel schwebt,
*wenn Er nicht g´rad zur Rechten sitzt
und aufmerksam die Ohren spitzt.*
Mark 16 (19) Römer 8 (34) Kolosser 3 (1)
Hebräer 1 (3)

*Der Heiland lebt, er ist real
und wohnt im Großhirn temporal.
Da wohnte früher mal der Thor,
am besten nimmt man´s mit Humor.*

„Ich werde kommen ohne Kunde,
und wer dann säuft zu jener Stunde,
den werde ich zerscheitern
und mit ihm alle Weitern."

*Ich glaub, er wollte Feuer bringen,
doch sollte es ihm nicht gelingen:
„Wie froh ich wär, es würd schon brennen!"
Das kann man auch Sadismus nennen.
Luk 12 (35-49)*

„Denn das sind der Rache Tage,
hört was ich euch dazu sage:
Lagert vor der Stadt ein Heer,
gibt es bald die Stadt nicht mehr.

Mütter, Schwang´re werden klagen,
Not wird sein in jenen Tagen.
Richten wird das scharfe Schwert,
niemand bleibt dann unversehrt.

Furcht wird sein im ganzen Volke,
und der Sohn kommt in der Wolke
voller Kraft und Herrlichkeit.
Seid zur Rettung dann bereit."
Luk 21 (20-28)

*Kommt der Menschheit letzte Stunde,
hält sich Gott im Hintergrunde.
Fest steht für die Religioten:
Christus richtet dann die Toten.*

*Man kann die Gesellschaft wandeln
durch durchdachtes eignes Handeln.
Drohen mit dem Weltgericht
hilft bei diesem Wandel nicht.*

*Paulus schrieb den Exegeten:
„Christus wird sich leicht verspäten."*

Das Passahmahl reimbibel.de/passahmahl
Jesus sprach: „Dies ist mein Leib."
Außerdem: „Dies ist mein Blut.
Dass ich im Gedächtnis bleib,
esst und trinkt." *So weit - so gut?*

Sünden wollte Gott vergeben,
Jesus gab dafür sein Leben.
„Trinken wir noch einmal Wein,
wird´s im Reich des Vaters sein."
Mark 14 (22-25) Matt 26 (26-29)
Luk 22 (14-20) 1. Korinther 11 (17-25)

*Es war der Jünger letztes Dinner,
das Passahmahl der Endzeitspinner.
Recht schnell zum Sakrament erhoben,
zu loben unsern Herrn dort oben.*

Des Heilands Blut ist rechter Trank,
wofür ich dem Erlöser dank.
Des Heilands Fleisch ist rechte Speise,
er bleibt in mir auf diese Weise.
Joh 6 (55-56)

*Heute ist der Saft der Trauben
wichtig für der Christen Glauben.
Brot und Wein sind ganz zentral,
feiert man das Abendmahl.*

*Was genau dabei geschieht,
kirchlich man verschieden sieht:*

*Reformierte rein symbolisch,
etwas anders, wer katholisch:*

*Ändern tut sich die Substanz,
Anlass für viel Süffisanz.
Ändern würde sich das Wesen,
kann man in den Schriften lesen.*

Nach lutherischer Auffassung ist Christus in Brot und Wein körperlich zugegen (Realpräsenz). Im Katechismus der Katholischen Kirche steht unter Nr. 1413: „Durch die Konsekration vollzieht sich die Wandlung [Transsubstantiation] von Brot und Wein in den Leib und das Blut Christi. Unter den konsekrierten Gestalten von Brot und Wein ist Christus selbst als Lebendiger und Verherrlichter wirklich tatsächlich und substantiell gegenwärtig mit seinem Leib seinem Blut seiner Seele und seiner göttlichen Natur."

Oblatenzauber
*Aus christlicher Sicht trifft dies kleine Gedicht,
das Wesen der Wandlung des Brotes wohl nicht:
Wie in einer Hexenküche
murmeln Priester Zaubersprüche.
Wein ist Blut und Brot ist Leib
beim ultrafrommen Zeitvertreib.*

*Alte, Junge, Mann und Weib
essen fromm des Herren Leib,
trinken froh des Herren Blut,
fühlen sich dann rein und gut.*

*In des Herren Kathedralen
werden sie zu Kannibalen.
Ob sie sich dabei wohl fragen:
wie geht's Jesus denn im Magen?*

*Ferner diese Glaubensnot:
wird der Herr im Darm zu Kot?
Christen, seht doch endlich ein:
Brot bleibt Brot, und Wein bleibt Wein!*
reimbibel.de/christlicher-kannibalismus

Die Zauberformel „Hokuspokus" geht wahrscheinlich auf die in lateinischer Sprache gehaltene Eucharistiefeier zurück, in der der Priester sagt: „Hoc est enim corpus meum."
(Dies ist nämlich mein Körper.)

*Schlimmer noch als Schweineschinken
war´s für Juden, Blut zu trinken.*
Levitikus 17 (10)

Bei Markus und Matthäus soll quasi Blut getrunken werden: „Das ist mein Blut, das Blut des

Bundes, das für viele vergossen wird zur Vergebung der Sünden."
Mark 13 (24), Matt 26 (28)

Jesus war Jude und kannte die Thora gut. Man kann ausschließen, dass er seine Jünger dazu aufgefordert hat, sein „Blut" zu trinken.

*Oblatenwandler, Weihrauchschwenker
sind kein Ersatz für kluge Denker!
Die Erde ist doch voller Wunder,
wozu dann dieser Kirchenplunder?*

Im Garten Gethsemane
Ich glaub, er sprach zu Petrus dies:
„Dass du jetzt pennst, find ich ganz fies.
Die Jünger liegen alle flach,
sie wachen nicht, ihr Fleisch ist schwach."

*Ich glaub, dass niemand Jesus hörte,
weil um ihn rum ja Alles schlief,
was aber nicht den „Markus" störte,
doch der liegt hier ein wenig schief.*
Mark 14 (32-42)

Ein Jünger zog das Schwert hervor,
des Priesters Knecht verlor ein Ohr.
Doch Jesus bat, ihn zu verschonen,
auch wollte er nicht zwölf Legionen

der himmlischen Kavallerie,
denn so erfüllt die Schrift sich nie.
„Mit Schwertern kommt ihr und mit Stangen,
im Tempel konntet ihr mich fangen.

Erfüllet werden so die Schriften."
Die Jünger gingen alle stiften.
Matt 26 (51-56)

Ich glaub, er wusste, was ihm blühte,
was Gott geplant in seiner Güte.
Mark 8 (31) 9 (31) 10 (33,34)
Luk 9 (22) (44) 17 (25) 18 (31-34)

Jesu Verurteilung und die Frage der Schuld
Der Hohepriester Jesus fragte:
„Bist du des wahren Gottes Sohn?"
Worauf der Heiland zu ihm sagte:
„Fürwahr, das stimmt, du sagst es schon."

Da sprachen sie: „Er lästert Gott!"
und schlugen ihn und trieben Spott.
Die Priester schleppten ihn herbei,
Pilatus ihn nur kurz befragte,
ob er der Juden König sei.

„Du sagst es" Jesus darauf sagte.
Matt 26 (62-68) 27 (2,11)

*Sitte war's beim Passahfest,
dass man Einen laufen lässt.
Dies ist freilich frei erfunden,
keiner wurde losgebunden.*

Der Pilatus deshalb fragte:
„Jesus oder Barabbas?
Sagt mir, wen ich laufen lass!"
„Barabbas!", das Volk laut sagte.

„Was soll ich mit Jesus tun"?
„Kreuzigt diesen Jesus nun!"
Darauf wusch er sich die Hände,
dass man an ihm Schuld nicht fände:

„Bin nicht schuld an seinem Blut,
eure Sache, was ihr tut.
Lasst den Barabbas nun frei."
Jesus jetzt zu martern sei.
Matt 27 (15-26)

Um 36 ließ Pilatus eine große Gruppe von Pilgern töten. Er wurde wohl auch deswegen seines Amtes enthoben. Es ist daher nicht anzunehmen, Pilatus habe Skrupel gehabt, Jesus töten zu lassen.

Knechte flochten ihm zum Hohne
schnell noch eine Dornenkrone,
gingen vor ihm auf die Knie,
mancher ihm ins Antlitz spie.
Schlugen ihn mit einem Rohr,
stellten ihn als König vor.
Mark 15 (16-20a) Matt 27 (29-30)

Der römerfreundliche Lukas hat nicht über diese Verspottung berichtet.

Ich glaub, es gab sehr viel Tumult,
an Jesu Tod war'n Juden schuld.
Sie fanden die Bestrafung gut:
„Es komme über uns sein Blut!"
Mark 15 (1-15) Luk 23 (1-25) Matt 27 (21-25)

In jüdischen und römischen Schriften fehlt jeder Hinweis auf eine Passahamnestie. Und warum hätte sich ein römischer Statthalter an einen jüdischen Brauch halten sollen? Es erschien vermutlich den Christen opportun, nicht den Römern, sondern den Juden die Kreuzigung Jesu anzulasten. Dass sich die Juden selbst gewünscht hätten, wegen der Kreuzigung Jesu bestraft zu werden, dürfte eine perfide Unterstellung sein.

Die Kreuzigung reimbibel.de/kreuzigung
„Das Kreuz Jesu tritt an die Stelle aller anderen Kult-Akte als die einzig wirkliche Verherrlichung Gottes, in der sich Gott selbst verherrlicht durch den, in dem er uns seine Liebe schenkt und so uns zu sich hinaufzieht."
Joseph Ratzinger: Jesus von Nazareth, Band 2, Freiburg 2011, S. 247

Was Christen heute noch beklagen:
Sie haben ihn ans Kreuz geschlagen.
Mark 15 (24) Matt 27 (35) Luk 23 (33)

Ich glaub, er rief den Vater an,
ob der ihm Leid ersparen kann.
*Ich glaub, dass Jesus sich entschloss,
ich diene trotzdem meinem Boss.*
Mark 14 (35-36) Luk 22 (42)

Ich glaub, ein Engel stärkte Christ,
dass er nicht ganz verzweifelt ist.

*Ich glaub, er litt nicht wirklich gern,
doch war's beschlossen so vom Herrn.*
Matt 27 (50) Luk 22 (43)

Ich glaub, mit der Dreieinigkeit
war es am Kreuze nicht sehr weit.
Ich glaube, jeder ist gestresst,
wenn ihn sein Vater martern lässt.

Ich glaub, er konnte es nicht fassen:
„Warum hast du mich denn verlassen?"
Mark 15 (34) Matt 27 (46) Psalm 22 (2)

*Es ist rein logisch nicht zu fassen:
Am Kreuz hat Gott sich selbst verlassen?*

*Doch lese ich an anderm Orte
ganz andre letzte Jesusworte:
Laut Lukas sagte er am Ende:
„Ich gebe mich in deine Hände."*
Psalm 22 (2) Luk 23 (46)

Johannes schrieb: „Es ist vollbracht."
Hat der sich das nur ausgedacht?
Psalm 31 (6) Joh 19 (30)

*Oft kognitive Dissonanz
entsteht, liest man die Bibel ganz.*

Am Kreuze sprach der Heiland dies:
„Wir seh'n uns heut' im Paradies."
Schon wieder so ein Widerspruch
in Gottes Offenbarungsbuch.

*Er stieg nicht ab ins Totenreich,
die Himmelfahrt begann sogleich?*
Luk 23 (39-43)

Ich glaub, die Erde hat gebebt,
und mancher Tote hat gelebt.
Die Toten liefen durch die Stadt,
was viele sehr gewundert hat. Matt 27 (52-56)

Das Erdbeben und die Auferstehung sind historisch nicht belegt.

Ich glaub als guter, frommer Christ,
dass Er für mich gestorben ist.
*Ich glaub, es war nicht nur geprahlt,
dass Er für meine Sünden zahlt.*

Weil ich vorm Herrn ein Sünder bin,
gab Er für mich sein Leben hin.
Er überwand die böse Welt
und zahlte für mich Lösegeld.
1 Kor 15 (3) Epheser 1 (7) 2 Kolosser 1 (14)
Tess 5 (10) Mark 10 (45) 14 (24) Matt 20 (28)

*Ich glaub, ich fress 'nen Hirtenstock:
des Herren Sohn als Sündenbock?
Warum so indirekt versöhnlich,
warum kam Gott nicht höchstpersönlich?*

*Auch bleibt zu fragen ganz konkret:
warum kam Jesus denn so spät?
Und tot war Christ nur kurze Zeit?
O Christenheit, o Christenheit!*

„Auch die selige Jungfrau ging den Pilgerweg des Glaubens. Ihre Vereinigung mit dem Sohn hielt sie in Treue bis zum Kreuz, wo sie nicht ohne die göttliche Absicht stand, heftig mit ihrem Eingeborenen litt und sich mit seinem Opfer in mütterlichem Geist verband, indem sie der Darbringung des Schlachtopfers, das sie geboren hatte, liebevoll zustimmte."
Katechismus der Katholischen Kirche, Nr. 964

*Das ist geistig liederlich,
einfach nur ganz widerlich!*

Als Jesus Christ am Kreuze litt,
litt kaum ein Jünger mit ihm mit.
*Die Meisten hatten sich verpieselt,
dabei hat es nicht mal genieselt.*

*Ich glaub, es ist schon ziemlich mutig
zu sagen: Jesu Tod war blutig.
Man hat sich doch schon früh geeinigt:
Er ward gekreuzigt, nicht gesteinigt.*

*Als man ihn mit der Lanze ritzte,
das Blut aus Jesu Seite spritzte?
Joh 19 (34)*

*Aus Wunden kommt nur dann noch Blut,
wenn´s Herz ein wenig schlagen tut.
War Jesus da schon wirklich tot?
O Glaubensnot, o Glaubensnot!*

*Das Instrument der Todesqual
war nicht ein Kreuz, es war ein Pfahl.*

In dem in griechischer Sprache verfassten Neuen Testament steht nichts von einem Kreuz. Die Rede ist von „stauros" (Pfahl) und „xylos" (Holz, Baum, Balken). Möglicherweise wurde Jesus getötet und erst danach an einem Pfahl zur Schau gestellt. Oder er wurde gepfählt.

*Ich glaub, Gott schickte seinen Sohn
von seinem allerhöchsten Thron.
Er wollte nicht schon wieder fluten,
denn so was trifft ja auch die Guten.*

*Was Eva tat, ward mir verziehn,
vom Himmel kam die Medizin.
Der Kreuztod wirklich nötig war?
Bis heute ist das nicht ganz klar.*

*Ich glaub, dass Gott mit Jesus litt,
vielleicht bereut er diesen Schritt.
Doch wäre das ja Selbstmitleid
von wegen der Dreifaltigkeit.
Ich glaub, der Herr hat's gut gemeint,
auch wenn es nichts zu nützen scheint.*

Der Betrug der Hohepriester

Wächter sagten vor dem Rat,
was am Grabe war geschehen,
was ein Engel dort dann tat,
was am Grabe sie gesehen.

Die Priester gaben ihnen Geld.
„Erzählt dafür der ganzen Welt:
Die Jünger sind bei Nacht gekommen
und haben Jesus mitgenommen."

Die Wächter danach taten,
worum die Priester baten.
Drum sagten Juden unverhohlen:
Die Leiche Jesu ward gestohlen.
Matt 28 (11-15), s. auch 27 (62-66)

Das leere Grab reimbibel.de/grab

Am Abend kam ein reicher Mann
und fragte bei Pilatus an,
ob er ihm Jesus geben könnte,
was der dem Manne dann vergönnte.

Pilatus hat nicht gleich geglaubt,
dass Jesus tot war überhaupt.
Er ließ deshalb den Hauptmann kommen,
doch der war einer von den Frommen.

Den Leichnam man dem Manne gab,
der bracht ihn in ein Felsengrab.
Er ließ den Toten dort allein
und wälzte vor das Grab ´nen Stein.

Am nächsten Tag erst gab es Wachen,
das ist sehr wichtig, nicht zum Lachen,
denn davor konnt man Jesus holen,
vielleicht hat man ihn nachts gestohlen.

*Wo Magdalena abends war,
wird in der Bibel nicht ganz klar.
Der Leichnam war wohl unbewacht,
die Frauen schliefen in der Nacht.
Mark 15 (42-47) 16 (1-3) Matt 27 (57-66)
Luk 23 (50-56)*

*Bisher sich noch kein Zeuge fand
dafür, dass Jesus auferstand.
Behauptet wird: das Grab war leer,
man wüsste gerne etwas mehr.*

Im Grabe saß ein junger Mann,
der hatte weiße Tücher an.
Die Frauen sollten wieder gehen
und Jesus später wiedersehen.
Der Jüngling wusste, wo der war,
und machte das den Frauen klar.
Mark 16 (1-8)

Ich glaub, die beiden Jesus-Frauen,
die wollten sich das Grab anschauen.
Erneut die Erde furchtbar bebte,
ein Engel Gottes niederschwebte.

Der Engel wälzte weg den Stein,
sein Kleid war weiß wie Schnee und rein.
Der Engel zu den Frauen spricht:
„Fürchtet euch, ihr Frauen, nicht!"

*Weiter sprach des Herrn Kurier:
„Jesus Christus ist nicht hier."
Matt 28 (1-6)*

Maria (die aus Magdala)
noch einmal in die Kammer sah,
doch Jesus war schon nicht mehr da.
Zwei Engel saßen dort in weiß.

Maria weinte Tränen heiß.
Luk 24 (1-4)

Petrus fand dort Leinenbinden,
Jesus konnte er nicht finden.
Luk 24 (12)

Wie kam Jesus aus den Binden?
Dazu kann man auch nichts finden.

Diese Bibelstellen passen nicht zu dem berühmten und hinsichtlich seines Alters umstrittenen Turiner Grabtuch, das 4.36 m lang und 1.10 m breit ist.

Spätestens seit Rudolf Bultmann halten die meisten NT-Forscher die „Leeres-Grab-Texte" für eine späte apologetische Legende, die Jesu Auferstehung nachträglich „beweisen" sollte. In den - wesentlich älteren - Briefen des Paulus fehlen solche Texte. Siehe G. Lüdemann: Die Auferweckung Jesu von den Toten. Ursprung und Geschichte einer Selbsttäuschung, 2002.

Die Auferstehung
Für den Vorgang der Auferstehung gibt es keine Zeugen.

Er war drei Tage tot gewesen,
doch ließ der Herr ihn dann genesen.
Römer 4 (25)

Jesus erscheint seinen Anhänger/inne/n
Ich glaube, es ist völlig klar,
dass er zuerst bei Kephas war.
1. Kor 15 (5)

Ich glaube, es ist völlig klar,
dass er zuerst bei Lena war:
Maria (die aus Magdala)
den auferstandnen Herren sah.
Mark 16 (9)

Die Frauen sahen Jesus wieder
und fielen ihm zu Füßen nieder.
„Ihr sollt nach Galiläa gehen,
die Brüder werden mich dort sehen."

Ich glaub, dass er zu Jüngern ging,
als er nicht mehr am Kreuze hing.
Die haben ihn nicht gleich erkannt,
als er direkt vor ihnen stand.

Ich glaube, es ist völlig klar,
dass er in Galiläa war.
Luk 24 (15-16) Matt 28 (7)

Der abgebliche Missionsbefehl
Die Jünger sahen Jesus wieder
und fielen alle vor ihm nieder.
„Gewalt hab ich nicht nur auf Erden.
Getauft soll'n alle Völker werden.

Nun gehet hin in alle Welt,
gerettet wird, *wer zu mir hält*.
Wer Gift trinkt wird am Leben bleiben,
Dämonen werden sie austreiben.

Die Kranken werden krank nicht bleiben,
die Schlangen werden sie vertreiben."
Mark 16 (15-18)

Doch auch dies von Jesus stammt:
„Wer nicht glaubt, der wird verdammt."
„Dies sagt der, der zu euch hält
bis an das Ende dieser Welt."
Mark 16 (16-18) Matt 28 (20)

Dieser an Markus und Matthäus angehängte und nur hier behauptete „Missionsbefehl" spiegelt eine Situation wider, in der man sich von der Hoffnung auf ein unmittelbares Hereinbrechen der „Gottesherrschaft" auf Erden schon verabschiedet hatte.

Er legte alle Schriften aus
und ging mit ihnen in das Haus.
Er brach das Brot und ward erkannt,
worauf er aus dem Haus verschwand.
Luk 24 (27-31)

Wenn Jesus auferstanden ist,
dann kann das auch ein toter Christ.
Auch Heiden werden auferstehen,
doch bald danach zugrunde gehen.
Sie kommen nämlich vors Gericht
und dürfen in den Himmel nicht.

Jesu Himmelfahrt   reimbibel.de/himmelfahrt
Ich glaub, es wurde offenbart
des Herren heil'ge Himmelfahrt.
Ich glaub, dass Jesus aufwärts fuhr
am Ende seiner Erdentour.
Mark 16 (19) Luk 24 (51)

Vielleicht ist es ja nur erdichtet,
was uns die Bibel hier berichtet.
Denn nach des Herren Kreuzestod
war'n seine Jünger sehr in Not.

Sie war'n alleine auf der Welt
und hatten weder Gut noch Geld.
Matt 10 (9-10) Luk 9 (3) 10 (4)

*Verdächtig: Jesu Himmelfahrt
ward nur den Jüngern offenbart.
Drum hat die Sache diesen Makel:
Vom Volk sah niemand das Spektakel.*

*Dem Volk hat Jesus viel gezeigt,
doch nicht, wie er zum Himmel steigt.
Vielleicht ist alles nur erlogen,
die Menschheit wurde oft betrogen.*

*Noch einmal auf den Punkt gebracht:
warum hat Er das nicht gemacht?*

Elia fuhr zu Gottes Thron
schon lange vor dem Gottessohn.
2 Könige 2 (11)

*Unklar bleibt das Heilsgeschehen,
niemand hat es selbst gesehen.
Nicht zu Lasten der Erzähler
gehen Übersetzungsfehler.*

*Die die Evangelien schrieben,
schrieben manchmal nach Belieben.
Groß war die Gerüchteküche,
falsch sind viele Jesussprüche.*
hpd.de/node/17337

*Dieses kann man so erklären:
Damals musste man sich wehren.
Anfangs war´s nur eine Sekte,
hinter welcher Paulus steckte.*

Heinz-Werner Kubitza nennt Jesus die am meisten überschätzte Figur der Weltgeschichte.

„Der Christus der Kirche ist ein Geschöpf dieser Kirche selbst, nicht er hat die Kirche begründet, sondern die Kirche hat Christus begründet."
(Heinz-Werner Kubitza: Der Jesuswahn. Wie die Christen sich ihren Gott erschufen. Die Entzauberung einer Weltreligion durch die wissenschaftliche Forschung. Tectum 2011, S. 233)

Jesus ohne Kitsch. Irrtümer und Widersprüche eines Gottessohns.
(Heinz-Werner Kubitza: Tectum 2019)

„Tatsächlich ist es so, dass Jakobus, der Bruder Jesu, und auch Johannes der Täufer beim jüdischen Geschichtsschreiber Flavius Josephus besser belegt sind als Jesus selbst."
(Heinz-Werner Kubitza im internen Forum der Giordano-Bruno-Stiftung, 2011)

Die Geschichtsschreiber Flavius Josephus und Tacitus wurden erst nach der angeblichen Kreuzigung Jesu geboren. Von Historikern, die zu Zeiten Jesu gelebt haben, sind keine Berichte über Jesus bekannt geworden. Der potentielle Zeitzeuge Philon von Alexandria (20-50) hat sich intensiv mit dem Alten Testament (Septuaginta) beschäftigt, erwähnt Jesus aber nicht.

„Bibelauslegung kann in der Tat zum Instrument des Antichrist werden. ... Aus scheinbaren Ergebnissen der wissenschaftlichen Exegese sind die schlimmsten Bücher der Zerstörung der Gestalt Jesu, der Demontage des Glaubens geflochten worden."
Joseph Ratzinger: Jesus von Nazareth, Band 1, Freiburg 2007, S. 64

Das Evangelium des Johannes

In der altkirchlichen Tradition wurde dieses etwa im Jahr 100 verfasste Evangelium Jesu „Lieblingsjünger" Johannes zugeschrieben, auf den ein Zusatz am Ende verweist (Joh 21,24). Die neutestamentliche Forschung schließt aber eine einzelne Person als Autor aus. Es wird eher von einer „Johanneischen Schule" ausgegangen, in deren Umkreis auch die Johannesbriefe und die Offenbarung entstanden sind. Das Johannes-Evangelium betont in penetranter Weise die Gottessohnschaft Jesu, der sich als Gesandter seines himmlischen Vaters immer wieder mit dessen Willen identifiziert.

Johannes der Täufer begegnet Jesus
Als Johannes Jesus sah,
sprach er: „Er war vor mir da.
Die Sünde nimmt hinweg der Mann,
denn er ist unsres Gottes Lamm."

*Als Christ ich ganz gehorsam glaube:
Zu Jesus kam der Geist als Taube.*
Joh 1 (29-32)

Die Wandlung von Wasser in Wein
Aus Wasser machte Jesus Wein,
sie schenkten allen davon ein.
Dies tat der Herr in Kanaan,
er hat ein Wunder dort getan.
Joh 2 (1-9)

„In Gottes Reich hat nichts verloren,
wer nicht aus Wasser neu geboren."
Joh 3 (3-5)

Der Gottessohn bringt das ewige Leben
Gott hat die Welt so sehr geliebt,
dass er den einz´gen Sohn uns gibt,
so dass wer fest im Glauben steht,
dann später nicht zugrunde geht.

Weil Gott den Sohn dahingegeben,
wir Menschen nunmehr ewig leben.
Er hat uns seinen Sohn gesandt.
Das halte ich für hirnverbrannt.

Wer an ihn glaubt wird nicht vernichtet,
wer das nicht tut ist schon gerichtet.
Wer Arges tut, der hasst das Licht,
er glaubt an Jesus Christus nicht.

Wer Dunkles liebt, der ist nicht gut,
denn gut ist, wer im Licht was tut.
Joh 3 (14-21)

Wer Jesus glaubt, der hat das Leben,
ansonsten wird es Ärger geben.
Joh 3 (36)

*Nie erfährt der fromme Christ,
dass sein Glaube irrig ist.
Nach dem Tod gibt´s kein Gericht,
doch der Christ merkt das dann nicht.*

„Atheisten" ärgert dies:
Himmelherrgott, ist das fies.
Würden gern die Christen fragen,
was sie zu dem Schwindel sagen.

*Wird der „Atheist" gefragt,
ist egal, was der dann sagt,
denn es ist des Herren Wille,
dass man ihn nun ewig grille.*

Jesus und die Frau am Brunnen
Jesus saß am Brunnenrand,
wo ihn dann die Sichar fand.
Jesus wollte gerne Wasser,
Sichar aber meinte, dass er

einer von den Juden sei,
darum stünde ihm nicht frei,
sie um Wasser hier zu bitten:
„Was sind das denn nur für Sitten?

Wasser muss ich dir verwehren,
weil mit euch wir nicht verkehren."
Frau war sie und aus Samarien,
hielt sich an die Regularien.

Jesus sprach von Wasser dann,
das viel mehr als Wasser kann:
„Wer von diesem Wasser trinkt,
weiter mit dem Durste ringt.

Doch kann ich ihm Wasser geben,
das ihn führt zum ew´gen Leben,
das ihm wird zur Sprudelquelle."
Sichar sagte auf die Schnelle:

„Dieses Wasser hätt ich gern,
komm zum Brunnen sonst von fern."
Jesus sprach: „Ruf deinen Mann!"
Sichar dies nicht machen kann.

Hatte früher mal fünf Männer.
Jesus zeigt sich nun als Kenner:
„Kein Problem", sprach Jesus leis´,
„weil ich von den Männern weiß."

„Herr, du bist wohl ein Prophet!"
*Dass er der Gesalbte ist,
wusste Sichar damals nicht,
doch es sprach nun Jesus Christ:*

„Der Messias mit dir spricht."
Worauf sie nach Hause geht.
Joh 4 (4-30)

*Jesus auch zu Frauen spricht,
Jahwe tat das meistens nicht.*

„Von den Juden kommt das Heil."
Johannes 8: das Gegenteil.
Joh 4 (22) 8 (42-45)

Jesus sprach auf seiner Reise:
„Essen muss ich meine Speise,
dass ich tu des Vaters Willen."
(Römer sollten Jesus killen.)
Joh 4 (31-34

„Ein Prophet wird nicht geehrt,
wenn er nur zuhaus verkehrt."
Joh 4 (44)

Der vom himmlischen Vater beauftragte Sohn
Der Sohn stets auf den Vater sieht,
er tut nur das, was dort geschieht.
Der Vater aber liebt den Sohn,
er zeigt ihm alles vorher schon.

Er hat schon Tote auferweckt,
die Macht auch in dem Sohne steckt.

Der Vater hat in sich das Leben,
dies hat er auch dem Sohn gegeben.

Den Vater habt ihr nie erblickt,
doch hat er mich zu euch geschickt.
Ihr lehnt den ab, der mich gesandt,
ihr liebt ihn nicht, hab ich erkannt.

Ich glaub, die Bösen wird er richten,
denn das gehört zu Jesu Pflichten.
Ich glaub, der Vater richtet nicht,
das Richten ist des Sohnes Pflicht.

Ich glaub, was Christus uns verspricht:
Wer glaubt, der kommt nicht ins Gericht.
Ich glaub, wer hört und glaubt sein Wort,
lebt ewig ohne Richter fort.

Ich glaub, es gibt ein Strafgericht,
doch straft er die ihm dienen nicht.
Die Guten werden auferstehen,
die Bösen zum Gerichte gehen.
Joh 5 (19-43)

Ich glaub, ans große Weltgericht
glaubt mancher Pfarrer selber nicht.
Den Juden gab der Herr bekannt:
„Vom Himmel wurde ich gesandt.
Das ew'ge Leben hat wer glaubt."
Doch lohnt sich dieses überhaupt?
Joh 6 (38-40)

Esther Vilar: Die Schrecken des Paradieses.
Wie lebenswert wäre das ewige Leben?
Aschaffenburg 2009.

„Esst ihr mein Fleisch, trinkt ihr mein Blut,
bin ich in euch *und das ist gut.*
Denn wer von diesem Brot isst,
der niemals ewig tot ist.

Mein Fleisch ist wirklich eine Speise,
ich bleib in euch auf diese Weise.
Dies Brot werd ich euch geben,
ihr werdet ewig leben."
Joh 6 (51-59)

Mit manchen hatte Er kein Glück,
manch Jünger zog sich nun zurück.
Joh 6 (66)

„Nur kurze Zeit bin ich noch hier,
vergeblich sucht ihr dann nach mir.
Denn wo ich bin, könnt ihr nicht sein."
Die Juden sahen das nicht ein.
Joh 7 (33-36)

Der werfe den ersten Stein
Sie hatten eine Frau geschnappt,
die man beim Ehebruch ertappt.
Sie brachten sie zu Jesus nun
und fragten: „Herr, was soll'n wir tun?"

Seit Mose war der Richterspruch
bei klarem Fall von Ehebruch,
bei sündiger Vereinigung:
„Straft diesen Mensch durch Steinigung!"

Sie hofften, Jesus würd was sagen,
was reichte, ihn dann zu verklagen.
Das Spiel war bös' und abgekartet,
doch Jesus sprach ganz unerwartet:

„Wer ganz von allen Sünden rein,
der werfe nun den ersten Stein."
Da gingen alle Männer fort,
und nur die Frau blieb noch am Ort.

Darauf der Herr die Worte spricht:
„Auch ich verdamme dich jetzt nicht.
Geh hin und sündige nicht mehr."
Selbst ich mag die Geschichte sehr.
Joh 8 (1-11)

Eigenartigerweise gibt es diese wunderbare Geschichte mit dem sprichwörtlich gewordenen Satz „Wer von euch ohne Sünde ist, werfe den ersten Stein" nur bei Johannes. Sie passt aber sprachlich eher zu den Synoptikern. und ist wohl erst im 4. Jahrhundert eingefügt worden.

Jesu Selbstzeugnis
Und Jesus sprach: „Ich bin das Licht.
Nur wer mir folgt, *der scheitert nicht."*
Die Pharisäer war'n empört,
doch Jesus sprach ganz ungestört:

„Im Gegensatz zu euch versteh
ich ganz genau, wohin ich geh."
Des weiteren gab er bekannt:
„Mein Vater hat mich hergesandt.

Allein sprech ich das Urteil nicht,
das Urteil auch mein Vater spricht."
„Dann sag uns, wer dein Vater ist!"
„Ihr kennt ihn nicht", sprach Jesus Christ.

Sie haben ihn nicht festgenommen,
die Stunde war noch nicht gekommen.
Joh 8 (12-20)

Johannes hebt auch hier Jesus in himmlische Sphären empor. Eine Vergottung Jesu gab es bei den Synoptikern noch nicht in diesem Ausmaß.

Und Jesus sprach: „Ihr wollt mich töten",
war bald darauf in großen Nöten.
„Ich war schon lang vor Abraham."
Weshalb es fast zum Steinwurf kam.
Joh 8 (37, 58-59)

Ich glaube, Jesus hat verkündigt:
„Mit Krankheit straft der Herr wer sündigt."
Doch lese ich an anderm Orte
ganz andre Jesus-Christus-Worte.

Denn Jesus heilte einen Blinden,
der gar nicht blind war von den Sünden.
Die Sünder seien die, die sehen,
was Pharisäer nicht verstehen.
Joh 9 (1-41)

Die wundersame Wiederbelebung des Lazarus
Im Grabe lag, *so sagt die Sage*,
der Lazarus schon tot vier Tage.
Er war der Bruder der Maria,
Maria wiederum war die ja,

die Jesus Christus stand sehr nah.
Als nun Maria Jesus sah,
da fiel sie ihm zu Füßen nieder.
Johannes gibt wie folgt das wieder:

„Oh Herr, wärst du doch hier gewesen,
dann wär mein Bruder schon genesen."
Als Jesus sah, wie sehr sie weinte,
in Tränen er sich gleich vereinte.

Und weiter ich gelesen hab:
Er ging zu ihres Bruders Grab.
Der Tote zwar schon ziemlich roch,
der Heiland heilte ihn jedoch,

sprach: „Lazarus komm nun heraus!"
Der kam und sah recht seltsam aus.
Denn bei Johannes kann man finden,
dass Jesus sprach: „Löst ihm die Binden."

Umwickelt waren Füße, Hände.
Die Sache nahm ein gutes Ende.
Joh 11 (17-44)

Sieht man die Wunder bei Johannes,
dann merkt man, Jesus Christus kann es
inzwischen wirklich richtig gut,
so dass er größ´re Wunder tut,

als anfangs Markus uns berichtet.
Ein Schelm, wer sagt, dies sei erdichtet.
Solch wundersame Wundermehrung
beförderte die Christverehrung.

Schon im Ersten Testament werden zwei tote Menschen wieder zum Leben erweckt. Der Prophet Elia ruft den Herrn an und streckt sich dreimal über einen toten Knaben hin, der daraufhin wieder lebendig wird. 1 Könige 17 (17-22)

Der Prophet Elisa wirft sich ebenfalls über einen toten Knaben: Mund auf Mund, Augen auf Augen und Hände auf Hände. „Da nieste es siebenmal und öffnete die Augen."
2 Könige 4 (32-35)

Die angeblichen Wundertaten Jesu scheinen sich aber nicht bis zu den Geschichtsschreibern seiner Zeit rumgesprochen zu haben.
Kaiphas wollte, dass er sterbe,
eh´ das ganze Volk verderbe.
Joh 11 (49-50)

Ich glaube, wer sein Leben hasst,
am besten in den Himmel passt.
Joh 12 (25)

„Werdet Söhne nun des Lichts,
denn im Finstern sieht man nichts."
Joh 12 (35-36)

Judas als Teufel und Dieb
Jesus hatte keine Zweifel:
„Einer von euch ist ein Teufel."
Jesus sprach von Judas Taten,
denn der sollte ihn verraten.
Joh 6 (70-71)

Und Maria nahm ein Pfund
echten Nardenöles und
rieb die Füße Jesu ein.
In dem Hause roch es fein.

Doch da sprach der Jünger Judas:
„Öl ist teuer, also tu das
Geld nicht einfach so verschwenden.
Kannst für Arme es verwenden."

Hatte Judas Arme lieb?
Nein, er war ein böser Dieb.
Untreu war der Kassenwart,
uns die Bibel offenbart.

Mit Johannes glaubt die Masse:
Judas klaute aus der Kasse.

Joh 12 (1-6) 13 (21-30)
Matt 10 (9) Luk 9 (3) 10 (4)

Angelehnt an Jesu Brust,
bat ein Jünger: „Herr, du musst
uns nun den Verräter nennen,
weil wir diesen doch nicht kennen."

Jesus nahm nun einen Bissen,
ließ die Jünger dieses wissen:
„Dieses Brot tauch ich nun ein,
wer es kriegt, der wird es sein."

Jesus tauchte ein das Brot,
gab es Judas, dem Zelot.
Satan in den Judas fuhr,
Jesus sagte: „Tu das nur.
Was du tun willst, tu nun bald!"
Oft sprach Er in Rätseln halt.
Joh 13 (21-28)

*Was Judas damals hat getan,
war's Teil von Gottes Gnadenplan?*

Johannes hat die Judas-Legenden der Synoptiker noch weiter gesponnen, indem er Jesus den Judas von vornherein einen Teufel nennen lässt und unterstellt, Judas habe Geld aus der Kasse genommen. Letztere Behauptung beförderte auch später den Neid-Antisemitismus gegenüber den von allen Zünften ferngehaltenen, aber oft geschäftlich erfolgreichen Juden.

Den sich von Markus über Matthäus und Lukas bis Johannes steigernden Antijudaismus kann man damit erklären, dass die Anhänger Jesu ab dem Jahr 70 aus der Synagoge ausgeschlossen, von Juden verfolgt und zum Teil gesteinigt worden waren.

*Obwohl Jesus laut Johannes nur zu einigen Juden sagte: „Ihr habt den Teufel zum Vater und wollt das tun, wonach es eurem Vater verlangt." (Joh 8,44), lässt sich dieses Verdikt nicht nur auf die direkt angesprochenen, sondern auf alle Juden anwenden, die Jesus nicht als den Sohn Gottes anerkennen. Diese Bibelstelle trug deshalb erheblich zur Entstehung des Antijudaismus bei, der die Juden pauschal diffamiert.
reimbibel.de/15.pdf*

„Auch darin begeht die Kirche kein Unrecht, dass sie, da die Juden Sklaven der Kirche sind, über deren Güter verfügen kann."
Thomas von Aquin (ital. Theologe, 1225-1274)

*Ich glaub, dass Luther Juden hasste
und Schriften gegen sie verfasste.
Ich traf schon viele Protestanten,
die Luthers Hetze gar nicht kannten:*

„Ein solch verzweifeltes, durchböstes, durchgiftetes, durchteufeltes Ding ist's um diese Juden, so diese 1400 Jahre unsere Plage, Pestilenz und alles Unglück gewesen sind und noch sind. Summa, wir haben rechte Teufel an ihnen. Wenn ich könnte, so würde ich ihn niederstecken und in meinem Zorn mit dem Schwert durchbohren. Erstlich, das man jre Synagoga oder Schule mit feur anstecke und, was nicht verbrennen will, mit erden überheufe und beschütte, das kein Mensch ein stein oder schlacke davon sehe ewiglich. Und solches sol man thun, unserm Herrn und der Christenheit zu ehren damit Gott sehe, das wir Christen seien."
Martin Luther: Von den Juden und ihren Lügen, Wittenberg 1543
Luthers Judenhetze wurde ausführlich im Kirchlichen Amtsblatt von Mecklenburg, Nr. 17 vom 24.11.1938 veröffentlicht.

„Man hat mich wegen der Behandlung der Judenfrage angegriffen. Die katholische Kirche hat fünfzehnhundert Jahre lang die Juden als Schädlinge angesehen, sie ins Getto gewiesen usw., da hat man erkannt, was die Juden sind. ...ich sehe die Schädlinge in den Vertretern dieser Rasse für Staat und Kirche, und vielleicht erweise ich dem Christentum den größten Dienst." Adolf Hitler, Politiker, 1889-1945, Konferenz mit Bischöfen, Berlin 1933

Jesu letzte Worte an seine Jünger
In der Bibel steht geschrieben:
„Ich befehl euch, euch zu lieben.
Jeder wird euch dann erkennen
und euch meine Jünger nennen."
Joh 13 (34-35) 15 (12,17)

Jesus sprach in aller Klarheit:
„Der Weg bin ich und auch die Wahrheit.
Der Weg, die Wahrheit: das bin ich,
zum Vater kommt man nur durch mich.

Ich lass euch nicht zurück als Waisen,
ich werde wieder zu euch reisen.
Zum Vater bald begeb ich mich,
der so viel größer ist als ich."

Ich bin der Weinstock, ihr seid die Reben,
ohne mich könnt ihr nichts tun und nicht leben.
Joh 14 (6,18,28) Joh 15 (5)

„Freunde seid ihr ohne Frage,
wenn ihr tut, was ich euch sage.
Weil ihr meine Freunde seid,
geb ich euch genau Bescheid,
was ich von dem Vater hörte."
Was die Jünger oft verstörte.
Joh 15 (10,14,15b)

Ich glaub, dass Jesus dafür wirbt,
dass man für seine Freunde stirbt.
„Ich hab das Heil verkündigt,
wer mir nicht glaubt, der sündigt."
Joh 15 (13, 22)

„Wer mich hasst, der hasst den Vater."
Menschen drohen? Ja, das tat er.
Joh 15 (23)

„Ich habe euch noch viel zu sagen,
doch könnt ihr es jetzt noch nicht tragen."
Joh 16 (12)

„Weinen werdet ihr und klagen,
aber lasst euch von mir sagen:
Wenn die Frau gebären soll,
hat sie Kummer, klar,
doch ist sie der Freude voll,
wenn sie´s Kind gebar."
Joh 16 (20-21)

Jesus sprach in diesen Stunden:
„Die Welt hab ich schon überwunden."
Joh 16 (32-33)

„Vater, die Welt hat dich nicht erkannt,
aber sie weiß nun, dass du mich gesandt."
Joh 17 (25)

Ich glaub, er hat sein Kreuz getragen,
doch manche dies von Simon sagen.
Joh 19 (17) Matt 27 (31-32)

Der ungläubige Thomas
Der Herr sich auch dem Thomas zeigte,
der nicht zu blindem Glauben neigte.
Als Thomas sah des Herren Hände,
erkannte er den Herrn am Ende.

Also ist es einst geschehen.
„Selig sind, die gar nicht sehen,
selig sind, die trotzdem glauben",
des Verstandes sich berauben.
Joh 20 (24-29)

*Unsympathisches von Jesus:
reimbibel.de/jesus*

Die Apostelgeschichte

Die Apostelgeschichte hat Lukas (Arzt, Reisebegleiter des Paulus und Verfasser des Lukas-Evangeliums) vermutlich zwischen 80 und 90 geschrieben.

Aus dem Vorwort
Was Jesus tat und Jesus lehrte,
bis er zurück zum Himmel kehrte,
im ersten Buch hab ich´s erzählt.
Apostel hat er auserwählt.
Nach seinem Tod ist er erschienen,
er sprach vom Gottesreich zu ihnen.
Apg 1 (1-3)

Von dem Lohn für seine Tat
kaufte Judas sich noch Land,
aber nach dem Hochverrat
er ein schnelles Ende fand. Apg 1 (18)

Die Ausgießung des Heiligen Geistes
Vom Himmel her kam ein Gebraus,
wie Sturm erfüllte es das Haus.
Wie auch in andern Schilderungen,
erschienen ihnen Feuerzungen.

Die kamen dann herab auf jeden,
in Zungen hörte man sie reden.
Erfüllt war´n sie vom Heil´gen Geist,
der kam am Pfingsttag, *wie es heißt.*

Als das Getöse man gehört,
kam man zusammen, war verstört.
Ob Parther, Römer oder Meder:
In seiner Sprache hörte jeder

von Gottes großen Taten.
Es herrschte Rätselraten.
Die Einen: „Was soll das nur sein?",
die Andern: „Es liegt wohl am Wein."
Apg 2 (1-13)   reimbibel.de/pfingsten

Die „Ausgießung des Heiligen Geistes" gilt als der Geburtstag der Kirche. Zur Zungenrede (Glossolalie) vgl. Apg 10 (44-46) u. 19 (6), 1. Kor 12 (10) u. 14 (1-5) sowie Mark 16 (17).

Und Petrus sprach: „Hört auf zu saufen,
und lasst auf Christus euch nun taufen."
Apg 2 (38) 4 (32-37)

Ich glaube, Petrus half den Heiden,
das Höllenfeuer zu vermeiden.
Die frühen Christen teilten immer,
denn oft ging´s einem Andern schlimmer.

Ihr Geld sie den Aposteln gaben,
die damit dann geholfen haben.
Sie hielten miteinander Mahl,
der Herr erhöhte ihre Zahl.
Apg 2 (41-47) 4 (32-37)

Petrus heilt einen Lahmen
Als beide nun zum Tempel kamen,
da trafen sie auf einen Lahmen.
Der wollte von den beiden Geld,
was er jedoch dann nicht erhält.

„Gold und Silber hab ich nicht",
Petrus zu dem Lahmen spricht.
„Im Namen Christi geh umher!"

In seine Beine kam nun Kraft,
durch Gott hat Petrus das geschafft.
Die Leute wunderten sich sehr.

Der Lahme sich ganz schnell erhob,
man hörte laut sein Gotteslob.
Und Petrus sprach noch publico
zum ganzen Volk: „Was staunt ihr so?
Die Heilung zählt zu Jesu Taten,
den ihr verleugnet und verraten."
Apg 3 (1-16)

Die „Unterschlagung" des Ananias
Zu Petrus kam mit Geld ein Bauer,
auf den war Petrus ziemlich sauer,
weil der vom Geld zurückbehielt,
laut Petrus damit Gott bestiehlt:

„Du hast nicht Menschen heut betrogen,
du hast den Heil'gen Geist belogen."
Der Bauer stand und staunte stumm,
gab auf den Geist und fiel tot um.

Genauso starb dann seine Frau.
Mit Geld nahm Petrus es genau.
Sie sollten alles Geld verschenken
und nicht mehr an sich selber denken.
Apg 5 (1-11)

Philippus heilte die indessen,
die noch vom bösen Geist besessen.
Die Geister machten groß' Geschrei,
man hatte sehr viel Freud' dabei.
Apg 8 (5-8)

Die Bekehrung des Saulus
Zum Hohepriester ging einst Saulus
(auf Griechisch hieß er später Paulus).
Er half sehr gern beim Christenmorden,
wollt' Christen fangen hoch im Norden.

Mit Briefen an die Synagogen
ist nach Damaskus er gezogen.
Doch während Saulus noch marschierte,
ganz Ungewöhnliches passierte.

Ich glaub, doch kann es nicht beschwören,
der Saulus konnte Jesus hören.
Dabei sah er ein helles Licht,
doch Jesus Christus sah er nicht.

Die Kraft aus seinen Beinen wich.
„O Saul, warum verfolgst du mich?"
„Wer bist du, Herr?", sprach Saulus da,
weil Jesus nicht zu sehen war.

„Ich bin der Herr. Geh in die Stadt,
wo man dir was zu sagen hat."
Als Saulus endlich wieder stand,
nahm führend man ihn an die Hand,

damit er nach Damaskus findet,
denn Saulus war vor Schreck erblindet.
Am Ziele schließlich angekommen,
traf Saulus einen von den Frommen.

Den hatte Jesus instruiert,
er sagte zu ihm dezidiert:
„Den Saulus schick ich zu den Heiden,
um meinetwillen soll er leiden."

„Der Herr hat mich zu dir gesandt."
Auf Saulus legte er die Hand:
„Du sollst jetzt wieder alles sehen."
Und also ist es dann geschehen.

Und in der Bibel steht präzis,
dass Saulus sich nun taufen ließ.
Die Schwäche war sehr bald verflogen,
er lehrte in den Synagogen,

dass Jesus der Messias ist,
denn Saulus war nun plötzlich Christ.
Die Juden waren sehr verwirrt,
als hätten sie sich sehr geirrt.
Apg 9 (1-22) 22 (6-21) 26 (9-18)

Ich glaube, Petrus heilte Gicht,
was indirekt für Jesus spricht.
Ich glaube, Petrus weckte Tote,
was ich mit Note „eins" benote.
Apg 9 (32-41)

Kornelius hatte ein Gesicht
und war erschreckt und ganz verstört.
Ein Engel Gottes zu ihm spricht:
„Der Herr hat dein Gebet gehört.

So höre nun, was ich begehr:
Der Simon hat ein Haus am Meer.
Nach Simon lass die Männer fragen,
der Simon wird dir alles sagen."
Apg 10 (1-6)

Ich glaub und kann es auch beeiden:
der Heil'ge Geist kam zu den Heiden.
Ich glaub, das überzeugt fast jeden:
der Geist ließ sie in Zungen reden.

Zu Petrus sind sie hingelaufen,
der ließ sie dann mit Wasser taufen.
Apg 10 (44-46)

Ich glaube, Petrus half den Heiden,
das Höllenfeuer zu vermeiden.
Apg 10 (47-48) 28 (28)

Als die Apostel aber hörten,
der Petrus würde Heiden lehren,
sich fromm zu Jesus zu bekehren,
die Brüder sich gar sehr empörten:
„Was sind denn das für neue Sitten?
Die Heiden sind doch unbeschnitten!"
Apg 11 (1-3)

Die Vision des Petrus
Vom Himmel kamen dreimal Tiere,
es hatten Füße manche viere.
Ne Stimme sprach: „Die sollst du schlachten
und nicht auf deren Reinheit achten."

„Oh nein, mein Herr, die sind gemein,
in meinen Mund kommt nur, was rein."
Apg 11 (4-8)

„Zu Juden brachten sie das Wort
und trugen es bis Zypern fort.
Die Griechen aber lehrten jene
aus Zypern und dem Ort Kyrene."
Apg 11 (19-21)

Der Geist kam über Agabus:
„Sehr teuer wird´s bei Klaudius."
Der Agabus, der wusste schon,
es gibt bald eine Inflation.
Apg 11 (28), Lutherbibel 1912

Die Christen waren sehr in Nöten,
Herodes ließ Jakobus töten.
Herodes plagte die Gemeinde,
und Petrus hatte viele Feinde.

Herodes sperrte Petrus ein,
doch diesem half ein Engelein.

Ich glaub und würde auch drauf wetten,
ein Engel brach des Petrus' Ketten.

Der Petrus dann zu Freunden ging,
wo man ihn beinah nicht empfing.
Sie waren alle sehr entsetzt,
denn Petrus war ja unverletzt.
Apg 12 (1-16)

Das Ende des Herodes
Herodes seinen Gott nicht ehrte,
da kam ein Engel mit dem Schwerte.
Der Engel schlug Herodes tot,
weil der nicht folgte dem Gebot.
Die Würmer fraßen den Herodes.
Wer Gott nicht ehrt, der ist des Todes.
Apg 12 (21-23)

Die 1. Missionsreise des Paulus
Auf Zypern gingen sie an Land,
vom Heil´gen Geiste ausgesandt.
In Paphos man Bar-Jesus fand,
der sich auf Zauberei verstand.

„Du Kind des Teufels voller List,
der Lehre sehr im Wege bist.
Der Herr macht dich jetzt erstmal blind."
Und so geschah dem Teufelskind.
Apg 13 (1-11)

Ich glaub, was Paulus uns erzählt:
Der Juden Volk ist auserwählt.
Apg 13 (17-23) 5. Mose (28)

Wird es deshalb so oft gequält?

Ich glaub, es ist ganz unbestritten,
zum Morden eignen sich auch Briten.
Ich glaub, es wären die Chinesen
ein prima Gottesvolk gewesen.

So frag ich mich erstaunt bis heute:
warum nur diese Mose-Leute?
War alles nur Gerüchteküche
zur Sicherung der Machtansprüche?

Denn Milliarden leben ohne
die Verheißung von dem Sohne
Gottes, der ein Opfer brachte,
dann sich aus dem Staube machte.

Ich glaub und habe es gelesen:
des Heilands Leib wird nicht verwesen.
Die Prophezeiung war korrekt:
der Heiland wurde auferweckt.
Apg 13 (30-32)

Und Paulus sprach *und ließ verkünden:*
„Der Heiland starb für eure Sünden."
Apg 13 (38)

Am Sabbat fast der ganzen Stadt
der Barnabas gepredigt hat.
Die Juden waren voller Neid
und stets zu Widerspruch bereit.
Sie hetzten auf den Magistrat,
der beide dann vertrieben hat.
Apg 13 (44-50)

Und weiter Paulus lehrt und waltet,
wobei er die Gemeinde spaltet.
Sie fingen an, zu droh´n und schmähen,
statt Steinigung war´s gut zu gehen.
Apg 14 (1-7)

Zu Lystra traf Paul einen Mann,
der seit Geburt nicht gehen kann.
Der war noch nie zu Fuß gewandelt,
doch Paulus hat durchs Wort behandelt.

Und alle Leute konnten sehen:
Der Mann stand auf und konnte gehen.
Das Volk sprach drauf auf lykaonisch:
„Die Götter kamen zu uns nieder."

Die Priester: „Lasst uns opfern wieder!"
Doch Paulus fand das gar nicht komisch:
„Was macht ihr da, seid ihr denn dumm?
Vernehmt das Evangelium!"

Doch bald hat man sich drauf geeinigt,
dass man den Paulus besser steinigt.
Sie schleiften ihn zur Stadt hinaus
und dachten, es wär´ mit ihm aus.

Doch Paulus alles überstand,
er predigte in Stadt und Land.
Apg 14 (8-28)

Das „Apostelkonzil" in Jerusalem
Und Petrus sprach: „Die lieben Heiden,
die brauchen sich nicht zu beschneiden.
Mit uns sind sie im Herrn vereinigt,
durch Glauben hat sie Gott gereinigt."
Apg 15 (1-9) Gal 5 (1-6)

*Paulus dachte, dass die Heiden
seine Christgemeinden meiden,
wenn zu Gottes Lob und Ehre
Gliedbeschneidung nötig wäre.*

Als Paulus im Gefängnis saß,
das Gotteslob er nicht vergaß.

Da nahm ein Beben seinen Lauf,
und alle Türen gingen auf.

Als dieses nun der Wärter sah,
da brachte er sich um beinah.
Doch Paulus rief: „Tu dir nichts an,
wir sind ja hier noch alle Mann."
Apg 16 (24-28)

Die 2. und 3. Missionsreise des Paulus
„Hört, ihr Männer von Athen:
Was ihr glaubt, ist schizophren.
Stoa und auch Epikur
sind für Götzendiener nur.

Hört und gebet alle acht:
Gott hat diese Welt gemacht.
Gott ist groß und Gott ist gut,
alle sind aus einem Blut.

Gott ist nicht von Menschenhänden,
Buße tut an allen Enden.
Der erweckt ward von den Toten
richtet uns nach den Geboten."

Viele, die die Worte hörten,
sich daran nicht wenig störten.
Für den Sohn vom Aufweckgott
hatten diese nichts als Spott.
Apg 17 (15-32)

Von Athen ging´s nach Korinth,
weil dort viele Juden sind,
die in dieser Gegend blieben,
weil vom Kaiser sie vertrieben.

Diese aber widerstrebten,
weiterhin nach Mose lebten.
Paulus dieses nicht erlaubt:
„Euer Blut auf euer Haupt!"

Dieses wisse nun ein jeder:
Paulus war ein Teppichweber.
Apg 18 (1-6)

Ich glaub, dass Gott auch Heiden mag,
doch sieht man das nicht jeden Tag.
Zu Ephesus der Heidenhaufen
ließ sich am Ende zweimal taufen.
Apg 19 (1-6)

Ich glaub, ich rede keinen Scheiß:
Es heilte einst des Paulus Schweiß.
Der Schweiß *vom großen Meister*
vertrieb die bösen Geister.
Apg 19 (8-12)

Es sprach aus ihm der böse Geist:
„Sagt erst mal, wie ihr alle heißt!"
Es konnte sie der Geist bezwingen,
sie mussten nackt von hinnen springen.
Apg 19 (13-16)

Nachdem sie Jesus Christus kannten,
sie Bücher brachten und verbrannten.
*So (m)ehrten sie das Wort des Herrn,
und sicher hat der Herr das gern.*
Apg 19 (17-20)

Ich glaub, der gute Eutychus,
hielt Paulus' Rede wohl für Stuss.
Er sank in einen tiefen Schlaf,
bevor er auf den Boden traf.

Er fiel herab vom dritten Stock,
doch Paulus heilte ihn ad hoc.
Lebendig wurde so zum Schluss
der kurz mal tote Eutychus.
Apg 20 (9-12)

„Es ist euch allen gut bekannt:
Der Geist gab euch das Bischofsamt.
So weidet denn des Herren Herde,
dass sie kein Raub der Wölfe werde.

Und denkt daran, es ist verkehrt,
wenn einer falsche Lehren lehrt.
Der Heiland sagte uns: 'Im Leben
ist nehmen nicht so gut wie geben.´

Die Schwachen ihr beschützen müsst."
Mit Tränen hat man ihn geküsst.
Betrübt sie dann zum Schiffe gehen,
es wartete kein Wiedersehen.
Apg 20 (28-38)

Der Agabus band sich die Hände und Füße,
er hatte vom Geiste die folgenden Grüße:
Den Paulus, den werden sie binden, die Heiden.
Die Jünger, die wollten das gerne vermeiden,

drum alle den Paulus mit Weinen beknieen:
„Wir lassen dich nicht nach Jerusalem ziehen."
Darauf sagte Paulus:
„Sollt nicht mich beweinen, ihr brecht mir das
Herz, will sterben für Jesus und dulden den
Schmerz." Apg 21 (10-13)

Paulus´ Verhaftung und Gefangenschaft
Der Hauptmann sprach: „Ihr sollt ihn schlagen
und nach dem Grund der Reise fragen."
Der Hauptmann neben Paulus stand,
als man ihn fest mit Riemen band.

Doch Paulus sprach: „Ich bin aus Rom."
und war gleich wieder autonom.
Der Hauptmann nahm die Fesseln ab,
den Paulus Priestern übergab.
Apg 22 (22-30)

*Die Apostelgeschichte sagt mehrfach, dass die
Römer sich Paulus gegenüber fair oder sogar
beschützend verhielten, Juden ihn aber töten
wollten. Auch hier wird Antijudaismus verbreitet.*

Man hörte ihn zum Priester sagen:
„Getünchte Wand, dich wird Gott schlagen!"
Der Priester war von hohem Range,
da wurde es dem Paulus bange:

„Der Hohepriester ist immun,
da gibt's seit Mose kein Vertun.
Als Pharisäer steh ich hier,
der Hoffnung wegen zürnt man mir.

Man glaubt an Auferstehung nicht,
deshalb steh ich hier vor Gericht."
Apg 23 (1-9) 2. Mose 22 (27)

*Schon zu des Paulus Zeit
gab's mit den Christen Streit.*

Und Gott sprach: „Habe Mut,
du machst die Sache gut."
Apg 23 (11)

**Paulus überlebt Schiffbruch
und Schlangenbiss**
Ihr Schiff am Strand vor Malta sank,
doch gab es Rettung, *gottseidank*.
Auf Malta war es ziemlich eisig,
und Paulus holte erst mal Reisig.

Die Leute machten Feuer an,
damit der Gast sich wärmen kann.
Laut dem Berichterstatter,
biss Paulus eine Natter.

Sie biss dem Paulus in die Hand,
doch der warf diese elegant
mit einem schnellen Schwung ins Feuer.
Den Leuten war´s nicht ganz geheuer:

„Er muss ein böser Mörder sein,
die Rachegöttin schickt ihm Pein.
Dem Meere ist er zwar entgangen,
die Rache wird ihn aber fangen."

Doch bald danach sah´n alle ein,
er müsse eine Gottheit sein,

weil er den Biss in seine Hand
ganz ohne Schaden überstand.
Apg 27 (41-44) 28 (1-6) Zürcher Bibel

Nattern sind nicht giftig. Laut Lutherbibel (1912) war es aber eine (giftige) Otter, laut Einheitsübersetzung eine (giftige) Viper.

Paulus in Rom
Paulus hatte die Juden gebeten,
alle zu ihm nach Hause zu kommen.
Dort zitierte er dann den Propheten,
sprach das folgende Wort zu den Frommen:

„Hören sollt ihr, doch ihr sollt nichts verstehen,
sollt nichts erkennen und doch dabei sehen.
Leider das Herz dieses Volkes ist hart,
hören nicht, was man dem Volk offenbart."

Emsig in Rom lehrte Paulus das Wort,
blieb dort zwei Jahre an selbigem Ort.
Apg 28 (23-31)

Pseudopaulinische und weitere Briefe

„Paulus" an die Epheser
Der Epheserbrief (verfasst etwa 60-62) unterscheidet sich in Sprache und Stil, Theologie und vorausgesetzter Gemeindestruktur ganz erheblich von den authentischen Paulusbriefen. Außerdem wird in 3,1ff die „Heidenmission" des Apostels Paulus bereits in die Heilsgeschichte eingeordnet.

„Aus Gnade seid ihr selig nun,
doch nicht aus Werken oder Tun.
Der Herr hat uns zum Werk geweiht,
damit der Leib des Herrn gedeiht.

Wir wollen Mann sein, nicht mehr Kind,
das leicht bewegt der Schalkheit Wind.
Ich mahne deshalb von euch jeden,
hinfort die Wahrheit nur zu reden.
Lasst Bitterkeit und Zorn und Grimm,
auch Bosheit, Lästern ist sehr schlimm."
Epheser 2 (8-9) 4 (11-14, 25-31)

Über den Umgang mit Frauen, Kindern und Sklaven
Mit „Paulus" man klar sagen kann:
„Als Mann liebe immer dein Weib,
bei Vater und Mutter nicht bleib,
das Weib aber fürchte den Mann."
Epheser 5 (2-8, 10-17, 29-33)

*„Paulus" war ein übler Schreiber,
dieses schrieb er über Weiber:*
„Wie erprobt schon bei den Ahnen,
seien Weiber Untertanen.
Sollen ihren Männern dienen,
untergeben sind sie ihnen."
Epheser 5 (22-24) Titus 2 (5)

„Kinder sollen Eltern ehren,
wie es die Gebote lehren.
Dann geht es den Kindern gut.
Väter, reizt sie nicht zur Wut,

zieht sie in der Zucht des Herrn.
Sklaven, dient mit Zittern gern,
nicht um Menschen zu gefallen,
dient damit dem Herrn vor allem."
Epheser 6 (1-8)

Weiter Meister Paulus spricht:
„Ihr Herren, droht den Sklaven nicht!
Ihr wisst ja schließlich alle schon:
Ganz gleich vor Gott ist die Person.
Der Glaube sei das Schild,
wenn es zu kämpfen gilt,

und Gottes Wort das Schwert,
wenn ihr dem Teufel wehrt.
Zieht nun die Rüstung Gottes an,
umgürtet seid mit Wahrheit dann.

Wir kämpfen nicht mit Fleisch und Blut,
der Helm des Heils beschützt uns gut.
Das Schwert des Geistes ist das Wort,
des Bösen Pfeile fegt es fort."
Epheser 6 (9-17)

Paulus schrieb an die Epheser:
„Jesus hatte keine Leser.
Jesus Christus ließ das Schreiben
leider Gottes lieber bleiben."

„Paulus" an die Kolosser
Die Differenz zwischen dem Stil des Kolosserbriefs (verfasst etwa 57-60) und dem der Paulusbriefe ist nach Einheitlichkeit, Art und Größe so gravierend, dass nach Auffassung der meisten NT-Exegeten eine Verfasserschaft des Paulus schon allein von daher ausgeschlossen werden muss.

„Der Vater führt uns hin zum Licht,
die Finsternis besiegt uns nicht.
Dem Herren dient und seinem Sohne,
er schuf die Fürsten, schuf die Throne.

Die Weisheit liegt in Gott verborgen,
macht euch um Riten keine Sorgen.
Beschnitten seid ihr ohne Hände,
des Leibes Sünde ging zuende."
Kolosser 1 (12.16) 2 (3)

„Philosophie und falsche Lehren,
welche die Welt, doch Gott nicht ehren:
lasst euch davon nicht leicht verführen."
Ehre und Ruhm dem Herrn gebühren.
Kolosser 2 (8)

Der neue Mensch
„Weil du nun auferstanden bist,
streb nicht nach dem, was irdisch ist.
Legt ab die Bosheit, Zorn und Grimm,
sonst straft euch Gott, und das wird schlimm.

Ein neuer Mensch sollt ihr jetzt sein,
dem Herrn zum Bilde, gut und rein.
Ob Grieche, Jude, Freier, Knecht:
Der neue Mensch ist nicht mehr schlecht.

Singt drum im Herzen fromme Lieder,
denn ihr seid jetzt in Gott nun wieder.
Zum neuen Leben seid bereit
mit Christus in der Herrlichkeit.

Seid freundlich, sanft und voll Geduld,
vergebt einander eure Schuld.
Ihr Sklaven dienet euerm Herrn,
das sieht der Herr im Himmel gern.

Gehorsam wird er reichlich lohnen,
die Übeltäter nicht verschonen."
Kolosser 3 (1-16, 22-25) Titus 2 (9)

Paulus schrieb an die Kolosser:
„Bratet mir zwei Quastenflosser."
(Quastenflosser schuf die Evolution
schon vor etwa 400 Millionen Jahren.)

„Paulus" an Timotheus (I und II)

Die Liebe ist wichtiger als Gesetze und Schriften
„Vergesst doch die Geschlechtsregister,
denn das ist nur was für Philister.
Das Gleiche gilt für die Geschichten,
von denen endlos sie berichten.

Sie schwätzen leer, sie reden dumm,
lehrt selbst das Evangelium.
Die Liebe sei das Hauptgesetz,
und nicht das dumme Schriftgeschwätz.

Gesetze sind für Ungerechte,
für Mörder, Hurer, andre Schlechte.
Es leben ohne reine Liebe
die Knabenschänder, Menschendiebe."
1. Timotheus 1 (3-11)

Strafe muss sein
„Dem Satan hab ich übergeben
zwei Männer, die im Irrtum leben,
Der Satan wird sie kräftig plagen,
damit sie Übles nicht mehr sagen."
1. Timotheus 1 (19-20)

Der Christ sei Untertan der Obrigkeit
„Lasst niemals uns im Glauben wanken,
der Obrigkeit woll'n wir stets danken.
Es bete alle Christenheit
fürn König und die Obrigkeit,
auf dass wir leben fromm und still,
weil dies der Heiland von uns will."
1. Timotheus 2 (1-3)

„Apostel bin ich, lüge nicht,
ein Prediger, der Wahrheit spricht."
1. Timotheus 2 (7)

Was sich für Frauen geziemt
„Weiber dienen ihren Kerlen,
brauchen dazu keine Perlen.
Weiber sind dem Manne hold,
ohne Luxus, ohne Gold.

Weiber lernen in der Stille,
denn dies ist des Herren Wille.
Weiber sollen Männer ehren,
niemals in der Kirche lehren.

Eva wurde einst verführt,
woher nun die Sünde rührt.
Adam konnte nichts dazu:
Eva ließ ihn nicht in Ruh."
1. Timotheus 2 (8-15)

Ob jung, ob alt, ob reich, ob Knecht:
vor Gott sind alle Menschen schlecht.

Bischöfe sollen heiraten und Kinder zeugen
„Ein Bischof soll gesittet sein,
nicht raufen und nicht saufen Wein,
nicht zanken, geizen und betrügen
und sich mit einem Weib begnügen.

Ein Vater, ein gestand'ner Mann,
kein Neuling, den man mobben kann.

Die Diener soll man vorher testen,
man nehme die im Glauben festen."
1. Timotheus 3 (1-10) Titus 1 (5-11)

Entgegen diesem Rat
herrscht heut' der Zölibat.
Darauf in frommem Wahn
besteht der Vatikan.

Anweisungen für Timotheus
„Lasst euch die Ehe nicht verbieten
von Gleisnern, Lügnern und Banditen.
Der Herr beschenkt auf seine Weise,
drum nehmt und dankt ihm für die Speise.

Ein Vorbild sei im Wort, im Wandel,
im Geist des Glaubens immer handel.
So lese, mahne und sei fromm
und lehr die Leute, bis ich komm."
1. Timotheus 4 (1-5, 12-13)

Böse Priester
Ach, was muss man oft von bösen
Priestern hören oder lesen,
die, statt sexuell zu reifen,
sich an Kindern dreist vergreifen.

Und von Päpsten, Kardinälen,
die dazu viel Stuss erzählen,
die als Vorgesetzte pfuschen
und so manchen Fall vertuschen.

Ja, zur Übeltätigkeit
war in Rom man oft bereit.
Höret nun von diesen Dreien.
Soll man denen das verzeihen?

Denn Johannes, Joseph, Franz
tanzten den Vertuschungstanz.
Am Klavier saß ohne Zweifel
seine Majestät der Teufel.
reimbibel.de/boese-priester /tilly3

Was sich für Witwen geziemt
„Die rechten Witwen sollst du ehren
und sie in Christo dieses lehren:
Soll'n einsam sein und beten, flehen
und nicht mehr nach den Männern sehen.

Die jungen Witwen sollen freien,
auf dass sie wieder schwanger seien.
Sonst sind sie töricht, faul und dumm
und schwatzen in den Häusern rum.
Sollst stets nach diesen Weibern sehen,
damit sie nicht zum Teufel gehen."
1. Timotheus 5 (3-16)

Weitere Anweisungen
„Timotheus, ich bitte dich:
die Sünder strafe öffentlich.
Ich kann das gut begründen:
Die Furcht bewahrt vor Sünden.

Du selber sollst stets sauber bleiben,
es nicht mit Andern übel treiben.
Statt Wasser trinke lieber Wein,
dem Magen wird es dienlich sein."
1. Timotheus 5 (20-23)

„Ein Knecht soll seine Herren ehren,
dass er nicht lästert Gottes Lehren.
Wer anders lehrt, ist aufgeblasen,
voll Hader, Neid und leeren Phrasen.

Er hat die Seuche frecher Fragen
und kann nicht mehr die Wahrheit sagen.
Der Wahrheit ist total beraubt,
wer nicht ans Wort des Herren glaubt.

Die töricht nur nach Reichtum streben,
die machen sich viel Schmerz im Leben.
Vom Schulgezänke halt dich fern,
den Kampf des Glaubens kämpfe gern.

Gottseligkeit ist kein Gewerbe,
das ew'ge Leben aber erbe.
Vermeidet die, die lose schwätzen
und strebt nur nach des Himmels Schätzen."
1. Timotheus 6 (1-12, 18-21)

„Der Herr hat uns das Licht gebracht,
er nahm damit dem Tod die Macht.
Wenn wir mit Jesus Christus sterben,
dann werden wir das Leben erben."
2. Timotheus 1 (10b, 11b)

„Vermeide streng der Jugend Triebe
und strebe stets nach Glauben, Liebe."
2. Timotheus 2 (22)

Paulus schrieb an Epikur:
„Lust ist was für Sünder nur."

Der Brief des „Petrus" (I)
Wichtigste Indizien für die Unechtheit des zwischen 80 und 120 verfassten ersten Petrusbriefs ist die Situation und Ausbreitung des Christentums in Kleinasien, die im 1. Petrusbrief vorausgesetzt werden, aber für die Zeit vor dem Tod des Petrus (etwa 64) nicht belegbar sind.

So höret denn, was ich verkünde:
Bevor der Herr die Welt erbaute,

da plante er des Menschen Sünde,
das heißt, dass er den Mensch versaute.

Erst später schuf er dann die Welt,
erst später schickte er den Sohn,
den er zum Opferlamm bestellt.
Geplant hat er das ewig schon.

Was mancher Christ ganz dumpf nur ahnt,
der Sündenfall, des Herren Wut
war'n lang voraus von ihm geplant
samt neuem Bund durch Jesu Blut.

Moralisch ist das abgrundtief,
den ganzen Masomist
zeigt dieser erste Petrusbrief,
doch den liest kaum ein Christ:

„Ihr wisst, dass ihr aus eurer sinnlosen, von den Vätern ererbten Lebensweise nicht um einen vergänglichen Preis losgekauft wurdet, nicht um Silber oder Gold, sondern mit dem kostbaren Blut Christi, des Lammes ohne Fehl und Makel. Er war schon vor der Erschaffung der Welt dazu ausersehen und euretwegen ist er am Ende der Zeiten erschienen." 1. Petrus 1 (18-20)

Ich glaube nicht, dass Jesus Christ
für mich am Kreuz gestorben ist.
Ich glaube was der Weise spricht:
Wer Jesus liebt ist nicht ganz dicht.

„Des Menschen Fleisch wie Gras verdorrt,
doch ewig bleibt des Herren Wort.
Dies Wort ward unter euch verkündigt,
damit ihr keusch seid, nicht mehr sündigt."
1. Petrus 1 (22-25)

Leute, liebt euch hier auf Erden,
denn im Himmel wird's nichts werden.
Denn dort gibt es keine Leiber,
keine Männer, keine Weiber.

Alle Christen seien Untertanen der Mächtigen

„Ihr seid vom Herren auserwählt,
der euch berief zu seinem Licht.
Weil ihr zu Gottes Volk nun zählt,
folgt eures Fleisches Lüsten nicht.

Seid untertan der Macht der Welt
und ehret euern König,
weil dies dem Herren so gefällt.
Dies rat ich euch persönlich.

Der Hauptmann ist von Gott gesandt,
zur Rache soll er kommen,
dass er den Bösen übermannt
zum Lobe auch der Frommen.

Ihr Sklaven sollt den Herren dienen,
und dienen sollt ihr dann auch ihnen,
wenn diese spotten eurer Bitten:
Auch Jesus Christus hat gelitten.

Den Herren seid ihr untergeben,
nach Gottes Gnade sollt ihr streben.
Drum duldet tapfer jede Strafe
und seid des Hirten fromme Schafe."
1. Petrus 2 (9-25)

Der Christ glaubt, dass er etwas weiß,
doch geht er auf sehr dünnem Eis.
Von Pfaffen früh aufs Kreuz gelegt,
der Christ sich nur im Kreis bewegt.

Die Wissenschaft sich ständig irrt
(das klingt zunächst schon fast verwirrt),
doch wenn den Irrtum sie erkennt,
man dieses einen Fortschritt nennt.

So kommt die Wissenschaft voran,
sie bleibt nicht steh'n in Kanaan.
Der Christ bewegt sich nur im Kreis,
für „Gott" fehlt jeglicher Beweis.

Ein schönes Beispiel für naturwissenschaftliches Vorgehen lieferte Johann Kepler (1571-1630), der durch (die Auswertung von) Messungen das heliozentrische Weltbild des Kopernikus bestätigte und herausfand, dass sich der Mars und die Erde mit wechselnder Geschwindigkeit auf elliptischen Bahnen um die Sonne bewegen.

Über Jesus, die Frauen und das nahende Ende

„Wer schalt, den hat er nicht gescholten,
dem Droher hat er nicht vergolten,
die Sünden hat er selbst getragen,
auf dass der Sünde wir entsagen.

Das Weib sei untertan dem Mann,
auf dass man die gewinnen kann,
die Keusches seh'n an diesem Orte
und gläubig werden ohne Worte.

Die Weiber sollen sich nicht schmücken,
den Mann durch sanften Geist beglücken."
1. Petrus 3 (1-6)

Das Ende ist nun nicht mehr weit,
fürs Endgericht ist es nun Zeit.

Die Herde Christi sollt ihr weiden,
Gewinnsucht, Hoffahrt sollt ihr meiden.
Der Teufel möchte euch verschlingen,
drum seid ganz fest in Glaubensdingen."
1. Petrus 4 (7,17) 5 (8-9)

Der Brief des „Petrus" (II)
Die Sprache des 2. Petrusbriefs (verfasst im 2. Jahrhundert) belegt, dass sein Verfasser ein hellenistisch gebildeter Judenchrist war.

Ermahnung zu tugendhaftem Verhalten
„Jesus schenkte uns göttliche Kraft,
die uns Tugend und Mäßigkeit schafft.
Meidet nun die vergängliche Lust,
seid der großen Verheißung bewusst.

Wer zu dieser Erkenntnis nicht fand,
der ist blind, und er tappt mit der Hand.
Er vergisst so die Reinigung seiner
Sünden; doch von euch strauchele keiner.

Seine Herrlichkeit hab ich gesehen,
Gottes Stimme ist ihm so geschehen:
´Wohlgefallen hab ich an dem Sohn!´
Dieses Licht scheint im Dunkeln nun schon."
2. Petrus 1 (3-19)

Eine frühchristliche Hasspredigt
"Die Engel, die gesündigt hatten,
stieß Gott hinab ins Reich der Schatten.
Dort warten sie auf ihr Gericht,
der Herr verschont auch Engel nicht.

Die alte Welt war auch nicht gut,
nur acht entgingen Gottes Flut.
Zu Asche machte er zwei Städte,
dort hurten Hurer um die Wette.

Der Herr bewahrte nur den Lot
(er war gerecht) vor diesem Tod.
Wer wandelt in des Fleisches Lust
und solches Beispiel hat gewusst,

wer sich davon nicht reuig reinigt,
der wird vom Herren bald gepeinigt.
Wie Tiere, die wir fangen, schlachten,
woll'n wir die Frevler stets verachten.

Sie sind zu stolzem Wort bereit
und lästern frech die Obrigkeit.

Wie Tiere sind die geilen Ketzer,
bestimmt zur Schlachtung durch den Metzger.

Sie locken an die armen Seelen,
die dann den Weg zum Herrn verfehlen.
Gar mancher Christ wird ihre Beute,
verflucht sind alle diese Leute.

Den Hunden gleichen sie und Schweinen,
doch wir dagegen sind die Reinen.
Sie achten nicht des Herrn Gebot
und wälzen sich in ihrem Kot.

Die Spötter spotten des Gerichts,
sie sagen: ´Bisher sieht man nichts.´
Doch zähl'n bei Gott nicht Tag und Jahr,
denn Gott der Herr ist immerdar.

Den Herren trifft hier keine Schuld,
voll Langmut ist er, voll Geduld,
dass niemand geht dem Herrn verloren,
der ward in Jesu neu geboren.

Sie werden nicht mehr lange lachen,
der Himmel stürzt dann ein mit Krachen.
Ein Feuer wird zur Erd´ sich wälzen,
und alle Erde wird zerschmelzen."
2. Petrus 2 (4-22)

Ermahnung angesichts des kommenden Gerichts
„Enthaltet euch der Schlechtigkeit,
es kommt des Herrn Gerechtigkeit.
Der Herr wird kommen wie ein Dieb
und weh´, ihr wart nicht alle lieb.

Dies alles findet sehr bald statt,
wie Paulus euch geschrieben hat.
Ganz leicht ist er nicht zu verstehen,
so dass sie frech sein Wort verdrehen.

Schließt zu des Glaubens feste Türen,
lasst euch von Gaunern nicht verführen.
Tut Fleiß und nutzet eure Frist,
es segne euch Herr Jesus Christ."
2. Petrus 3 (3-18)

Aus dem Brief des „Johannes" (II)
Der sprachliche Stil des 2. und 3. Johannesbriefs (verfasst zwischen 90 und 130) spricht für einen aus Palästina stammenden jüdischen Verfasser, der in gutem Griechisch schreibt.

Bestätigung im Glauben und Warnung vor Irrlehrern

„Auf dich und deine Kinder schau
ich voller Freude, fromme Frau,
weil ihr nach den Geboten handelt
und in der Wahrheit Gottes wandelt.

Wer zeugt, dass Jesus Gottes Sohn,
empfängt von Gott den vollen Lohn.
Doch wer nicht diese Wahrheit spricht,
den lasst nicht ein, den grüßet nicht.

Denn wer lässt ein, der dient dem Bösen,
und Jesus wird ihn nicht erlösen.
Die sich zu Christus nicht bekennen,
die muss man Antichristen nennen."
2. Johannes (1-11)

*Hält man das Christentum für Mist,
ist man für Christen Antichrist.*

Aus dem Brief des „Johannes" (III)

Lob für Gajus, Tadel für Diotrephes
„Dem lieben Gajus tu ich kund:
Ich hoffe, du bist ganz gesund.
Ich weiß, dass du in Wahrheit wandelst
und stets im Geist des Herren handelst.

Diotrephes verzapft nur Mist,
und leugnet einfach Jesus Christ.
Mit dem muss ich noch einmal reden,
denn er verstößt und lästert jeden."
3. Johannes (1-10)

An die Hebräer
Der Verfasser war ein sprachlich und theologisch geschulter Mann. Er hatte eine umfassende Kenntnis der urchristlichen Bekenntnistraditionen und des Alten Testaments. Weite Passagen sind Schriftauslegung. In der Argumentation bedient sich der Verfasser der gängigen jüdisch-hellenistischen Auslegungsmethoden seiner Zeit. Der Brief entstand etwa 85-95.

Der Gottessohn
„Er sprach zu unsern Vätern schon,
nun spricht er durch den eignen Sohn.
Der ist mit Gott im Geist vereinigt,
auf dass er unsre Sünden reinigt.

Der Herr legt Heiden ihm zu Füßen,
dass sie für ihre Frevel büßen.

Gott salbte Gott mit Öl der Freuden,
dass wir das Leben nicht vergeuden.

Die solche Seligkeit nicht achten,
die werden in der Hölle schmachten.
Gekrönt mit Preis, mit Ehr' bedeckt,
hat Er für uns den Tod geschmeckt.

Der Herr hat alles wohl bedacht,
dem Tode nahm er seine Macht.
Erniedrigt ward er, hat gelitten,
kann helfen denen, die ihn bitten.

Des Herren Wort ist scharf und kräftig,
es scheidet Geist und Seelen.
Kein eisern' Schwert ist derart mächtig,
dem Herrn wir uns empfehlen.

Er ist ein Richter, stark und groß,
vor ihm sind wir nur nackt und bloß.
Der uns von oben überwacht
sieht alles selbst in finstrer Nacht."
frei nach Hebräer 1 (1-13) 2 (1-3,9,14,18) 4 (12f)

„Auf Jesus ist der Vater stolz,
Gehorsam lernte der am Holz.
Der Sohn ward uns zur Seligkeit,
weil Er zum Leiden war bereit.

Davon möcht ich noch vieles sagen,
doch muss ich mich bei euch beklagen:
Ihr solltet längst schon Meister sein,
doch seid ihr wie die Kinderlein.

Ihr knabbert noch am ABC,
das tut mir in der Seele weh.
Vergebung geht nicht ohne Blut,
das wussten schon die Väter gut.

Die Väter gaben Böcke, Kälber,
doch Jesus Christus gab sich selber.
*Denn Tierblut auf des Herrn Altare
ist auf die Dauer nicht das Wahre.*

*Es wird unmöglich alles gut
durch Rinder- oder Ziegenblut.
Viel edler ist das Blut vom Sohn
und einmal opfern reicht dann schon.*

Denn Jesus gab das eigne Leben,
um unsre Sünden aufzuheben.
Des Herren Eid und Jesu Tod
hilft uns aus unsrer Sünden Not.

Drum woll'n wir Gott den Herren loben,
die Sünde hat er aufgehoben."
Hebräer 5 (8,12) 6 (17-20) 9 (11-28) 10 (4,8)

Der Herr braucht ständig Lob und Preis?
Ihr Christen: was soll dieser Scheiß?
Der Herr im Himmel ist vollkommen,
er braucht euch nicht, ihr eitlen Frommen!

Der Priester Melchisidek: nie geboren und nie gestorben
„Vom Allerhöchsten auserkoren,
ein Priester fast wie Christ,
war Melchisidek nie geboren,
was ungewöhnlich ist.

Schon Abraham und dessen Leute
spendierten Melchi fette Beute.
Und ohne langes Überlegen
gab Melchi Abraham den Segen."
Hebräer 7 (1-4)

Seit Melchis erster Kirchensteuer
kommt Glauben manchmal richtig teuer.
Doch spendet man ja für den Herrn,
und welcher Christ tut das nicht gern.

Das Meiste geht ans Personal,
dies sorgt für Stimmung und Moral.
Des Herren Wort ist oft nicht klar,
der Pfarrer weiß, was gut und wahr.

Die beiden großen Kirchen erhalten zusammen jährlich ca. 12 Milliarden € an Kirchensteuern. Da diese von der Einkommenssteuer absetzbar sind, unterstützt der Staat die Kirchen allein schon dadurch jährlich mit drei Milliarden Euro. reimbibel.de/20-3

Die Rache Gottes
„Wer das Gesetz des Mose bricht,
muss sterben oder etwa nicht?
Doch wer die Wahrheit hat empfangen
und dann an Jesus sich vergangen,

wer so den Geist der Gnade schmäht,
auf ewig in die Flammen geht.
Er wird in Gottes Hände fallen,
drum sage ich ganz klar euch allen:

Gott wird sich rächen, furchtbar rächen,
das kann ich euch bei Gott versprechen.
Doch Seelen, die vom Weg nicht weichen,
soll'n auferstehen von den Leichen."
Hebräer 10 (26-31) (39)

Zeugen des Glaubens
„Der Glaube gibt uns Zuversicht,
man glaubt und hofft und zweifelt nicht.
Weil man als Christ ganz deutlich sieht,
dass alles durch den Herrn geschieht.

Wer glaubt, der hält am Glauben fest,
auch wenn sich Gott nicht sehen lässt.
Denn selig sind, die gar nichts sehen
und doch den Weg des Glaubens gehen.

Dem Mose half der Glaube sehr,
er half ihm durch das tiefe Meer.
Doch ohne Glauben, ohne Hoffen
sind seine Feinde drin ersoffen.

Auch Sara gab der Glauben Kraft
und eine späte Schwangerschaft.
Ein Engel sprach mit ihrem Mann,
was man getrost so glauben kann.

Von vielen andren Glaubenshelden
kann ich euch Gutes noch vermelden.
Den Glauben haben sie entdeckt,
auch wenn der Herr sich stets versteckt.

Dem Abraham war mau zumute,
doch traute er dem Herrn, der Gute.
Auch Josefs Exodusprognose
ging, wie ihr wisst, nicht in die Hose.

Der Glauben kann ein Beben sein,
dann stürzen sogar Mauern ein.
Der Glauben kann fast alles machen,
er löscht das Feuer, stopft den Rachen.

Selbst Tote können auferstehen,
und Lahme können wieder gehen.
Wer glaubt, der glaubt, was er nicht sieht,
wer nicht glaubt, ist ein Störenfried."
Hebräer 11 (1-35) Joh 20 (29)

Wer sein Kind liebt, schlägt es
„Die Guten und die Tüchtigen,
die wird der Herrgott züchtigen.
Er liebt auch den, der sich noch sträubt,
indem er ihn ein wenig stäupt.

Ein guter Vater schlägt gern zu
und hat dann endlich wieder Ruh.
Ansonsten ist hier nur zu sagen:
Ein Bastard wird, wer nie geschlagen.

Viel Schmerz bringt zwar die Züchtigung,
doch dient sie der Ertüchtigung.

Als Frucht wird sie den Frieden bringen
den Söhnen, die durch diese gingen.
Noch einmal sage ich zu allen:
Versucht, dem Herren zu gefallen.

Denn Ungehorsam wird sehr teuer,
der Herr verzehrt euch dann mit Feuer.
Die Lehrer hüten eure Seelen,
drum tut froh das, was sie befehlen."
Hebräer 12 (6-9, 17, 28-29)

Prügelchristen
*Brauch war´s lang bei Christi Schafen,
kleine Schäfchen zu bestrafen.
Sah´n im Kinde nicht das Gute,
exorzierten mit der Rute.*

*Diese schwarze Pädagogik
folgte ihrer eignen Logik.
Mancher, der dies Brauchtum pflegte,
sich dabei pervers erregte.*

*Wer gern Knabenhintern haute,
Menschenleben oft versaute.
Jesuiten-Ex-Epheben
müssen damit heut´ noch leben.
reimbibel.de/pruegelchristen*

Der Brief des „Jakobus"
Der Autor schreibt ein gutes Griechisch und ist rhetorisch gebildet, was beim Jesus-Bruder Jakobus nicht zu erwarten ist. Auch dieser Brief wurde am Ende des 1. Jahrhunderts verfasst.

Nicht zweifeln, sondern glauben und den Armen helfen
„Wer zweifelt, der treibt hin und her,
vom Wind getrieben durch das Meer.
Zwei Seelen in dem Manne walten,
vom Herren wird er nichts erhalten.

Der Glaube fördert die Geduld,
dies, Brüder, lasst mich sagen.
Wer zweifelt, der ist selber schuld
und muss die Folgen tragen.

Wer immer nur im Reichtum schwelgt
und seiner Lust nicht widersteht,
ist Gras, das in der Sonne welkt,
ist Blume, die zugrunde geht.

Doch wer im Glauben sich bewährt,
der wird von Gott gekrönt, geehrt.
Dem Herren Vorwurf nicht gebührt,
weil er zum Bösen nicht verführt."

*Warum beten die Christen dann - wie von Jesus angeordnet - im Vaterunser:
„Und führe uns nicht in Versuchung" ?
Matt 6 (13) Luk 11 (4)*

„Die eig´ne Lust ist´s, die verdirbt,
so dass der Mensch in Sünde stirbt.
Nur Hören wird euch gar nichts nützen,
ihr sollt die Witwen unterstützen.

Es nützt euch nicht des Glaubens Stärke,
wenn ihm nicht folgen eure Werke.
Wenn jemand es an Nahrung fehlt,
sind Worte niemals das, was zählt.

Wer dem nicht hilft, der leidet Not,
des Glaube ist schon lange tot."
Jakobus 1 (1-15,22,27) 2 (14-17, 24)

Die Macht der Zunge
„Die Zunge ist ein kleines Glied,
doch wird sie oft zum Störenfried.
Wir können mit der Zunge loben,
doch wahre Weisheit kommt von oben.

Wir können mit der Zunge fluchen,
doch Weisheit, Sanftmut soll´n wir suchen.
Der Zunge Gift kann tödlich lähmen,
man kann sie nicht wie Schlangen zähmen"
Jakobus 3 (5-15)

Warnung vor Streit, Ermahnung zur Demut
„Woher kommt Streit, woher kommt Krieg?
Den Lüsten lasset nicht den Sieg.
Wenn ihr dem Teufel widersteht,
der Teufel eilig von euch geht.

Seid elend und ertragt das Leid,
aus Lachen werde Weinen,
zu Demut seid allzeit bereit,
so liebt der Herr die Seinen.

Ihr streitet, krieget, liebt den Kampf,
doch euer Leben ist nur Dampf,
der eine kleine Zeit nur währt.
Ein Böser ist, wer selbst sich ehrt.

Der Geist, der in euch wohnt, begehrt,
in Demut euch zu Gott bekehrt.
Wer Gutes kennt und tut es nicht,
der ist vorm Herrn ein Bösewicht."
Jakobus 4 (1-17)

Aufruf zum geduldigen Warten

„Geduldig seid, ihr sollt nicht klagen
und seufzen in den letzten Tagen.
Geduldig seid wie die Propheten,
der Kranke soll zum Herren beten.

Der Herr lässt ihn dann wieder leben,
die Sünden wird er ihm vergeben."
Jakobus 5 (8-10, 14-15)

*Ich glaub, dass ich ein Sünder bin,
drum geh ich auch zur Beichte hin.
Matt 16 (19) 18 (18) Joh 20 (21-23)*

„Ein Ja sei Ja, ein Nein sei Nein,
vor allem: lasst das Schwören sein."
Jakobus 5 (12) Matt 6 (13) Luk 11 (4)

Obwohl Jesus das Schwören untersagt hat, schwören bis heute viele Christen vor Gericht und bei Antritt eines hohen Amtes. Bei ihrer Vereidigung im Bundestag sagten 2021 die folgenden Minister/innen „Ich schwöre es, so wahr mir Gott helfe!":

SPD: *Nancy Faeser, Klara Geywitz, Hubertus Heil, Christine Lamprecht, Karl Lauterbach.*

Grüne: *-.*

FDP: *Marco Buschmann, Christian Lindner, Bettina Stark-Watzinger, Volker Wissing.*

Ohne die Hilfe Gottes wollen dem Volk dienen:

SPD: *Svenja Schulze, Wolfgang Schmidt, Olaf Scholz.*

Grüne: *Annalena Baerbock, Robert Habeck, Steffi Lemke, Cem Özdemir, Anne Spiegel.*

FDP: *-.*

Die Offenbarung des Johannes

*Die Offenbarung (Apokalypse, Enthüllung) des Johannes ist eine ca. im Jahr 95 entstandene prophetische Schrift. Ein unbekannter Autor, der auf der griechischen Insel Patmos im Exil lebte und über Rom und dessen sich als Götter darstellende Kaiser gut informiert war, schreibt über seine himmlischen Auditionen und Visionen. Er warnt vor dem Kaiserkult, der Allmacht von Wirtschaft und Geld, der Gier und dem Streben nach Luxus. Dabei bezeichnet er Rom verklausuliert als die „Hure Babylon" und das „Tier mit sieben Häuptern". Letzteres ist eine Anspielung darauf, dass Rom auf sieben Hügeln erbaut wurde.
Johannes prophezeit, dass in einem Endkampf der Satan und dessen Anhänger vernichtet würden. Gott würde nach dieser Endabrechnung unter den Menschen wohnen, „alle Tränen von ihren Augen abwischen" und Leid und Tod beenden.*

Johannes wird von Jesus beauftragt, sieben Gemeinden Gottes Pläne zu offenbaren (Kap. 1-3)

Hört mir zu, die Zeit ist nah,
hört, was ich auf Patmos sah.
Hört, was ich, Johannes, hörte,
hört, was mich zutiefst verstörte.
Hört von meiner Gotterfahrung,
hört des Herren Offenbarung.
Was Gott Jesus offenbart,
ihr von dessen Knecht erfahrt.
Von den Toten erstgeboren,
hat mich Christus auserkoren.
Höret was ich selbst bestaune:
Christus klang wie ´ne Posaune.
Sieben Sterne in der Hand,
hat er sich an mich gewandt.
Und er sprach, was mich entsetzte:

„Bin der Erste, bin der Letzte,
bin das A und bin das O,
dieses war schon ewig so.
Schreibe auf, was du hier siehst,
dass man es in Asien liest."

Also konnt ich Jesus lauschen,
der nun klang wie Wasserrauschen.
Seine Haare waren weiß,
seine Augen glühend heiß.
Seine Füße glühten rot,
ich fiel um und war fast tot.
Aber Christus zu mir spricht:
„Bin der Erste, fürcht dich nicht!"

Und dann sagte er von sich:
„Höllenschlüssel habe ich."
Aus dem Munde hing ein Schwert,
hat mich dieses dann gelehrt:
„Sieben Sterne in der Hand
sind Gemeinden hier im Land.
Sieben Leuchter über mir
zeigen an die Engel dir.
Sie sind Engel der Gemeinden,
die bedroht sind von den Feinden."

Jesus kommt auf einer Wolke,
und er zeigt sich dann dem Volke.
Die ihn stachen, die Gemeinen,
werden heulen, werden weinen.

„Du sollst an die Engel schreiben,
dass sie mir zu Diensten bleiben.
Denn ich komme zum Gericht,
schone dann die Sünder nicht.

Engel eins lässt sich nicht trügen,
Lügner nennt er die, die lügen.
Wer das Böse überwindet,
bald den Baum des Lebens findet.

Engel zwei: ein guter Werker.
Satan wirft euch in den Kerker.
Viele Juden sind nicht gut,
sondern sind des Satans Brut.
Seid getreu, des Lebens Krone
gebe dann ich euch zum Lohne.
Ihr sollt solches überstehen,
dann wird euch kein Leid geschehen.

Pergamon: Dort Satan wohnt,
Antipas ward nicht verschont.
Werd ihm kommen mit dem Schwert,
wenn er sich nicht bald bekehrt.

Thyatiras Engel schreibe:
Isebel, dem bösen Weibe,
werd ich ihre Kinder nehmen,
denn sie will sich gar nicht schämen.
Wer zu meinen Werken steht,
mordend zu den Heiden geht,
der bekommt den Morgenstern,
den ich hab von meinem Herrn.
Engeln, die nicht dienen lieb,
werd ich kommen wie ein Dieb.

Weiße Kleider soll'n bekommen
die in Sardes, die mir frommen.

Philadelphia schreibe dies:
Viele lügen und sind mies.

Diese sollen alle büßen,
reuig knieen dir zu Füßen.
Kommt die Stunde der Versuchung,
schütz ich euch vor der Verfluchung.
Schließ die Tore auf und zu,
keiner kann das, was ich tu.
Was ihr habt behaltet ganz,
keiner nehme euch den Kranz.
Die in diesem Kampfe siegen,
Tempelehrenplätze kriegen.

Engel sieben sollst du schreiben,
er soll's nicht so weiter treiben.
Hält sich selbst für reich und satt,
weiß nicht, dass er gar nichts hat.
Laue Engel spei ich aus,
werf ich aus des Herren Haus.
Strafen und auch züchtigen
werd ich alle Tüchtigen."

Der Gottesthron und die Anbetung Gottes (Kap. 4)
Und die Stimme sprach zu mir:
„Was gescheh'n wird, zeig ich dir!"
Über unserm Sündenpfuhl
sah ich Gott auf seinem Stuhl.
Um den Stuhl, weit hingezogen,
stand ein großer Regenbogen.
Gott sah aus wie Edelsteine,
um ihn rum da saßen seine
vierundzwanzig alten Knaben,
welche gold'ne Kronen haben.
Von dem Stuhl kam Donnern, Blitze.
Fackeln brannten vor dem Sitze.
Vor dem Stuhl ein gläsern Meer,
dieses glich Kristallen sehr.
Um den Stuhl vier Fabeltiere,
Flügel hatten alle viere.
Löwe, Adler, Mensch und Stier,
voller Augen war'n die Vier.
Gaben Gott viel Lob und Ehre,
sagten, dass er heilig wäre.
Alle Alten knieten nieder,
lobten Gott dann immer wieder.
Würdig sei er, voller Kraft,
alles habe er erschafft.

Das Buch mit den sieben Siegeln (Kap. 5)
In des Herren rechter Hand
sich ein großes Buch befand.
Dieses Buch mit sieben Siegeln
sollte jemand nun entriegeln.
„Wer kann diese Siegel brechen?",
hörte ich den Engel sprechen.
Alle mussten dies verneinen,

darum fing ich an zu weinen.
Jemand sagte: „Weine nicht,
einer dieses Siegel bricht."
Plötzlich sah ich dann ein Lamm,
dieses war von Davids Stamm.
Hörner, Augen: jeweils sieben,
nein, ich hab nicht übertrieben.

Flügeltiere und die Alten
konnten sich nicht aufrecht halten,
fielen vor dem Lamme nieder,
sangen diesem neue Lieder:

„Würdig ist, der dieses tut,
hat uns Gott erkauft mit Blut."
Und der Engel viele tausend
sprachen voller Kraft und brausend:
„Ehre, Reichtum, Lob und Macht
sei dem Lamm, das umgebracht."

Die Eröffnung der ersten sechs Siegel, die vier apokalyptischen Reiter (Kap. 6)
Und das Lamm erbrach das Buch,
fand darin des Herren Fluch.
Reiter sah ich, hoch zu Pferde,
heimzusuchen unsre Erde.
Pferde weiß und schwarz und rot
kündeten von Not und Tod.
Weißes Pferd: gekrönt der Reiter,
denn der Sieg war diesem Streiter.
Der, der ritt das rote Pferd,
hielt in seiner Hand ein Schwert.
Nimmt den Frieden von der Erde,
dass zum Feind ein jeder werde.
Schwarzes Pferd: Ganz ohne Frage
hielt der Reiter eine Waage.
Eins der Pferde war ganz fahl:
Tod bringt es und Höllenqual.

Siegel fünf: es schrien die Seelen,
die sich nach dem Tode quälen.
Wartend auf des Herrn Gericht,
kommen sie zur Ruhe nicht.
Weil sie fromm den Herrn geachtet,
wurden sie hinweggeschlachtet.
„Zöger nicht, uns nun zu rächen!"
Gott gab ihnen dies Versprechen:
„Warten müsst ihr kurze Zeit,
dann ist das Gericht bereit.
Ihr bekommt ein weißes Kleid,
eurer Brüder harrt noch Leid."

Siegel sechs: ein schweres Beben
schreckte die, die noch am Leben.
Sonne schwarz und Mond wie Blut
künden von des Herren Wut.

Und aus weiter Himmelsferne
fielen nieder große Sterne.
Alle sich vor Furcht versteckten,
dass die Felsen sie bedeckten.
Alle zu den Bergen flehen:
„Macht, dass Gott uns nicht kann sehen,
denn sonst wird's uns schlimm ergehen,
niemand kann vor ihm bestehen."

Das Stirnsiegel und das Gotteslob der Ältesten (Kap. 7)
Und ich sah vier Engel halten
alle Vier der Windgewalten.
Keine Winde konnten gehen,
über Meer und Bäume wehen.
Und ein Engel stieg herauf,
trug des Herren Siegelknauf,
zu versiegeln die Geschlechte
an den Stirnen ihrer Knechte.
Eine Schar aus allen Ländern
stand vorm Thron in Festgewändern.
Hielten Zweige von den Palmen,
priesen Gott den Herrn mit Psalmen:

„Weisheit, Macht und Herrlichkeit
unserm Gott in Ewigkeit.
Gottes Lamm wird sie nun weiden,
dass sie nicht mehr Hunger leiden."

Die Eröffnung des siebten Siegels, die ersten vier Posaunen (Kap. 8)
Und das Lamm brach Siegel sieben,
alle lange stille blieben.
Und ein Engel trat hervor,
Weihrauch stieg von ihm empor.
Von des Herren schlechten Launen
künden Engel mit Posaunen.
Hagel, Feuer, Meer wie Blut:
Engel töten Menschenbrut.
Engel wüten, bringen Schwermut,
Wasser machen sie zu Wermut.
Werfen auf die Erde Mittel,
um zu töten je ein Drittel.
Weil sie keine Gnade kannten,
Bäume, Fische, Schiffe brannten.
Selbst das helle Sonnenlicht,
schien am Tage lange nicht.

Die fünfte und die sechste Posaune der Engel (Kap. 9)
Engel fünf posaunte laut,
hab zum Himmel aufgeschaut.
Und ein Stern fiel auf die Erde,
dass ein großer Brunnen werde.
Aus dem Brunnen stieg ein Rauch,
Finsternis und Schrecken auch.

Gras verschonten diese Schrecken,
sollten Sünder nur entdecken
und die Menschen lange quälen,
dass den Tod sie möchten wählen.
Doch der Tod wird diese meiden,
dass sie alle lange leiden.
Diese Tiere, wie Skorpione,
hatten alle eine Krone.

Und ich muss noch dies ergänzen:
Stacheln war´n an ihren Schwänzen.
Wie vom Löwen war´n die Zähne,
Haare wie vom Weib die Mähne.

Engel sechs posaunte dann,
und ich hörte einen Mann
aus des Herren nächster Nähe,
der befahl das nächste Wehe:
„Engel, die den Euphrat halten,
sollen ihre Kraft entfalten!"
Um zu töten jeden Dritten,
abertausend Rosse stritten.
Diese spieen Rauch und Schwefel,
straften so der Menschen Frevel.
Die die Strafe nicht empfingen,
weiterhin zu Götzen gingen.
Beteten die Götzen an,
keiner davon hören kann.

Johannes verschlingt das Buch des Engels (Kap. 10)
Je ein Fuß des Engels stand
auf dem Meer und auf dem Land.
Jener Engel sprach zu mir:

„Dieses Büchlein geb ich dir.
Nimm es an dich und verschling es,
also zu den Völkern bring es."
Und ich hörte Donnerstimmen.
„Es wird dir im Magen grimmen,
süß wird´s sein in deinem Mund,
von den Heiden tue kund."

Was er sagte wirklich stimmte,
weil´s mich bald im Magen grimmte.
Und ich spürte auch die Süße.
Feuersäulen seine Füße.
„Werdet Engel sieben sehen,
Gottes Wort wird dann geschehen."

Die Vermessung des Tempels, Tod, Himmelfahrt der beiden Zeugen und ein großes Erdbeben (Kap. 11)
Er gab mir ein Rohr indessen,
um den Tempel zu vermessen
und auch die, die darin beten,
doch der Vorhof wird zertreten.

Zweiundvierzig Monde lang
wird den Heiden angst und bang.
Vor dem Herren steh´n zwei Zeugen,
müssen sich dem Tiere beugen.
Feuer geht aus ihrem Mund,
und die Zukunft tun sie kund.
Können hart die Erde schlagen,
wenn sie wollen, gibt es Plagen.
Doch das Tier wird schließlich siegen,
tot sie auf der Gasse liegen.
Und die auf der Erde leben,
werden sich Geschenke geben.
Zwei Propheten war´n die beiden,
brachten Menschen Not und Leiden.
Gott gab ihnen wieder Leben,
dass sie sich zum Himmel heben.
Und es gab ein großes Beben,
Siebentausend nahm's das Leben.

Laut posaunte Engel sieben.
Alle, die den Herren lieben,
sprachen: „Jetzt kommt Gottes Zeit,
er regiert in Ewigkeit."
Es geschahen Blitz und Stimmen,
Donner, Hagel, Gottes Grimmen.

Das Weib und der Kampf des Michael mit dem Drachen (Kap. 12)
Und ein Weib voll Sonnenschein,
schrie vor Schmerz und Kindespein.
Schrie aus großer Himmelsferne,
auf dem Haupte trug sie Sterne.
Höret nun von dieser Sache:
Vor sie trat ein roter Drache.
Erdwärts fegt sein Schwanz die Sterne,
fräß des Weibes Kindlein gerne.
Sieben Häupter, sieben Kronen,
will des Weibes Kind nicht schonen.
Doch das Kind, das sie gebar,
ward gerettet wunderbar,
denn es ward zu Gott entrückt,
auch dem Weib die Rettung glückt:
Flieht an einen Wüstenort,
und der Herr ernährt sie dort.
Michael ergriff den Drachen,
Satan konnte gar nichts machen.
Denn den Führer der Beschwerde
warf der Engel auf die Erde.

„Nun ist Heil und Reich und Kraft,
weil der Kläger fortgeschafft.
Wehe denen dort auf Erden,
die des Teufels Opfer werden."

Doch das Weib, das sich versteckt,
wird vom Drachentier entdeckt.
Nun als Schlange schießt der Hasser
nach dem Weib ein strömend Wasser.
Doch die Erde half dem Weibe,
dass das Weib am Leben bleibe.
Öffnete den Erdenmund,
nahm den Strom in ihren Schlund.

Das siebenköpfige Tier aus dem Meer, das zweihornige Tier aus der Erde und das Lamm (Kap. 13)

Und ein Tier mit sieben Zungen
redete viel Lästerungen.
Häupter sieben, Hörner zehn,
Bärenfüße hat's zum Geh'n.
Hat vom Drachen seine Kraft
und sein Maul ist grauenhaft.
Und sie sprachen: „Ist wer hier,
der bekriegen kann das Tier?"

Noch ein Tier gleichwie ein Lamm
plötzlich aus der Erde kam.
Macht, dass Glut vom Himmel falle
und verführt auf Erden alle.
Machte, dass ein Zeichen stand
auf der Menschen rechter Hand
oder auf der Stirn ein Mal.
Sechs-sechs-sechs war seine Zahl.

Das Lied der Geretteten, das Gericht über Babylon und die Sünder, die blutige Ernte (Kap. 14)

Donnernd eine Stimme, brausend,
Hundertvierundvierzigtausend
lernten Gottes neue Lieder,
und das Lamm sah ich nun wieder.
Zwölf mal tausend war'n's pro Stamm
auf dem Berge bei dem Lamm.
Und ich kann euch froh verkünden:
Jene waren frei von Sünden.
War'n von Weibern nicht befleckt,
hatten vor dem Lamm Respekt.

Und ein Engel flog herum
mit dem Evangelium.
Und vom großen Himmelszelt
sprach ein Engel laut zur Welt:
„Fürchtet Gott, gebt ihm die Ehre,
Himmel schuf er, Land und Meere."

Und ein zweiter Engel sprach:
„Babylon, die Stadt der Schmach,
ist gefallen, ist gefallen,
denn sie diente hurend allen."

Und ein Dritter sprach ganz laut:
„Jeder, der dem Tier vertraut,
wird vom Wein des Zornes trinken,
wird im Flammenmeer versinken.
Wem das Tier ein Mal gemacht,
wird gequält bei Tag und Nacht.
Und der Rauch von diesem Leid
steigt empor in Ewigkeit."

Und es kam auf einer Wolke,
um zu ernten bei dem Volke,
einer gleich dem Menschensohn,
in der Hand die Sichel schon.
Und ein Engel rief sodann:
„Fange nun zu ernten an."
Der auf einer Wolke saß
nahm mit seiner Sichel Maß.
Und ein Engel schnitt die Trauben
derer, die an Gott nicht glauben.
Dieser Engel, ein Vergelter,
warf die Trauben in die Kelter.
Tat worum er ward gebeten,
und die Kelter ward getreten.
Und ihr Blut floss auf der Erde
bis zum Zaumzeug ihrer Pferde.

Gotteslob und Ankündigung der sieben Plagen (Kap. 15)

Noch ein and'res Himmelszeichen
ließ mich staunen und erbleichen.
Sieben Engel, sieben Schalen
künden an der Sünder Qualen.
Und ich sah ein gläsern´ Meer,
und die Sieger lobten sehr
Gottes Wege, Gottes Werke,
die nun auch der Heide merke.
Sieben Engel traten vor,
standen vor des Tempels Tor.
Eins der Tiere trat nach vorn,
reichte Schalen voller Zorn.

Die Ausgießung der sieben Schalen des göttlichen Zorns (Kap. 16)

Einer rief im Gotteshaus:
„Gießt nun eure Schalen aus!"
Arge Drüsen brachten Qual
Menschen mit des Tieres Mal.
Meer und Brunnen rot wie Blut,
deren Engel fand das gut:
„Herr, was du tust ist gerecht,
diese Menschen waren schlecht."

Schale vier bewirkte Hitze,
dass der Sünder furchtbar schwitze.
Schale fünf traf dann das Tier,
große Schmerzen gab es hier.

Schale sechs bringt Trockenheit,
und das Tier 'nen Geist ausspeit.
Danach goss noch Engel sieben,
Zorn ist in der Luft geblieben.
Sieben Schalen Blut und Feuer,
alle Sünder büßten teuer:
Finsternis und Trockenheit,
Blitze, Hagel, Schmerz und Leid.
Und die ganze Erde bebte,
wie man es noch nie erlebte.
Wahrlich, dies bezeuge ich:
Gottes Zorn war fürchterlich.

Die siebenköpfige Hure Babylon (Kap. 17)
Und ein Engel sprach zu mir:
„Komm, die Hure zeig ich dir,
sitzt auf einem roten Tier
voller Lästerung und Gier.
Gold deckt sie und edle Steine,
heil'ges Blut trinkt die Gemeine.
Purpur, Scharlach, edle Perlen,
und sie hurt mit allen Kerlen,
die von ihrem Wein getrunken,
die zu ihr herabgesunken.
Babylon heißt diese Schnalle,
und es dienen ihr fast alle.
Doch der Herr hat nichts vergessen,
und das Tier wird sie bald fressen.
Sieben Berge dienen ihr,
sieben Häupter hat das Tier.
Enden wird die Königsmacht,
enden wird der Heiden Pracht.
Denn das Lamm wird sie besiegen
und die hurend bei ihr liegen."

Der Fall Babylons und die Klage der Schiffsleute (Kap. 18)
Und ein andrer Engel schrie:
„Gottes Zorn kam über die,
die des Herren Wort nicht hören,
Gottes Zorn wird sie zerstören.
Babylon im Prachtgewand
wird vom Herren nun verbrannt.
Und ich geb euch diesen Rat:
zahlt ihr heim, was sie euch tat.
Die, die sehen ihre Plagen,
werden weinen, werden klagen:
„Reich und prächtig war die Stadt,
die man nun verwüstet hat."

Und die Schiffsleut' weinten, klagten,
weil die Engel Wahres sagten.
Warfen auf sich Erdenstaub:
„Babylon, der Flammen Raub!"

Und ein Engel warf den Stein,
warf ihn tief ins Meer hinein:
„Also wird der Herr nun richten,
Babylon durch Sturm vernichten!"

Das weiße Pferd und die Vernichtung Babylons (Kap. 19)
Danach sprach die Engelschaft:
„Heil sei Gott und Ehr und Kraft.
Lasst uns alle fröhlich sein,
die ihn fürchten, groß und klein.
Ewig steigt nun auf der Rauch."
Die vier Tiere sprachen auch:
„Haleluja, amen, amen",
und sie lobten seinen Namen.

Und ich sah ein Pferd, ganz weiß,
darauf saß der Richter.
Seine Augen leuchten heiß,
mit dem Schwerte spricht er.
Und ich sah des Tieres Heere,
Streit zu halten mit dem Speere.
Doch des Himmels weiße Krieger
blieben in dem Kampfe Sieger.
Und das Tier, das Gott nicht kannte,
elend nun im Feuer brannte.
Und der Reiter auf dem Pferd
würgte alle mit dem Schwert.
Und die Vögel ohne Zahl
feierten das Abendmahl.
Flogen zu den toten Reichen,
fraßen von dem Fleisch der Leichen.

Der Sieg über den Satan, das Gericht über die Toten und das tausendjährige Reich (Kap. 20)
Und ein Engel kam hernieder
mit dem Schlüssel in der Hand,
griff den Drachenteufel wieder
und ihn tausend Jahre band.
Warf ihn in den tiefen Grund,
schloss dann ab mit Siegel drauf,
tausend Jahre ab der Stund
hörte die Verführung auf.
Und die stets zu Jesus standen
und deshalb ihr Ende fanden
und sich hielten an das Wahre,
lebten selig tausend Jahre.

Doch als tausend Jahr vorbei,
kam der Satan wieder frei.
Und sein Heer zog zu der Stadt,
die ein Heer von Heil'gen hat.
Feuer fiel vom Himmelsstuhl

und verzehrte Satans Heer,
ab ging's in den Feuerpfuhl,
Satan ward gequält dort sehr.
Und ich sah den weißen Thron
und auch den, der darauf saß,
richtet dort die Toten schon,
ihre Werke sind das Maß.
Wer nicht stand im Buch des Lebens,
bat um Gnade hier vergebens.
Auch die Toten aus den Meeren
tat der Sündenpfuhl verzehren.

Ein neuer Himmel, eine neue Erde und ein neues Jerusalem (Kap. 21)

Und ich sah die neue Erde,
und ich sah die neue Stadt,
die des Herren Wohnstatt werde,
die ihr Licht vom Herren hat.
Zwölf mal tausend lang und breit,
ist sie für die Ewigkeit.
Ist aus Edelstein und Gold
und nur noch dem Lamme hold.
Weder Tod gibt's dort noch Bangen,
denn das Erste ist vergangen.
Weder Leid gibt's noch Geschrei,
denn all Schmerz ist nun vorbei.

Der auf einem Stuhle saß,
sprach zu mir: „Notiere das!
Ich bin Anfang und das Ende,
Durst still ich durch meine Hände.
Der, der edel, gut und rein,
wird mein Sohn für immer sein.
Doch im Schwefelfeuer brennt,
wen man Hurer, Lügner nennt.

Die Schlussworte von Johannes und Christus (Kap. 22)

Niemals wird es wieder Nacht,
denn der Herr hat es vollbracht.
Diese Stadt braucht keinen Mond,
weil in ihr der Heiland wohnt.
Ich, Johannes, hab's gesehen,
solches ist fürwahr geschehen.
Ich fiel vor dem Engel nieder,
doch der Engel sagte wieder:
„Bin wie du des Herren Knecht."
Jesus sprach: „Wer schlecht, bleibt schlecht,
und wer rein ist, der bleibt rein,
draußen bleibt, wer lügt gemein.
Denn wer fromm ist, der bleibt fromm,
weil ich bald zum Lohne komm.
So steht es in diesem Buch,
wer es ändert erntet Fluch."
reimbibel.de/bibel

*Immerhin sind dies Visionen,
die sich literarisch lohnen.
Ob Johannes dabei rauchte
oder Psycho-Pilze brauchte?*

*War Johannes ein Sadist?
Ja, mir scheint, dass das so ist.
Frühe Christen hatten Frust,
daher ihre Rachelust.*

*„Man kann nicht elektrisches Licht und Radioapparat benutzen, in Krankheitsfällen moderne medizinische und klinische Mittel in Anspruch nehmen und gleichzeitig an die Geister- und Wunderwelt des Neuen Testaments glauben."
Rudolf Bultmann, dt. Theologe, Vortrag 1941*

Das sollte man in der Tat nicht tun. Tut man aber auch heute noch: Ein Engel spricht mit einer jungen Frau, ein Geist „überschattet" sie, die Jungfrau bringt den einzigen Sohn Gottes zur Welt, dieser treibt Teufel aus, geht über Wasser, verwandelt Wasser in Wein, heilt Kranke und einen Toten, wird mit Willen seines Vaters hingerichtet, fährt zur Hölle, erscheint seinen Jüngern, steigt dann vor ihnen auf zum Himmel und überlässt alles weitere Paulus, den Evangelisten und den Kirchen. reimbibel.de/christentum

Solche und viele weitere jüdische, christliche und islamische Legenden sowie die fantastischen Erzählungen der vielen anderen Religionen nimmt die Menschheit seit Jahrtausenden ehrfürchtig, nachdenklich oder kopfschüttelnd zur Kenntnis.

Es handelt sich dabei wegen der bis heute anhaltenden fürchterlichen Folgen der meisten Religionen um einen dreifachen Skandal:

1. Die Kirchen tun bis heute so, als hätten sie noch gar nicht bemerkt, wie fürchterlich und widersprüchlich der größte Teil der Bibel ist. Außerdem bekennen sie sich kaum zu den fürchterlichen Folgen des Christentums und verkünden, der Glaube sei unerlässlich für die Moral und ein friedliches Zusammenleben.

2. Der Staat unterstützt das Christentum auf vielfältige Weise durch Gesetze und Geld.

*3. Von den weltweit etwa eine Milliarde Ungläubigen hält es nur eine kleine Minderheit für notwendig, selbst gegen den schädlichen Einfluss der Religionen aufklärerisch vorzugehen.
Auch das ist eine Schande.*

Anhang

Liebe in der Bibel
reimbibel.de/liebe-in-der-bibel

Was ist Liebe?
Liebe ist laut Wikipedia eine *„Bezeichnung für stärkste Zuneigung und Wertschätzung"*. Sie ist eine Einstellung, ein Gefühl und die psychische Grundlage für entsprechendes Verhalten. Liebe kann, aber muss nicht in jedem Fall erwidert werden. Geliebt werden können nicht nur einzelne noch lebende oder schon verstorbene, persönlich bekannte oder berühmte Menschen, sondern z.B. auch Gruppen von Personen, politische Parteien, Institutionen, sogar Staaten oder die Heimat, Tiere, die Natur, das Leben, Kunstwerke, Sprachen, Speisen, Getränke, Berufe, Hobbys, geistige Vorstellungen und Götter.

Eine erstaunlich schöne und treffende Definition der wahren (idealen) Liebe zu einem Menschen hat vor knapp 2000 Jahren ausgerechnet der lustfeindliche Apostel Paulus formuliert (1. Korinther 13). Im zweiten Teil meiner kleinen Reimbibel habe ich das (zu) kurz so zusammengefasst:

„Die Liebe glaubet, hoffet, duldet und niemand dafür Lohn ihr schuldet."

Die *„wahre Liebe"* zielt nicht auf Gegenleistungen nach dem Prinzip „Ich gebe, damit Du gibst" (*do ut des, quid pro quo*). In den Niederungen des wirklichen Lebens vermischen sich aber regelmäßig altruistische und egoistische Motive. Sogar die romantische Liebe hat einen eigennützigen Anteil.

Ethische Normen in der Bronzezeit
Hochstehende ethische Normen sind keine „Erfindung" des Christentums, sondern – wie die folgenden Beispiele zeigen – ein universelles Erbe der Menschheit. Sie sind das – sich weiterhin wandelnde – Ergebnis einer kulturellen Evolution.

Sumerer (ca. 2400-1700 vChr)
„Ihren eigenen Aussagen nach schätzten die Sumerer Güte und Wahrheitsliebe, Gesetz und Ordnung, Freiheit und Gerechtigkeit, Ehrlichkeit und Aufrichtigkeit, Mitleid und Anteilnahme. Sie verabscheuten Bosheit und Lügenhaftigkeit, Gesetzlosigkeit und Unordnung, Ungerechtigkeit und Unterdrückung, Unredlichkeit und Unaufrichtigkeit, Grausamkeit und Unbarmherzigkeit."
Samuel Noah Kramer: Geschichte beginnt mit Sumer. 1959, 86f

Gilgamesch-Epos (2100–600 vChr)
„Utnapischtim belehrt seine Kinder: Deinem Feinde vergilt nicht Böses, dem, der dir Böses zufügt, vergilt Gutes! Deinem Feinde lass Gerechtigkeit widerfahren; Gib Speise zu essen und Trank zu trinken." Quelle: Weisheiten der Völker, Parkland Verlag. (Dank an hpd.de.)

Babylonier (ca. 2000-1100 vChr)
„Ethische Normen der Babylonier belegen, dass Güte und Wahrheit, Gesetz und Ordnung, Gerechtigkeit und Freiheit, Weisheit und Wissenserwerb, Mut und Treue zu den Eckpfeilern der sozialen und moralischen Vorstellungen des Volkes gehörten. Auch kannten die Babylonier Barmherzigkeit und Mitgefühl. Sie gewährten Witwen und Waisen, Flüchtlingen, Armen und Unterdrückten besonderen Schutz." Link

Feindesliebe (AT)
„Wenn Du dem verirrten Rind oder dem Esel Deines Feindes begegnest, sollst Du ihm das Tier zurückbringen. Wenn Du siehst, wie der Esel deines Gegners unter der Last zusammenbricht, dann lass ihn nicht in Stich, sondern leiste ihm Hilfe!"
(2 Mose 23, 4-5)

„Hat dein Feind Hunger, gib ihm zu essen, hat er Durst, gib ihm zu trinken; so sammelst du glühende Kohlen auf sein Haupt und der Herr wird es dir vergelten." Sprichwörter, 25, 21-22

Helfen um zu beschämen?

Feindesliebe (NT)
„Ihr habt gehört, dass gesagt worden ist: Du sollst deinen Nächsten lieben und deinen Feind hassen. Ich aber sage euch: Liebet eure Feinde, segnet, die euch verfluchen, tut Gutes denen, die euch hassen, bittet für die, die euch beleidigen und verfolgen, damit ihr Söhne eures Vaters im Himmel werdet;" (Matt 5, 43-45)

„Euch, die ihr mir zuhört, sage ich: Liebt eure Feinde; tut denen Gutes, die euch hassen. Segnet die, die euch verfluchen; betet für die, die euch misshandeln. Dem, der dich auf die eine Wange schlägt, halt auch die andere hin, und dem, der dir den Mantel wegnimmt, lass auch das Hemd." (Luk 6, 27-29)

Vermutlich wäre es gut gewesen, wenn die polnische Armee sich 1939 sofort der weit überlegenen deutschen Wehrmacht ergeben hätte. Aber wozu wäre es gut gewesen, wenn die Polen die Soldaten und die SS-Männer liebevoll behandelt hätten? Hätte Anne Frank besonders freundlich zu denen sein sollen, die sie verschleppt und gefangen gehalten haben? Sollten alle Ukrainer Putin lieben? Sollte eine Mutter den Mörder ihres Kindes lieben? Muss sie ihm zumindest verzeihen? Ich glaube, seinen Feind zu lieben, ist nicht sehr klug und übertrieben. Es gibt bessere Methoden, um auf ein friedliches Zusammenleben innerhalb der Völker und zwischen den Nationen hinzuwirken.

Die Geschichte der Menschheit ist voller Rassismus und Brutalität. Nicht nur Feinde, sondern sogar weit entfernt lebende und nicht feindlich gesinnte Menschen wurden in großer Zahl z.B. von gläubigen Christen und Muslimen überfallen, bestohlen, ausgebeutet, ermordet oder versklavt. Von der Bibel und den Kirchen sind eher Impulse ausgegangen, solche Verbrechen zu begehen, als die Menschenwürde anderer zu achten. Link Und der biblische Appell, seinen Feind zu lieben, hat anscheinend selten etwas bewirkt. Auch der Chef der orthodoxen Kirche Russlands, Kyrill I., scheint mehr der Vaterlandsliebe als der Feindesliebe zugeneigt zu sein. Gemeinsam mit Putin schickt er junge Männer zum Morden und zum eigenen Tod in die Ukraine (deren Kirche sich zum Teil abgespalten hatte). In der Ukraine sollen angeblich die *„Kräfte des Bösen"* (auch die Homosexuellen) bekämpft werden. Link.

Gottes Bedürfnis, geliebt zu werden (AT)
Der Bibel ist eher nicht zu entnehmen, dass Gott geliebt werden will, weil er so gütig ist. Mose fordert sein Volk nicht zu Liebesbezeugungen auf, wie sie gegenüber Menschen üblich sind, sondern stellt Gott als jemand dar, den man fürchten und dem man gehorchen soll. Liebe zu Gott ist eine heilige Pflicht, die z.B. mit der Einzigartigkeit Gottes begründet wird: *„Höre Israel! Jahwe, unser Gott, Jahwe ist einzig. Darum sollst Du den Herrn, Deinen Gott, lieben mit ganzem Herzen, mit ganzer Seele und mit ganzer Kraft." (5 Mose 6, 4-5)* Laut Hosea will Gott nicht Schlachtopfer, sondern Liebe (Hosea 6, 6). Dies steht jedoch im Widerspruch zu vielen Kapiteln im Alten Testament, in denen Gott Tieropfer fordert.
reimbibel.de/tieropfer

Gottes Bedürfnis, geliebt zu werden (NT)
Auf die Frage nach dem ersten Gebot hat Jesus laut Markus (12, 29-30) ein von Mose verkündetes Gebot aus dem AT

übernommen und geantwortet: *„Das erste ist: Höre, Israel, der Herr, unser Gott, ist der einzige Herr. Darum sollst du den Herrn, deinen Gott, lieben mit ganzem Herzen und ganzer Seele, mit all deinen Gedanken und all deiner Kraft."* Was Jesus oder dem, der ihm diese Worte in den Mund gelegt hat, nicht klar war: Es ist vollkommen widersinnig, Liebe zu befehlen. Echte Liebe entwickelt sich aus reinem Herzen oder eben nicht. Man kann nicht auf Kommando lieben.

Der unbekannte Verfasser der Johannes-Briefe verlangt sogar: *„Liebt nicht die Welt und was in der Welt ist! Wer die Welt liebt, hat die Liebe zum Vater nicht."* (1. Joh 2, 15) Mit dieser perversen Forderung stellt er sich sogar gegen das Gebot der Nächstenliebe.

Hiob (AT)

Auch in diesem literarisch hervorragenden Text zeigt sich Gott von seiner besonders widerlichen Seite. Es reicht ihm nicht, dass sich der rechtschaffene Hiob an die göttlichen Regeln hält, sondern er möchte Hiob zusätzlich dazu bringen, dass er ihm auch dann noch vertraut und ihn klaglos verehrt, wenn er furchtbar gequält wird. Nachdem sich Hiob endlich total Gott unterwirft und diesen nicht mehr anklagt, zeigt Gott seine „Liebe", indem er Hiob reichlich belohnt. Dieser (später angehängte) Schluss des Buchs ist wirklich scheußlich, da Gott blinden Gehorsam und totale Unterwerfung verlangt und durch Anwendung von externer Gewalt auch bekommt.

Das Hohelied (AT)

Es handelt sich hier um einen wunderschönen erotischen Text, der vermutlich aus älteren Gedichten des Orients zusammengesetzt wurde. Ich habe ihn in Form von Versen nacherzählt:
Zwei Liebende rühmen die Schönheit des/der Geliebten und sehnen sich nach ihm/ ihr. Theologen sahen darin lange Zeit eine poetische Darstellung der Liebe Jahwes zu seinem Volk bzw. der Liebe Jesu zu seinen Anhängern. reimbibel.de/hl

Die Liebe Gottes zu den Menschen (AT)

„Der Gott des Alten Testaments ist ein Gott der Liebe, der Treue und der unaufhörlichen Barmherzigkeit." Link Ähnliche Aussagen findet man tausendfach in den Schriften prominenter Christen wie z.B. in Joseph Ratzingers Enzyklika „Deus Caritas est". Im AT beschränkt Gott seine Liebe weitgehend auf seine Israeliten, die er auf Kosten anderer Völker privilegiert. Ansonsten ist von einer Liebe Gottes zu den Menschen im AT wenig zu spüren. Denn meistens droht und mordet er hinter seiner Schöpfung her. Aus der Bibel rinnt das Blut, was Gott tut ist selten gut.

Die Liebe Gottes zu den Menschen (NT)

Laut kirchlicher Lehre zeichnet sich Gott durch seine Allmacht, Allwissenheit, Güte und Barmherzigkeit aus. Häufig zieht sich der Klerus auf die gern gehörte Behauptung zurück, Gott sei die Liebe. Diese These kann sich auf den 1. Brief des Johannes stützen: *„Wer nicht liebt, hat Gott nicht erkannt; denn Gott ist die Liebe. … „Gott ist die Liebe, und wer in der Liebe bleibt, bleibt in Gott, und Gott bleibt in ihm."* (1. Joh 4, 8, 16b) Als Beweis für die Liebe Gottes zu den Menschen, gilt den Kirchen vor allem der Opfertod Jesu: *„Denn Gott hat die Welt so sehr geliebt, dass er seinen einzigen Sohn hingab, damit jeder, der an ihn glaubt, nicht verloren geht, sondern ewiges Leben hat."* (Joh 3, 16) *„Nicht darin besteht die Liebe, dass wir Gott geliebt haben, sondern dass er uns geliebt und seinen Sohn als Sühne für unsere Sünden gesandt hat."*
(1. Joh. 10)

Die perverse Vorstellung einer Erlösung der Menschheit durch ein Menschenopfer (bei diesem Quasisuizid den Herren wohl der Teufel ritt) gibt es ansatzweise schon im AT in Gestalt des Gottesknechts (Jesaja 52f). Indem Gott seinen Sohn von Römern foltern und töten lässt, will er die Menschen vor seiner Rache schützen. Diese „Liebe" steht in krassem Widerspruch zu dem, was man vernünftigerweise unter Liebe verstehen kann. Das erste Problem bei diesem religiösen Unsinn ist, dass nach christlicher Lehre Gott nicht in der Lage war, Menschen zu erschaffen, die so sind, wie er es möchte. Das zweite Problem ist, dass Gott dann nicht willens oder fähig war, diesen Konstruktionsfehler zu beheben oder eine perfekte Neuauflage der Menschheit zu erschaffen. Das dritte Problem ist, dass der Nutzen dieses fürchterlichen Opfers bis heute nicht zu erkennen ist. Wie pervers diese Liebe Gottes ist, zeigt sich auch darin, dass der Sohn angeblich von seinem Vater zum Scharfrichter bestimmt wurde. Was dieser am angedrohten Tag des Jüngsten Gerichts zu tun hat, schildert – literarisch grandios – die Offenbarung des Johannes. Dass Gott bestenfalls die liebt, die ihm gehorchen, zeigen auch die Höllendrohungen seines Sohns: Link.

Die Liebe Gottes zu seinem Sohn (NT)
Hier scheint es sich um eine masochistische Selbstliebe zu handeln.

Die Liebe Gottes zu seinem Volk (AT)
In der Bibel ist mehrfach zu lesen, Gott würde sein Volk Israel lieben, das er aus Ägypten geführt habe: Link. Dabei wird nicht erwähnt, dass es laut Bibel (1 Mose 15, 13) Gott selbst war, der zunächst seine Hebräer mit 400 Jahren Gefangenschaft in Ägypten bestraft hat. Warum Gott die Hebräer nun auserwählt, um sie zu einem großen und von ihm geliebten Volk zu machen, verrät die Bibel nicht. Gott versucht, die Liebe seines Volkes durch Gewaltandrohung und Gewaltanwendung zu erzwingen. Zunächst verspricht und gibt Gott seinem Volk *„große und schöne Städte, die du nicht gebaut hast, und Häuser voller Güter, die du nicht gefüllt hast, und ausgehauene Brunnen, die du nicht ausgehauen hast, und Weinberge und Ölbäume, die du nicht gepflanzt hast". (5 Mose 6, 10f)* Diese Liebe Gottes zu seinem Volk ist eine kriminelle Unterform der sogenannten kaufmännischen Liebe: Ich gebe, damit du gibst. Während aber kaufmännische Beziehungen meist freiwillig eingegangen werden, zwingt Gott sein Volk zu einem verharmlosend „Bund" genannten „Vertrag", bei dem er in Vorleistung geht und Gegenleistungen in Form von Opfern, Verehrung und Wohlverhalten erwartet. Werden diese Gegenleistungen nicht (mehr) erbracht, gibt es zunächst „Abmahnungen" und wenn diese nicht fruchten, Bestrafungen bis hin zum Genozid.

Wenn man das AT für im Kern wahr hält, muss man zu dem Schluss kommen, dass Gottes auserwähltes Volk immer wieder seine Pflichten nicht erfüllt hat und deshalb – im wirklichen Leben am schlimmsten durch die Nazis – bestraft wurde. Gottes „Liebe" schlägt in Zorn um, sobald nicht er selbst, sondern andere Götter verehrt werden. Dann wird der „liebe" Gott zum Massenmörder, der sogar Kinder umbringt oder umbringen lässt. Falls es so etwas wie Gottes Liebe gibt, ist diese also davon abhängig, dass Gott vorschriftsgemäß verehrt wird. Die Thora (Bücher Moses) enthält 246 Gebote und 365 Verbote, die hier aufgelistet sind: Link. Allein schon die vielen kleinlichen Ess- und Opfervorschriften lassen Zweifel daran aufkommen, dass dieser Gott noch alle Oblaten im Schrank hat. Außerdem bleibt es Gottes Geheimnis, warum er sich lange Zeit nur einem bestimmten Volk offenbart hat und dies auf Kosten anderer Völker beschenkt. Dass Gott „die Völker" liebt,

hat jedoch Mose angeblich kurz vor seinem Tod behauptet: *„Der du die Völker liebst" (5 Mose 33, 3)*. Im Widerspruch dazu und übereinstimmend mit dem sonstigen AT heißt es im 1. Brief des Johannes aber ganz klar: *„Und jeder Geist, der Jesus nicht bekennt ist nicht aus Gott. Das ist der Geist des Antichrists, über den ihr gehört habt, dass er kommt. Jetzt ist er schon in der Welt."*
Danach kann Gott nur die christlichen Völker lieben. (Wenn sich diese dann gegenseitig bekriegen, muss Gott nach biblischer „Logik" sich dann für die künftigen Sieger entscheiden oder hilflos zusehen. Zur Zeit hilft er abwechselnd den Russen und den Ukrainern?

Nächstenliebe aus biologischer Sicht

Es ist anzunehmen, dass auch die menschliche Nächstenliebe nicht vom Himmel gefallen ist, sondern sich nach und nach im Tierreich entwickelt hat. Zum Beispiel zeigt das Balz- und Brutpflegeverhalten von Fischen, Vögeln und Säugetieren offensichtliche Parallelen zum menschlichen Verhalten. Letzteres hat immer eine biologische Basis, wird aber auch sehr stark von psychologischen und sozialen Einflüssen bestimmt. Dabei sorgen die – von Natur aus „egoistischen" – Gene dafür, dass auch scheinbar selbstloses Verhalten letztlich der Weitergabe der eigenen Gene dient.

Nächstenliebe (AT und NT)

„Als Nächstenliebe wird ein helfendes Handeln für andere Menschen bezeichnet. Diese Form der Liebe beinhaltet jede dem Wohl des Mitmenschen zugewandte aktive, uneigennützige Gefühls-, Willens- und Tathandlung, aber nicht unbedingt eine emotionale Sympathie. Der „Nächste" kann jeder Mensch in einer konkreten Notlage sein, der einem begegnet."
(Wikipedia)
Die Nächstenliebe in ihrer „reinen" Form entsteht von selbst. Sogenannte Spiegelneurone und das Hormon „Oxytozin" gehören zur biologischen Basis dieses Phänomens. Wenn man den Begriff – wie oben – weiter fasst, kann Nächstenliebe aber auch durch nachdrückliche Appelle und Gesetze angeordnet werden. Solche Gesetze gab es schon in der Bronzezeit und stehen heute u.a. im BGB und im StGB. Zum Beispiel ist der Vater eines Kindes verpflichtet, zum Unterhalt des Kindes beizutragen.

Das Gebot der Nächstenliebe wurde schon im AT verkündet: *„Du sollst deinen Nächsten lieben wie dich selbst." (3. Buch Mose 19, 18)* Wer das AT nicht gut kennt, glaubt, Jesus hälte dies Gebot aufgestellt: *„Als zweites kommt hinzu: Du sollst deinen Nächsten lieben wie dich selbst." (Mark 12,31)* Seinen Aufrufen zur Nächstenliebe verleiht Jesus durch Drohungen mit der Hölle Nachdruck: Link. Zur Rechtfertigung ihrer Existenz tun viele Kirchenvertreter so, als gäbe es ohne das Christentum keine Nächstenliebe. Das ist natürlich Unsinn.

Selbstliebe (AT und NT)

„Ebenso wichtig ist das zweite: Du sollst deinen Nächsten lieben wie dich selbst." (3 Mose 19, 18b; Matt 22, 39)
Dass erwachsene Menschen insofern für sich selbst sorgen müssen, dass sie nicht verdursten, verhungern, erfrieren oder von Raubtieren gefressen werden, ist trivial. Aber sollen sie sich auch selbst bewundern und verehren? Man sollte sich Mühe geben und weder von sich selbst noch von anderen zu viel erwarten. Denn Enttäuschungen sind die Folge zu hoher Erwartungen. Und sich lieber selbstkritisch als selbstverliebt betrachten.
Oder, wie Wilhelm Busch rät, zumindest so tun:
Geschickt lenkt man so alle ab, von dem, was man verbrochen hat:

*So kommt es denn zuletzt heraus,
daß ich ein ganz famoses Haus.*

Im Grunde gibt es in Hinblick auf die eigene Existenz nur zwei vernünftige Möglichkeiten: Man gibt sich Mühe, oder man bringt sich um. Gegen die zweite Möglichkeit spricht (außer „technischen" Schwierigkeiten und Mangel an professioneller Unterstützung, s. 217stgb.com) häufig, dass man dadurch großes Leid über andere Menschen bringt. Ansonsten gilt:

*Das Leben ist ein Backenzahn,
es hat oft eine Zackenbahn.
Für den, der ganz tief unten steht,
es manchmal wieder aufwärts geht.*

Sexualität (AT)
Während Griechen und Römer Götter und Göttinnen der Liebe verehrten (Aphrodite, Eros, Venus, Amor) steht in der Bibel die Fortpflanzung im Vordergrund. Ein Mann, der einen Ehebruch begeht, soll aus dem Volk ausgemerzt werden (3 Mose, 18, 20 u. 29). Analverkehr unter Männern soll mit dem Tod bestraft werden (3 Mose 20, 13). Außerdem gibt es zahlreiche weitere Verbote für bestimmte sexuelle Aktivitäten.

Sexualität (NT)
Gott scheint viele menschliche, aber keine sexuellen Bedürfnisse zu haben. Der sog. Heilige Geist verhilft aber Maria dazu, dass sie schwanger wird (Matt 1, 18):
„Der Heilige Geist wird über dich kommen und die Kraft des Höchsten wird dich überschatten." (Luk 1, 35)
Hatte Jesus Sex? Dazu Johanna Klee (ab sofort meine Lieblingspastorin):
„Ich glaube, es ist ganz gut, dass wir nichts Genaues über Jesu Sexualität sagen können. So kann jede und jeder sich ein eigenes Bild machen." Link

Paulus möchte eigentlich, dass Priester enthaltsam leben, gestattet aber Ausnahmen bei zu starkem Sexualtrieb. Damit zeigt er sich vernünftiger und menschlicher als die heutigen römisch-katholischen Kirchenführer. (1. Korinther 7, 1-9)
Bischöfe sollen heiraten und Kinder zeugen. (Timotheus 3, 1-10, Titus 1, 5-11)
Homosexualität ist laut Paulus eine Strafe Gottes für Gottlosigkeit. Lesben und Schwule hätten den Tod verdient (Römer, 1). Die *„widernatürliche Unzucht"* von Personen männlichen Geschlechts war ab 1871 durch § 175 strafbar. In der zunächst sehr frommen BRD wurde dies Gesetz erst 1994 ganz abgeschafft.

Sexualität (römisch-kathol. Kirche)
Erlaubt ist nur ehelicher Sex, der auf Fortpflanzung zielt. Die rk Kirche verurteilt Homosexualität, außerehelichen Sex, Masturbation und Abtreibung. Da Priester nicht heiraten dürfen, sind sie verpflichtet, vollständig auf Sex zu verzichten. Wie sie das schaffen, weiß nur Gott allein. Ein Ende des Pflicht-Zölibats werden die heutigen Priester wohl nicht mehr erleben, aber vielleicht deren Kinder. Vermutlich gibt es weltweit zigtausende von Priesterkindern. Und natürlich zeigt sich die Verlogenheit der röm.-kath. Kirche auch im Umgang mit diesen Kindern und deren unglücklichen Müttern. Hier ein Beispiel: Link.

Tierliebe (AT)
Tiere sollen nicht als Schöpfungen Gottes geliebt, sondern genutzt werden. Um Nutztiere anderer Besitzer soll man sich kümmern, wenn sonst Gefahr droht, dass diese ihr Eigentum verlieren. Menschen *„sollen herrschen über die Fische des Meeres, die Vögel des Himmels, über das Vieh, über die ganze Erde und über alle Kriechtiere auf dem Land."*
(1 Mose 1, 26b)

Tiere sollen dem Menschen als Nahrung und mit ihren Fellen als Kleidung dienen. Es gibt lange Listen von reinen und unreinen Tieren wie z.B. Schweinen und Flügeltieren mit vier Beinen. (3 Mose 11, 5 Mose 14) Warum Gott auch unreine Tiere erschaffen hat, bleibt unklar. *„Wenn ... du, weil du Appetit auf Fleisch hast, sagst: Ich möchte gern Fleisch essen, dann darfst Du so viel Fleisch essen, wie du möchtest." (5 Mose 12)*

Bestimmte als Nahrung geeignete Tiere wie Rinder, Ziegen und Schafe sollen – oft in großer Zahl – Gott geopfert werden. Dieser liebt den süßlichen Rauch von Brandopfern. (4 Mose 28) Gelegentlich werden ihm aber die Opfer zu viel: *„Was soll ich mit euren vielen Schlachtopfern?, spricht der Herr. Die Widder, die ihr als Schlachtopfer verbrennt, und das Fett eurer Rinder habe ich satt; das Blut der Stiere und Lämmer und Böcke ist mir zuwider. ... Bringt mir nicht länger sinnlose Gaben, Rauchopfer, die mir ein Gräuel sind." (Jesaja, 1, 11-13)*

Der Herr hat so seine Launen, neigt aber nicht zur Tierliebe. Milliarden von Tieren erleiden seit Millionen von Jahren einen fürchterlichen Tod durch Krankheiten, Raubtiere, Parasiten, Hunger, Kälte, Dürre, Wassermangel und Naturkatastrophen. Gott scheint das nicht zu stören.

Wunderheilungen (NT)
Schon im Markus-Evangelium wird über viele wundersame Heilungen Kranker berichtet. Jesus betätigt sich als Exorzist und heilt durch verschiedene „Methoden" u.a. Blinde, Stumme und Lahme. Das eigentliche Wunder ist aber, dass so viele Leichtgläubige diese unglaublichen Geschichten bis heute glauben. Meist wird Jesus um Heilungen gebeten. Am Wohlergehen aller Menschen auf dieser Erde ist ihm offensichtlich nicht gelegen. Er setzt die Wunder ein, um sein Ansehen und seinen Einfluss zu vergrößern.
Auch hier ist von Liebe wenig zu spüren.

Die Briefe des Wolfgang an den „lieben" Gott

Der erste Brief
Warum hältst Du Dich am liebsten versteckt?
Dass Dich das wütende Volk nicht entdeckt?
Wissend bist Du und allmächtig und gut?
Warum nur packt Dich dann ständig die Wut?
Warum lässt Du sogar Säuglinge leiden,
hungern und dürsten und elend verscheiden?
Warum hast Du schlechte Menschen geschaffen,
die sich betrügen und töten und raffen?
Du hast die Menschen nicht selber verdorben,
Satan hat Eva als Schlange umworben?
Zürnender Gott, dieses teuflische Tier:
Ist das denn nicht eine Schöpfung von Dir?

Der zweite Brief
Lieber Herrgott, mach mich fromm,
dass ich in den Himmel komm.
Lass dich einfach einmal blicken,
kannst mir auch 'ne E-Mail schicken:
klosterwolf@hotmail.com.

PS: Möge es dir bald gelingen,
den Gehörnten umzubringen.

Der dritte Brief
(In Anlehnung an ein Gedicht von Robert Gernhardt)

Lieber Herrgott, nimm es hin,
dass ich weiter skeptisch bin.
Und gib ruhig einmal zu:
Keiner ziert sich so wie du.
Preisen werd ich deinen Namen,
aber zeig dich vorher. Amen.

Der 1. Brief des Wolfgang an die Christen

Welcher Gott ist liebeskrank,
fordert Liebe, Lob und Dank?
Welcher Gott hat soviel Wut,
dass er eifrig Böses tut?

Welcher Gott verdient 'nen Orden
für den Weltrekord im Morden?
Welcher Gott bestraft den Zweifel,
prüft die Menschen durch den Teufel?

Welcher Gott ist so verroht,
dass er mit der Hölle droht?
Welcher Gott, der uns erzählt,
dass er Sünder ewig quält?

Welcher Gott so furchtbar spinnt,
dass er martern lässt sein Kind?
Welcher Gott versprüht mehr Gift
als der Gott der „heil'gen" Schrift?

Der 2. Brief des Wolfgang an die Christen

Jesus selbst hat nichts geschrieben
für die Menschen, die ihn lieben.
Wer den Heiland richtig ehrte,
dessen Wunder schnell vermehrte.

Viele Jahre später dann
fingen sie zu schreiben an.
Wie von Deschner gut beschrieben, stahl
man Mythen nach Belieben.

Perser, Griechen, Römer schon
kannten einen Gottessohn,
den der Vater schickt ins Wetter
als des Menschen edler Retter.

Jungfernzeugung gab es auch,
das war bei den Göttern Brauch.
Prediger der Hochmoral
gab es damals ohne Zahl.

Vieles kam von Indien her,
Jesus ähnelt Buddha sehr.
Kreuzigung und Himmelfahrt
ward schon früher offenbart.

Und des Jesus´ Heil'genschein
könnt die heil'ge Sonne sein.
Rumspazieren nach dem Tode
war schon lange groß in Mode.

Die Lizenz zum Wassertaufen
konnt man bei den Griechen kaufen.
Heilig war schon Griechen Wein,
das kann kaum ein Zufall sein.

Doch es kommt noch etwas krasser:
Denn ein Gott macht Wein aus Wasser.
Isis trinkt Osiris' Blut,
der's im Becher reichen tut.

Jesus essen? Daran schuld
ist der alte Mithraskult.
Aßen Syrer heil'gen Fisch,
kam die Göttin auf dem Tisch.

Fleißig wurde importiert,
und man hat sich nicht geniert,
seinen Glauben zu verändern
durch den Mist aus fremden Ländern.

Wie befohlen glaubt der Christ,
dass sein Glaube richtig ist.
Bös ist, wer an Gott nicht glaubt, anderen
die Hoffnung raubt.

Angesichts der Zahl der Götter,
die die Menschheit schon verehrt,
frage ich als alter Spötter:
Nur der Christ glaubt nicht verkehrt?

Aus der Kriminalgeschichte des Christentums
reimbibel.de/kg

50: Paulus hetzt gegen die Juden. Sie hätten Jesus und die Propheten getötet, würden Gott nicht gefallen und seien allen Menschen feindlich.

80: Laut Matthäus rufen Juden: „Ans Kreuz mit ihm. Sein Blut komme über uns und unsere Kinder."

100: Johannes lässt Jesus zu Juden sagen: „Ihr habt den Teufel zum Vater und ihr wollt das tun, wonach es eurem Vater verlangt."

325: Auf dem Konzil von Nicäa werden die Arianer, die Jesus nicht für göttlich hielten, verdammt und des Landes verwiesen. reimbibel.de/KvN.pdf

Ab 370: Martin von Tours (St. Martin) lässt heidnische Kultstätten zerstören und dort Kirchen bauen.

381: Kaiser Theodosius verpflichtet die Bürger Roms dazu, Christen zu werden und erlässt Gesetze gegen Häretiker. reimbibel.de/381.pdf

388: Christen zerstören zum ersten Mal eine Synagoge.

750: Konstantinische Schenkung (eine Fälschung). reimbibel.de/18.pdf

1095: Papst Urban ruft zum ersten Kreuzzug auf. reimbibel.de/1095.pdf

1231: Papst Gregor IX. begründet die Inquisition. reimbibel.de/15a.pdf

1307-1323: In Toulouse und Carcasonne 42 Hinrichtungen und 307 mal lebenslanger Kerker wegen Häresie.

1391: In Sevilla werden 4.000 Juden getötet und 25.000 als Sklaven verkauft.

1452: Papst Nikolaus V. erlaubt in einer Bulle die Sklaverei.

1450-1750: Hochzeit der Hexenprozesse. reimbibel.de/15b.pdf

1468: Der Dominikaner Heinrich Kramer veröffentlicht den *„Hexenhammer"*, eine Anleitung zum Erkennen, Überführen und Vernichten von Hexen.

1500: Beginn der Zerstörung der Hochkulturen Mittelamerikas unter Beteiligung der katholischen Kirche. Durch Mord, Hunger und eingeschleppte Krankheiten verloren bis 1600 etwa 15 Millionen Indios ihr Leben. Kirchen in Spanien sind bis heute mit geraubtem Gold verziert. reimbibel.de/15c.pdf

1533: Der englische König Heinrich VIII. bricht mit Rom. Seitdem gibt es Spannungen zwischen Katholiken und Protestanten. Dazu gehört der bis heute anhaltende Nordirlandkonflikt, bei dem die dortigen Protestanten Teil des Königreichs bleiben wollen, während die Katholiken sich Irland anschließen möchten. Vor allem in den 70er Jahren war dieser Streit blutig.

1562-1598: Acht sowohl religiös (Prädestination, Abendmahl, Maria) als auch machtpolitisch motivierte Hugenottenkriege in Frankreich. Katholiken gegen Calvinisten. Wikipedia: Hugenottenkriege.

1599-1962: Index librorum prohibitorum. Zu den durch die katholische Kirche verbotenen Büchern gehörten u.a. Werke von Descartes, Diderot, Heine, Kant und Simone de Beauvoir. reimbibel.de/23-2

1618-1648: 30-jähriger Krieg.

1648: Ermordung von 200.000 polnischen Juden.

1933-1945: Judenverfolgung durch die Nazis. Kein einziger deutscher Bischof protestiert öffentlich. Auch nicht gegen die Verfolgung von Zeugen Jehovas, Sinti, Roma, Liberalen, Demokraten und Kommunisten. Hitler und dessen Kriegspolitik werden von den Kirchen unterstützt. Praktisch alle evangelischen und katholischen Pfarrer helfen beim *„Ariernachweis"* und geben Bürgern und Behörden Auskunft über Taufen und Heiraten von Eltern und Großeltern. Auf diese Weise können die Nazis bequem Juden, Zeugen Jehovas, Sinti und Roma identifizieren und verfolgen.

1939-ca. 1990: Mit Hilfe der katholischen Kirche werden in Spanien bis zu 300.000 armen oder regimekritischen Müttern ihre (angeblich gestorbenen) Babys geraubt und an Katholiken verkauft.
reimbibel.de/spa.pdf.

1941-1945: Unter dem Faschisten Ante Pavelic stark religiös motivierte und vom Vatikan tolerierte Gräueltaten. Mindestens 600.000 (?) orthodoxe Serben, Juden, Roma, Kommunisten und bosnische Muslime werden von katholischen Kroaten, darunter Priestern, ermordet. 299 Kirchen werden zerstört. Pavelic flieht über Rom und die *„Rattenlinie"* nach Argentinien.

1945-1975: Heimerziehung mit Zwangsarbeit, schwarzer Pädagogik und sexuellen Übergriffen. Zigtausende von Opfern in Deutschland, Irland und Kanada.
Indianischen Kanadiern wurden 150.000 Kinder weggenommen, über 3.000 dieser Kinder kamen in kirchlichen Heimen ums Leben. reimbibel.de/L3.htm

1945-1980: Belgische. Ordensschwestern verkaufen 30.000 Säuglinge lediger Mütter für 10.000 bis 30.000 Francs.

1978-2005: Missbrauchsvertuschung durch Papst Johannes Paul II..
reimbibel.de/JP2.htm

1982-2005: Missbrauchsvertuschung durch Kardinal Joseph Ratzinger. Als Präfekt der Kongregation für den Glauben war Kardinal Ratzinger an der weltweiten Vertuschung von sexuellen Übergriffen katholischer Priester beteiligt. Ihm lag immer das Ansehen seiner Kirche und das Wohlergehen der Täter mehr am Herzen als das Wohl der schon geschädigten sowie der weiterhin gefährdeten Kinder und Jugendlichen. Als Papst (2005-2013) wies Dr. Ratzinger erneut alle katholischen Bischöfe an, Sexualverbrechen durch Kleriker als „päpstliches Amtsgeheimnis" zu behandeln. reimbibel.de/16.pdf

1991-2001: Religiös-nationalistisch motivierter Bürgerkrieg in Jugoslawien, bei dem sich römisch-katholische Kroaten und orthodoxe Serben gegenseitig umbringen. Kroaten und Serben ermorden tausende von Muslimen.

2012: Erlaubnis der religiös motivierten Beschneidung der Vorhaut von Knaben durch § 1631d BGB, nachdem das Kölner Landgericht darin zurecht eine Körperverletzung gesehen hatte.
reimbibel.de/beschneidung

Ab 2013: Missbrauchsvertuschung durch Papst Franziskus.
reimbibel.de/Franziskus-Missbrauch.pdf

2015-2020: Verbot der auf Wiederholung angelegten (professionellen) Suizidhilfe durch § 217 StGB unter Mitwirkung der CDU/CSU, großer Teile der SPD sowie sämtlicher ständiger Verfassungsorgane. § 217 war ein stark religiös motiviertes Verbrechen gegen die Menschlichkeit: 217stgb.com. Noch heute ist es in Deutschland schwierig bis unmöglich, zur Abkürzung aussichtslosen Leidens vor dem Tod einen erfahrenen ärztlichen Suizidhelfer zu finden. Ein neuer § 217 StGB fand 2023 keine Mehrheit. Mit erneuten Versuchen, einen § 217 zu etablieren, ist zu rechnen.

2022: Es glaubt der fromme Putinist, dass Putin Russlands Retter ist. Bündnis von Thron und Altar: Kyrill I., Ex-KGB-Agent und Chef der russisch-orthodoxen Kirche, unterstützt das Morden von Soldaten des Ex-FSB-Chefs Putin in der Ukraine.
reimbibel.de/kyrill.

2024: Hochrechnung zum Missbrauch in der Evangelischen Kirche: 3497 Täter, 9355 Opfer.

Bücher von Karlheinz Deschner:

- Abermals krähte der Hahn. Eine kritische Kirchengeschichte von den Evangelisten bis zu den Faschisten.

- Kirminalgeschichte des Christentums. 10 +1 Bände, 6.000 Seiten.

Antiklerikale Zitate
reimbibel.de/zitate

"Theologie" ist der professionalisierte und institutionalisierte Missbrauch der Vernunft im Dienste des Glaubens.
(Hans Albert, Philosoph und Soziologe)

Religion will Gesetze machen, Werte und Normen bestimmen und herrschen. (Andreas Becke, dt. Philosoph)

Messgewänder sind das Kostüm der Narren am Himmlischen Hof. (Ambrose Bierce, am. Schriftsteller, 1842-1914)

In seinem Durchschnitts-'Organ' ist der deutsche Katholizismus mies bis dreckig, in seinen Methoden dumm bis dreist. (Heinrich Böll, 1917-1985)

Ein Blutstrom fließt durch achtzehn Jahrhunderte, und an seinen Ufern wohnt das Christentum. (Ludwig Börne, dt. Schriftsteller, 1786-1837)

Wann bist du eigentlich lieb, lieber Gott? (Wolfgang Borchert, 1921-1947)

Frauen schulden keiner einzigen Religion Dank für auch nur einen Impuls der Freiheit. (Susan Brownell Anthony, 1820-1906)

Die Bibel - und zwar nicht nur das Alte, sondern auch das Neue Testament - ist in zentralen Teilen ein gewalttätig-inhumanes Buch, als Grundlage einer heute verantwortbaren Ethik ungeeignet.
(Franz Buggle, Psychologe, 1933-2011)

Welch primitive Mythologie, dass ein menschgewordenes Gotteswesen durch sein Blut die Sünden der Menschheit sühnt! (Rudolf Bultmann, dt. Theologe)

Die Wissenschaft hat in einhundert Jahren mehr für ein zivilisiertes Leben getan als das Christentum in achtzehnhundert Jahren. (John Burroughs, am. Dichter, 1837-1921)

Wer in Glaubenssachen den Verstand befragt, kriegt unchristliche Antworten. ... Toleranz ist gut. Aber nicht gegenüber Intoleranten. (Wilhelm Busch, dt. Zeichner u. Dichter, 1832-1908)

Ich denke jeder, der sich anmaßt zu wissen, was Gott denkt, gehört in die Psychiatrie. (Larry Cohen, am. Regisseur, 1936-2019)

Des großen Alexander Reich zerfiel; das der alten Römer und das Napoleons ging in Trümmer; sie waren gebaut auf die Gewalt der Waffen. Aber das Reich von Neu-Rom besteht schon fast anderthalbtausend Jahre und wird wer weiß wie lange bestehen, denn es ruht auf dem solidesten Fundament - auf der Dummheit der Menschen. (Otto von Corvin, Schriftsteller, 1812-1886)

„Der Gott des Alten Testaments ist – das kann man mit Fug und Recht behaupten – die unangenehmste Gestalt der gesamten Literatur: Er ist eifersüchtig und auch noch stolz darauf; ein kleinlicher, ungerechter, nachtragender Überwachungsfanatiker; ein rachsüchtiger, blutrünstiger ethnischer Säuberer; ein frauenfeindlicher, homophober, rassistischer, Kinder und Völker mordender, ekliger, größenwahnsinniger, sado-masochistischer, launisch-boshafter Tyrann."
(Richard Dawkins, brit. Biologe, 1941-, Der Gotteswahn, Ullstein 2007, S. 45)

Auch Religion ist nur eine Frage der Geographie. Und des Datums. ... Ein Gott, der die Hölle gemacht, verdient als einziger darin zu braten. ... Das Christentum ist theoretisch der friedliebendste, praktisch aber der blutrünstigste Glaubensverband der Weltgeschichte. ... Nach intensiver Beschäftigung mit der Geschichte des Christentums kenne ich in Antike, Mittelalter und Neuzeit, einschließlich und besonders des 20. Jahrhunderts, keine Organisation der Welt, die zugleich so lange, so fortgesetzt und so scheußlich mit Verbrechen belastet ist wie die christliche Kirche, ganz besonders die römisch-katholische Kirche. ... Seit Konstantin wurden Heuchelei und Gewalt zum Kennzeichen der Kirchengeschichte, wurde der Massenmord zur Praxis einer Religion. Einen zu töten war strikt verboten, Tausende umzubringen ein gottgefälliges Werk. ... Das Ganze nennt man nicht Geisteskrankheit, das Ganze heißt Christentum. ... Kirchen sind durchaus kein notwendiges Übel, aber das Übel folgt notwendig daraus. ... Religionen sind Fertighäuser für arme Seelen. ... Nicht die Sexualkunde verdirbt die Minderjährigen - der Religionsunterricht! ... Es gibt kaum einen traurigeren Anblick als eine junge Nonne - ausgenommen eine alte. ... Missionare in der Heimat kommen mir immer wie Seeräuber auf Urlaub vor. ... Daß Glaube etwas ganz anderes sei als Aberglaube, ist unter allem Aberglauben der größte. ... Das Christentum beruht auf verschiedenen Geboten - dem Gebot der Nächstenliebe, der Feindesliebe, dem Gebot nicht zu stehlen, nicht zu töten und auf der Klugheit, keines dieser Gebote zu halten. ... Sowenig man die Liebe den Prostituierten anvertrauen darf, sowenig die Religion den Pfaffen. ... Je größer der Dachschaden, desto schöner der Ausblick zum Himmel. (Karlheinz Deschner, dt. Schriftsteller, 1924-2014)

Die Christen werden mit Volksmärchen aus Arabien, Chaldäa, Assyrien, Ägypten, Babylon, Persien, Kanaan aufgezogen. (Anagarika Dharmapala, 1864-1933)

"Der Gott, der Gott sterben läßt, um Gott zu besänftigen"...Hundert Folianten, die für oder wider das Christentum geschrieben worden sind, ergeben eine geringere Evidenz als der Spott dieser zwei Zeilen. (Denis Diderot, fr. Schriftsteller u. Philosoph, 1713-1784)

Die Erkenntnis von der Unfreiheit des Willens schützt mich davor, mich selbst und die Mitmenschen allzu ernst zu nehmen und den guten Humor zu verlieren. Es war natürlich eine Lüge, was Sie über meine religiösen Überzeugungen gelesen haben, eine Lüge, die systematisch wiederholt wird. Ich glaube nicht an einen persönlichen Gott, und ich habe dies niemals geleugnet, sondern habe es deutlich ausgesprochen. Falls es in mir etwas gibt, das man religiös nennen könnte, so ist es eine unbegrenzte Bewunderung der Struktur der Welt, so weit sie unsere Wissenschaft enthüllen kann. ... Das Wort Gott ist für mich nichts als Ausdruck und Produkt menschlicher Schwächen, die Bibel eine Sammlung ehrwürdiger, aber doch reichlich primitiver Legenden ... Keine noch so feinsinnige Auslegung kann etwas daran ändern. Diese verfeinerten Auslegungen sind höchst mannigfaltig und haben so gut wie nichts mit dem Urtext zu schaffen. ... Für mich ist die unverfälschte jüdische Religion wie jede andere der Inbegriff des kindischsten Aberglaubens. ... Um ein tadelloses Mitglied einer Schafherde sein zu können, muss man vor allem ein Schaf sein." (Albert Einstein, Physiker, 1879-1955)

Entweder will Gott das Übel beseitigen und kann es nicht, oder er kann es und will es nicht, oder er kann es nicht und will es nicht, oder er kann es und will es. Wenn er nun will und nicht kann, ist er schwach, was auf Gott nicht zutrifft. Wenn er kann und nicht will, ist er missgünstig, was ebenfalls Gott fremd ist. Wenn er nicht will und nicht kann, dann ist er so-

wohl missgünstig wie schwach und dann auch nicht Gott. Wenn er aber will und kann, was allein sich für Gott ziemt, woher kommen dann die Übel, und warum nimmt er sie nicht weg?
(Epikur, gr. Philosoph, 341-ca. 270 vChr)

Die ganze Welt steckt in dem Vorurteil, dass der Glauben etwas Hohes und der Unglauben etwas Niederes sei. Mit diesem furchtbaren Unsinn muss gebrochen werden. (Theodor Fontane, dt. Schriftsteller, 1819-1898)

Geht man allen Religionen auf den Grund, so beruhen sie auf einem mehr oder minder widersinnigen System von Fabeln. Es ist unmöglich, dass ein Mensch von gesundem Verstand, der diese Dinge kritisch untersucht, nicht ihre Verkehrtheit erkennt. (Friedrich der Große, König von Preußen, 1712-1786)

Mir willst du zum Gotte machen solch ein Jammerbild am Holze! ... Der Glaube ist nicht der Aufgang, sondern das Ende allen Wissens. ... Es ist gar viel Dummes in den Satzungen der Kirche. Aber sie will herrschen, und da muss sie eine borniterte Masse haben, die sich duckt und die geneigt ist, sich beherrschen zu lassen. ... Die hohe, reich dotierte Geistlichkeit fürchtet nichts mehr als die Aufklärung der unteren Massen. Es bleibt wahr: das Märchen von Christus ist Ursache, daß die Welt noch 10000 Jahre stehen kann und niemand recht zu Verstand kommt, weil es ebenso viel Kraft des Wissens, des Verstandes, des Begriffs braucht, um es zu verteidigen als es zu bestreiten. ... Die Geschichte des guten Jesus hab ich nun so satt, daß ich sie von keinem, außer von ihm selbst, hören möchte. ... Glaubt nicht, dass ich fasele, dass ich dichte; Seht hin und findet mir andre Gestalt! Es ist die ganze Kirchengeschichte Mischmasch von Irrtum und von Gewalt. ... Dich vermag aus Glaubensketten der Verstand allein zu retten.
(Johann W. Goethe, Dichter, 1749-1832)

Gott ist die aufs Lächerlichste vermenschlichte Erfindung der ganzen Menschheit. In den Jahrmilliarden, die unsere Erde alt ist, sollte sich Gott erst vor 4000 Jahren den Juden und vor knapp 2000 Jahren den Christen offenbart haben, mit deutlicher Bevorzugung der weißen Rasse unter Vernachlässigung der Schwarzen, der Gelben und der Rothäute? Auf solche Märchen kann ich mühelos verzichten.
(Claire Goll, 1891-1977)

Die Bibel, das konservativste Buch der Weltliteratur, das Buch, mit dem man Todesstrafe, Obrigkeitsstaat, ewiges Bleiben von reich und arm, Kapitalistenausbeutung und Ausgebeutet-Sein begründen kann. (Helmut Gollwitzer, dt. Theologe, 1908-1993)

Religion ist die höchste Eitelkeit. ... Die Offenbarung Gottes in der Bibel folgt nicht einmal aus christlichen Begriffen. Wenn er sich offenbaren wollte, so hätte er vermöge seiner Liebe, die es ihm nicht erlaube, die Menschen irre zu führen, und vermöge seiner Allmacht, die es ihm möglich machte, ein Buch liefern müssen, welches über alle Mißdeutung erhaben war und von jedem erfaßt werden konnte.
(Friedrich Hebbel, dt. Dichter, 1813-1863)

In dunklen Zeiten wurden die Völker am besten durch die Religionen geleitet, wie in stockfinsterer Nacht ein Blinder unser bester Wegweiser ist; er kennt dann die Wege und Stege besser als ein Sehender; es ist aber töricht, sobald es Tag ist, noch immer die alten Blinden als Wegweiser zu gebrauchen. ... Religion und Heuchelei sind Zwillingsschwestern, und beide sehen sich so ähnlich, dass sie zuweilen nicht voneinander zu unterscheiden

sind. ... Ärgert dich dein Auge, so reiss es aus, ärgert dich deine Hand, so hau sie ab, ärgert dich deine Zunge, so schneide sie ab, und ärgert dich deine Vernunft, so werde katholisch.
(Heinrich Heine, dt. Dichter, 1797-1856)

Die monotheistischen Religionen sind plagiierte Plagiate unverbürgter Gerüchte. ... Da es offensichtlich unvorstellbar ist, dass alle Religionen richtig sind, ist die vernünftigste Schlussfolgerung, dass sie alle falsch sind. (Christopher Hitchens brit. Autor, 1949-2011)

In der Vernunft und in unserer eigenen Natur werden wir Führer haben, die viel sicherer sind als jene Götter, denen die Geistlichkeit nach ihrem Gutdünken irgendwelche Worte in den Mund legt und deren Sprache sie je nach ihren Interessen auslegt. (Paul Thiry D'Holbach, dt.-fr. Philosoph, 1723-1789)

Denn nur ein Narr beugt heut noch seinen Nacken vor Göttern - die aus Weizenmehl gebacken! ... Das Volk hat lange graue Ohren, und seine Treiber nennen sich Rabbiner, Pfarrer und Pastoren.
(Arno Holz, dt. Schriftsteller, 1863-1929)

In jedem Dorf gibt es eine Fackel, den Lehrer; und jemanden, der dieses Licht löscht, den Pfarrer. (Victor Hugo, frz. Schriftsteller, 1802-1885)

Gott ist eine vom Menschen erdachte Hypothese bei dem Versuch, mit dem Problem der Existenz fertig zu werden. ... Zweifel ist die größte aller Tugenden, blinder Glaube die größte aller Sünden.
(Sir Julian Huxley, 1887-1975)

Das Kristentum ist mir ungeheuer auf die Nerven gegangen, diese Zweijahrtausende sausende Fahrt in die verkehrte Richtung. (Hans Henny Jahnn, 894-1959)

Es wird der Tag kommen, an dem die mystische Entstehung Jesu im Leib einer Jungfrau und mit dem höchsten Wesen als Vater in die gleiche Kategorie eingeordnet wird wie die Fabel von der Geburt der Minerva aus dem Kopf Jupiters. ... Die einzige Waffe, die man gegen unverständliche Aussagen einsetzen kann, ist der Spott. Vorstellungen müssen klar umrissen sein, erst dann kann die Vernunft sich mit ihnen beschäftigen; und von der Dreieinigkeit hatte kein Mensch jemals eine klar umrissene Vorstellung. Es ist nur das Abrakadabra jener Scharlatane, die sich als Priester Jesu bezeichnen. (Thomas Jefferson, am. Präsident, 1743-1826)

Jude: Christen und Muslime irren sich.
Christ: Juden und Muslime irren sich.
Muslim: Juden und Christen irren sich.
Atheist: Sie haben alle recht.
(Penn Fraser Jilette, am. Autor, 1955-)

Moses sagt: 'Gott ist eifersüchtig'; und anderswo: 'Unser Gott ist ein verzehrendes Feuer.' So seht ihr also etwas Göttliches darin, wenn Gott als neidisch bezeichnet wird, während ein eifersüchtiger und mißgünstiger Mensch euch tadelnswert erscheint? (Julian, röm. Kaiser, 331-363)

Wie kann denn überhaupt jemand schuldig sein? Wir sind Gottes Geschöpfe. Wenn wir schuldig sind, was ist er dann? (Franz Kafka, Dichter, 1883-1924)

Wer sich über das Christentum nicht empört, kennt es nicht.
(Joachim Kahl, dt. Theologe, 1941-)

Im Gleichnis Christi ist die enge Pforte und der schmale Weg, der zum Leben führt, der des guten Lebenswandels; die weite Pforte und der breite Weg, den viele wandeln, ist die Kirche.
(Immanuel Kant, Philosoph, 1714-1788)

Alle Religionen sind gleich. Sie sind Schuldgefühle mit unterschiedlichen Feiertagen. (Cathy Ladman, 1955-)

Wenn man glaubt, im Besitz der Wahrheit zu sein, sollte man wissen, dass man glaubt, aber nicht glauben, dass man weiss. (Jules Lequier, frz. Philosoph, 1814-1862)

Es ist ein grobes Missverständnis, dass die Vernunft gegenüber Glaubenswahrheiten tolerant sein muss; die Vernunft hat nichts zu dulden, was ihren Ansprüchen nicht genügt. Wären die Aufklärer und Religionskritiker, von Voltaire über Feuerbach bis zu Marx, Nietzsche und Freud ähnlich wie wir von der Besorgnis getragen gewesen, nur ja keine religiösen Gefühle zu verletzen, hätte es keine Aufklärung, keine Menschenrechte, keine moderne Lebenswelt gegeben. (Konrad Paul Liessmann, öst. Philosoph, 1953-)

Jesus hat das Reich Gottes verkündet und gekommen ist die Kirche.
(Alfred Loisy, frz. Theologe, 1857-1940)

Alle Religionen erscheinen den Ignoranten göttlich, den Politikern nützlich und den Philosophen lächerlich.
(Lucretius, röm. Philosoph, 94-49 vChr)

Die Kirche muß die Wahrheit unterdrücken, um in der Gesellschaft hoffähig zu bleiben. ... Die historische Kritik hat den Gebrauch des Alten Testaments durch das Neue Testament ad absurdum geführt, denn an keiner Stelle standen den alttestamentlichen Verfassern die Personen und Geschehnisse vor Augen, die sie den neutestamentlichen Autoren zufolge im Blick hatten. ... Kein Buch des Mose stammt von Mose, kein Psalm Davids von David, kein Spruch Salomos von Salomo, keine Vision Daniels von Daniel, die allerwenigsten Prophetenworte von den Propheten, unter deren Namen die Bücher überliefert sind. Es gab keinen Exodus aus Ägypten, keine Sinaioffenbarung und keine Übergabe der Zehn Gebote. Abraham, Isaak, Mose und Josua sind bloße Namen, Jericho wurde nie erobert.
(G. Lüdemann, dt. Theologe, 1946-2021)

Die Kirche sagt, die Erde sei flach, aber ich weiß, sie ist rund, denn ich habe ihren Schatten auf dem Mond gesehen, und ich habe mehr Vertrauen in einen Schatten als in die Kirche.
(Ferdinand Magellan, 1480-1521)

Die Religion ist der Seufzer der bedrängten Kreatur und das Gemüt einer herzlosen Welt. Sie ist das Opium des Volkes.
(Karl Marx, dt. Philosoph, 1818-1883)

Die Kirche ist ein Ort, wo Menschen vom Himmel Wunderdinge erzählen, die niemals dort waren, und dies Menschen gegenüber, die nie dort eintreffen werden. ... Religionen stehen im Widerspruch zu allem, was ich verehre: Mut, Ehrlichkeit, klares Denken und vor allem Liebe zur Wahrheit. (Henry Louis Mencken, am. Schriftsteller, 1880-1956)

Wenn Gott persönlich nicht in der Lage war, die menschliche Natur sündenfrei zu erschaffen, welches Recht hat er dann, Menschen dafür zu bestrafen, dass sie nicht frei von Sünde sind?
(Jean Meslier, frz. Priester, 1664-1729)

Wenn Menschen Liebe gepredigt wird, lernen sie nicht lieben, sondern predigen. (Alice Miller, Schriftstellerin, 1923-2010)

Der Mensch ist zweifellos verrückt. Er kann keinen Wurm machen, aber Götter macht er dutzendweise. (Michel de Montaigne, fr. Philosoph, 1533-1592)

Unter allen Geisteskrankheiten, welche

„der Mensch in seinem dunklen Drange" sich systematisch in den Schädel impfte, ist die Gottespest die allerscheuslichste. ... Je frommer der Mensch ist, desto mehr glaubt er; je mehr er glaubt, desto weniger weiß er; je weniger er weiß, desto dümmer ist er; je dümmer er ist, desto leichter wird er regiert.
(Johannes Most, dt. Anarchist, Autor von „Die Gottespest", 1846-1906)

Ich verurteile das Christentum, ich erhebe gegen die christliche Kirche die furchtbarste aller Anklagen, die je ein Ankläger in den Mund genommen hat. .. Sie hat aus jedem Wert einen Unwert, aus jeder Wahrheit eine Lüge, aus jeder Rechtschaffenheit eine Seelen-Niedertracht gemacht... Ich heiße das Christentum den einen großen Fluch, die eine große innerlichste Verdorbenheit, den einen großen Instinkt der Rache, dem kein Mittel giftig, heimlich, unterirdisch, klein genug ist - ich heiße es den einen unsterblichen Schandfleck der Menschheit. ... Gott ist eine faustgrobe Antwort, eine Undelikatesse gegen uns Denker, im Grunde sogar bloß ein faustgrobes Verbot an uns: ihr sollt nicht denken! ... Glaube heißt nicht wissen wollen, was wahr ist. ... Gott die Formel für jede Verleumdung des 'Diesseits', für jede Lüge vom 'Jenseits'! ... In Gott das Nichts vergöttlicht, der Wille zum Nichts heilig gesprochen!" ... Man sagt nicht 'Nichts!', man sagt dafür 'Jenseits' oder 'Gott'. ... Da haben wir es also: Eine kirchliche Ordnung mit Priesterschaft, Theologie, Kultus, Sakrament; kurz, alles das, was Jesus von Nazareth bekämpft hatte. (Friedrich Nietzsche, dt. Philosoph, 1844-1900)

Religion sagt nichts aus über Gott, aber viel über die Gläubigen. (Dieter Nuhr)

Da Gott schweigt, schwätzen seine irdischen Vertreter um so mehr. Ohne Gott ist das Elend groß, aber mit Gott ist es noch größer. (Michel Onfray, 1959-)

Die neunte Landplage, die Gott den Menschen schickte, war eine dichte Finsternis. Sie brütete über Ägypten drei Tage lang. Die zehnte Landplage war eine Finsternis, die sich über ganz Europa und Amerika verbreitete, und sie hat 1900 Jahre gedauert. Das dürfte genug sein.
(Arnulf Øverland, norw. Autor, 1889-1968)

Der größte Zweifel an den Wundern Jesu entstammt für mich der Tatsache, dass ihre Zeugen mehrheitlich Fischer waren. (Arthur Pinstead, br. Journ., 1846-1915)

Leidet ein Mensch an einer Wahnvorstellung, nennt man es Geisteskrankheit. Leiden viele Menschen an einer Wahnvorstellung, dann nennt man es Religion. (Robert M. Pirsig, am. Philosoph und Schriftsteller, 1928-2017)

Heirate und du bist wohlauf für eine Woche! Schlachte ein Schwein und du bist wohlauf für einen Monat! Werde Priester und du bist versorgt fürs ganze Leben. (Polnisches Sprichwort)

Eine blutige Erlösung am Kreuz ist eine heidnische Menschenopferreligion nach religiösem Steinzeitmuster. (Uta Ranke-Heinemann, kath. Theologin, 1927-2021)

Christentum bedeutet heute zum großen Teil Paulus. (Guiseppe Ricciotti, it. Theologe, 1890-1964)

Warum hat der Vater den Sohn geschickt, warum ist er nicht selbst gekommen? (Erwin Ringel, österr. Psychiater, 1921-1994)

Töte einen Menschen, und du bist ein Mörder. Töte Millionen, und du bist ein Eroberer. Töte alle, und du bist Gott.
(Edmond Rostand, 1868-1918)

Das Christentum predigt nur Knechtschaft und Unterwerfung. Sein Geist ist der Tyrannei nur zu günstig, als dass sie nicht immer Gewinn daraus geschlagen hätte. Die wahren Christen sind zu Sklaven geschaffen. (Jean-Jacques Rousseau, Philosoph, 1712-1778)

Soweit ich weiß, wird in keinem Kirchenlied das hohe Lied der Intelligenz gesungen. ... Wenn alles eine Ursache haben muss, dann muss auch Gott eine Ursache haben. Wenn es etwas geben kann, das keine Ursache hat, dann kann das ebensogut die Welt wie Gott sein. ... Die Religion stützt sich vor allen und hauptsächlich auf die Angst. ... Es ist möglich, daß sich die Menschheit an der Schwelle eines goldenen Zeitalters befindet, wenn dies jedoch der Fall ist, muß zuerst der Drache getötet werden, der den Eingang bewacht, und dieser Drache ist die Religion. ... Wenn man sich auf der Welt umsieht, so muß man feststellen, daß jedes bißchen Fortschritt im humanen Empfinden, jede Verbesserung der Strafgesetze, jede Maßnahme zur Verminderung der Kriege, jeder Schritt zur besseren Behandlung der farbigen Rassen oder jede Milderung der Sklaverei und jeder moralische Fortschritt auf der Erde durchweg von den organisierten Kirchen der Welt bekämpft wurde. Ich sage mit vollster Überzeugung, daß die in ihren Kirchen organisierte christliche Religion der Hauptfeind des moralischen Fortschrittes in der Welt war und ist. ... Ich betrachte die Religion als Krankheit, als Quelle unnennbaren Elends für die menschliche Rasse.
(Bertrand Russell, Brite, 1872-1970)

„Die Glaubenswelt ist so weit psychologisiert und soziologisiert, dass daraus ein Gemisch wird aus Sozialethik, institutionellem Machtdenken, Psychotherapie, Meditationstechnik, Museumsdienst, Kulturmanagement, Sozialarbeit."
(Rüdiger Safranski, Schriftsteller, 1945-)

Auch Götter sterben, wenn niemand mehr an sie glaubt. (Jean Paul Sartre, frz. Intellektueller, 1905-1980)

Die Geistlichkeit war von jeher eine Stütze der königlichen Macht und mußte es sein. Ihre goldene Zeit fiel immer in die Gefangenschaft des menschlichen Geistes, und wie jene sehen wir sie vom Blödsinn und von der Sinnlosigkeit ernten. ... Da donnern sie Sanftmut und Duldung aus den Wolken und bringen dem Gott der Liebe Menschenopfer wie einem feuerarmigen Moloch, predigen Liebe des Nächsten und fluchen den achtzigjährigen Blinden von ihren Türen hinweg, stürmen wider den Geiz und haben Peru um goldner Spangen willen entvölkert.
(Friedrich Schiller, dt. Dichter, 1759-1805)

Unsere abendländische Kultur, auf Altertum und Renaissance beruhend, ist im härtesten Kampf gegen die ausgesprochen kulturhemmenden Kräfte des Christentums entstanden!
(Arno Schmidt, dt. Autor, 1914-1979)

Kein noch so verkommenes Subjekt unserer Spezies hat jemals derartig weitreichende Verbrechen begangen, wie sie vom Gott der Bibel berichtet werden. ... Grundübel des Christentums: Sie erniedrigten einen Rebellen zur Gottheit. ... Potente Offenbarungs-Religionen kennen -wenn man ihnen den Freiraum läßt- allzu häufig nur eine Maxime, den Umgang mit dem Andersdenkenden betreffend: Du wirst dran glauben - oder: Du wirst dran glauben! ... Dass sich der Schöpfer des Universums ausgerechnet in unserer Tierart der Trockennasenaffen inkarniert habe, dass er sich dafür interessiere, ob Wesen, die auf einem Staubkorn im Weltall lebten, eine Schweinshaxe äßen oder nicht – diese Vorstellungen sind lächerlich. ... Je kleiner der Geist, desto größer das Verlangen nach dem Geistlichen. ... Theologie ist das Bemühen, aus Nicht-Geschehenem, frei erfundenen Märchen, zusammengestückelten Metaphern, verhunzten Überlieferungen, zensierten Berichten, traditionellen Behauptungen, (und im katholischen Spektrum zusätzlich) päpstlichen Enzykliken und Konzilsbeschlüssen einen nachvollziehbaren Zusammenhang herzustellen. (Michael Schmidt-Salomon, Autor und Vorstandssprecher der gbs, 1967-)

Die Religionen sind wie die Leuchtwürmer: Sie bedürfen der Dunkelheit, um zu leuchten. ... Glauben und Wissen verhalten sich wie zwei Schalen einer Waage: in dem Maße, als die eine steigt, sinkt die andere. ... Endlich kommt noch hinzu, daß der Gott, welcher Nachsicht und Vergebung jeder Schuld, bis zur Feindesliebe, vorschreibt, keine übt, sondern vielmehr ins Gegenteil verfällt ... bis auf jene wenigen Ausnahmen, welche durch die Gnadenwahl, man weiß nicht warum, gerettet werden. Diese aber beiseite gesetzt, kommt heraus, als hätte der liebe Gott die Welt geschaffen, damit der Teufel sie holen solle; wonach er denn viel besser getan haben würde es zu unterlassen. ... Ich sehe nicht ein, warum ich, der Einfalt Anderer wegen, Respekt vor Lug und Trug haben sollte. (Arthur Schopenhauer, dt. Philosoph, 1788-1860)

Wer glaubt, ein Christ zu sein, weil er die Kirche besucht, irrt sich. Man wird ja auch kein Auto, wenn man in eine Garage geht. (Albert Schweitzer, Arzt, 1875-1965)

Von dem Augenblick an, da ihr diesem von Menschen geschaffenen Monstrum, Kirche geheißen, erlaubt, sich eures Geistes zu bemächtigen, ist euer inneres Licht wie eine ausgelöschte Kerze, und eure Seele ist in die Finsternis gefallen und verdammt. ... Die Tatsache, dass sich der Gläubige glücklicher fühlt, als der Ungläubige, besagt nicht mehr, als dass sich der Betrunkene glücklicher fühlt als der Nüchterne. ... Verstand beginnt mit einem lebensbejahenden Atheismus. Er befreit die Seele von Aberglauben, Schrecken, Duckmäusertum, gemeiner Willfährigkeit und Heuchelei und schafft Raum für das Licht des Himmels. (George Bernard Shaw, irischer Dramatiker, 1856-1950)

Die Heiden haben das Leben vergöttert, die Christen den Tod. (Germaine de Staël, frz. Schriftstellerin, 1755-1817)

Ich habe an mir selber erlebt, wie enorm mein Leben an Qualität gewonnen hat, seitdem ich diesen Seelenballast von Sünde, Schuld und Strafe über Bord geworfen habe. (Herbert Steffen, Unternehmer, ehemaliger Diözesanrat und Gründer der Giordano-Bruno-Stiftung, 1934-2022, reimbibel.de/hs.pdf)

Schlimmer noch als Anmaßung und Unredlichkeit der Christen ist die Tatsache, daß diejenigen, die keine Christen sind, solches hinnehmen. (Gerhard Szczesny, dt. Schriftsteller, 1918-2002)

Dogmatiker - mit solchen Leuten kann man nicht diskutieren, man kann ihnen Nachsicht angedeihen lassen, sie bedauern, zu heilen versuchen, aber man muss sie als Geisteskranke betrachten und darf mit ihnen nicht streiten. (Leo Tolstoi, russ. Schriftsteller, 1828-1910)

Es ist eine Tatsache, daß niemals eine Verurteilung, niemals eine Exkommunizierung gegen das Regime Hitlers ausgesprochen worden ist, nicht einmal, als dieser und seine Partei in den Konzentrationslagern Millionen von Menschen umbrachten. (A. Tondi, Theologe, 1908-1984)

Als die ersten Missionare nach Afrika kamen, besaßen sie die Bibel und wir das Land. Sie forderten uns auf zu beten. Und wir schlossen die Augen. Als wir sie wieder öffneten, war die Lage genau umgekehrt: Wir hatten die Bibel und sie das Land. (Desmond Tutu, südafrik. Erzbischof, 1931-2021)

Dies ist der Gipfel des Monströsen und Lächerlichen, Gott als einen kleinlichen, unsinnigen und barbarischen Despoten zu verkünden, der einigen seiner Favoriten heimlich ein unverständliches Gesetz mitteilt und die übrigen des Volkes umbringt, weil sie dieses Gesetz nicht gekannt haben. (Voltaire, 1694-1778)

Falls es einen Gott gibt, der besondere Pläne mit den Menschen hat, dann hat dieser Gott sich wirklich große Mühe gegeben, sein Interesse an uns nicht sichtbar werden zu lassen. Es erschiene mir unhöflich, wenn nicht gar respektlos, einen solchen Gott mit unseren Gebeten zu behelligen. ... Mit oder ohne Religion würden gute Menschen Gutes tun und böse Menschen Böses. Aber damit gute Menschen Böses tun, bedarf es der Religion. (Steven Weinberg, am. Physiker und Astronom, 1933-2021)

A theologian is like a blind man in a dark room searching for a black cat which isn't there - and finding it! ... Ein Bischof sagt als Achtzigjähriger noch genau dasselbe, das ihm eingeflößt wurde, als er achtzehn war. (Oscar Wilde, Ire, 1854-1900)

Wenn Kühe, Pferde oder Löwen Hände hätten und damit malen und Werke wie Menschen schaffen könnten, dann würden die Pferde pferde-, die Kühe kuhähnliche Götterbilder malen und solche Gestalten schaffen, wie sie selber haben. (Xenophanes, gr. Philosoph, ca. 570-470 vChr, Fragment 15)

Christi Höllenfahrt
reimbibel.de/ch

Vater, Sohn und Heil'ger Geist
war'n noch nie zu dritt verreist.
Jesus wollte nach Havanna,
mal Langusten statt nur Manna.

Jahwe wollt' ne Kreuzfahrt machen,
Jesus fand das nicht zum Lachen.
Holy konterte jedoch:
„Golf spiel'n wir am schwarzen Loch."

So kam man sich ins Gewölle,
fuhr gemeinsam dann zur Hölle.
Beelzebub war sehr erstaunt,
gab sich aber gut gelaunt:

„Heilige Dreifaltigkeit,
euer Weg war wirklich weit.
Sicher wollt ihr Sünder sehen,
wie sie klappern, schreien, flehen.

Wenn es recht ist, gehen wir
einfach mal durch diese Tür.
Steuersünder quäl'n wir hier
ewig mit Finanzpapier:

Kinderzahl und KSO,
Name, Alter sowieso.
Ist dann alles ausgefüllt,
wird das Formular zerknüllt
und ganz einfach angesteckt,
dass es heiß am Sünder leckt.

Gehen wir nach nebenan,
hier sind Ehebrecher dran:
Mehrere Milliarden Stunden
fest ans Eheweib gebunden.

Gleich eins weiter Atheisten,
Juden und auch Luther-Christen.
Einer darf den andern quälen
und aus seiner Sicht erzählen.

In dem Raum für Päderasten
sitzen sie an Keyboardtasten,

fischen aus dem Intranet
alte Frauen, dick und fett.

Hier vor diesen Flimmerkisten
sitzen Fernsehjournalisten.
Sehen dort seit vielen Jahren,
was sie doch für Schwätzer waren."

Jesus, Geist und Zebaoth
war'n beeindruckt von der Not.
Jahwe sprach des Lobes voll:
„Wie du quälst, ist wirklich toll."

Holy sich dann nicht genierte:
„Sei in unserm Bund der Vierte!"
Satan brachte Höllenwein,
lud die drei zum Grillfest ein.

Einig war sich das Terzett:
„Dieser Ausflug war sehr nett.
In der Hölle ist es schön,
Prosit und auf Wiederseh'n!"

Kirchenkritiker/innen in der BRD
reimbibel.de/kirchenkritiker

Christ/in wird man nicht, weil man das aus eigenem Antrieb will. Die meisten Menschen, die heute Kirchenmitglieder sind, haben eine solche Mitgliedschaft nie beantragt, zahlen aber über Jahrzehnte brav Kirchensteuer und glauben irrtümlich, dadurch Gutes zu tun. Sie wurden als Säuglinge dem Exorzismus der Taufe unterzogen und erhielten dann vom Kleinkindalter an eine religiöse Gehirnwäsche. Im Elternhaus, im Kindergarten, in der Schule (dort auf Kosten aller Steuerzahler 700 bis 1000 Stunden lang). Auch durch die Medien wurden sie permanent christlich indoktriniert. Bevor es schließlich zur Kommunion und Firmung bzw. zur Konfirmation kam, gab es zusätzlich spezielle Märchenstunden in den Kirchengemeinden ihrer Eltern. In der frühen BRD konnte sich kaum jemand diesem sozialen Druck entziehen. Nach und nach ist es in Deutschland und in vielen europäischen Ländern aber zu einer starken Erosion des Glaubens und einem ebenfalls starken Rückgang des Ansehens der Kirchen gekommen: Link. An der grundgesetzwidrigen Privilegierung der Kirchen durch den Staat hat dies aber bisher wenig geändert. Bis zu einem wirklich demokratischen, säkularen Staat ist der Weg noch weit und entsprechende Fortschritte kommen nicht von selbst.

Im Folgenden sollen einige kirchenkritische Autor/inn/en und Aktivist/inn/en vorgestellt werden, die nach 1960 in der BRD tätig waren oder noch sind.

Uwe-Christian Arnold (1944-2019)
Einer der wichtigsten und tapfersten Kämpfer gegen die Bevormundung der Bevölkerung durch die Kirchen war der Berliner Urologe Uwe-Christian Arnold. Seit Mitte der 90er-Jahre hat er über 500 schwerkranke Patienten (oft viele Jahre lang) begleitet und ihnen geholfen, auf humane und sichere Weise zu sterben. Link Da Natrium-Pentobarbital aufgrund des Einflusses christlich indoktrinierter Ärzte und Politiker bis heute nicht für die Suizidhilfe zugelassen ist, verwendete Arnold eine Kombination aus Paspertin, Resochin und Valium, gelegentlich auch Helium.

(Eine sanfte und sichere Suizidhilfe setzt Expertenwissen voraus. Von laienhaften Bemühungen auf diesem Gebiet ist daher dringend abzuraten. Es besteht oft die Gefahr eines Überlebens mit einer bleibenden, schweren Schädigung des Gehirns. Siehe Bücher von Jessica Düber.)

Arnold bekam natürlich heftigen Gegenwind. *„2007 untersagte ihm die Ärztekammer Berlin unter Androhung von 50.000 Euro Strafe, einer Patientin tödliche Medikamente für deren beabsichtig-*

ten Suizid zu überlassen. Im April 2012 gewann Arnold den Rechtsstreit. Das Verwaltungsgericht Berlin urteilte, die Ärztekammer hätte kein uneingeschränktes Verbot des ärztlich assistierten Suizids aussprechen dürfen. Gegen Arnold wurden mehrfach Prozesse angestrengt, die er laut DW jedoch alle gewann. Über seine Arbeit wurde vielfach in den Medien berichtet, u.a. in der ARD-Themenwoche Leben mit dem Tod in der Fernsehdokumentation Sie bringen den Tod – Sterbehelfer in Deutschland im Dezember 2012. Arnold war häufig in Medien präsent, u. a. als Gast in den Talkshows Günther Jauch und Hart aber fair. 2014 veröffentlichte er mit Michael Schmidt-Salomon im Rowohlt Verlag das Buch Letzte Hilfe. Ein Plädoyer für das selbstbestimmte Sterben. Arnold unterstützte maßgeblich die zivilgesellschaftliche Kampagne Für das Recht auf Letzte Hilfe, bei der er sich gemeinsam mit bekannten Persönlichkeiten wie Ralph Giordano, Bernhard Hoëcker, Ralf König, Gudrun Landgrebe, Fritz J. Raddatz, Udo Reiter und Konstantin Wecker gegen die Kriminalisierung der Sterbehilfe in Form des 2015 vom Bundestag eingeführten § 217 StGB aussprach. Arnold gehörte sodann mit anderen Ärzten und Betroffenen zu den Beschwerdeführern gegen § 217 StGB vor dem Bundesverfassungsgericht." Link (mit vielen Quellenangaben) Links

Eine besonders perfide Attacke kam 2012 von dem mit der EKD eng verbundenen ehemaligen Bremer Oberbürgermeister Henning Scherf:
„Das, was Herr Arnold da betreibt, er ist ja (?) unterwegs, er fährt ja richtig durch die Lande, er sucht sozusagen seine Patienten, das befremdet mich sehr, muss ich sagen, ich hab so einen Arzt wie Sie noch nie getroffen. ... Ich hab bei ihm das Gefühl, er ist richtig her hinter den Patienten. Das befremdet mich sehr." Link

In Wirklichkeit war Arnold nicht hinter Patienten und deren Geld her, sondern einer der ganz wenigen öffentlich bekannten Ärzte, die prinzipiell bereit waren, Suizidhilfe zu leisten. Deswegen erhielt er viele Anfragen. Und im Unterschied zu den meisten Ärzten hielt er es für selbstverständlich, Menschen in Not, bei denen eine (weitere) palliativmedizinische Behandlung nicht möglich oder erwünscht war, nicht im Stich zu lassen. Arnold beendete sein Krebsleiden und sein Leben wenige Tage bevor er bei einer mündlichen Verhandlung des Bundesverfassungsgerichts sprechen sollte. Dieser Vortrag wäre nicht entscheidend gewesen, aber es ist traurig, dass Herr Arnold nicht mehr erleben konnte, dass am zweiten Verhandlungstag deutlich wurde, dass das Gericht § 217 StGB für verfassungswidrig und daher nichtig erklären würde.

Franz Buggle (1933-2011)
war Psychologie-Professor in Freiburg.
In seinem vielbeachteten Buch
„Denn sie wissen nicht, was sie glauben. Oder warum man redlicherweise nicht mehr Christ sein kann. Eine Streitschrift, 1992 und 2012 (Neuauflage)"
kommt der gewalttätige Gott des Alten Testaments nicht gut weg.

Gerhard Czermak (1942-)
setzt sich als ehemaliger Verwaltungsrichter für eine Gleichbehandlung von Religions- und Weltanschauungsgemeinschaften ein. Er ist seit 2017 Mitgründer und Kodirektor des Instituts für Weltanschauungsrecht (ifw). GC ist Beirat der gbs seit 2004 sowie Beirat des Internationalen Bunds der Konfessionsfreien und Atheisten (IBKA). Bücher: *Christen gegen Juden. Geschichte einer Verfolgung. Von der Antike bis zum Holocaust, von 1945 bis heute (1989)*; *Problemfall Religion. Ein Kompendium der Religions- und Kirchenkritik (2014)*; *Religions- und Weltanschau-*

ungsrecht. Eine Einführung (2018, mit Eric Hilgendorf)

Karlheinz Deschner (1924-2014)
Wer sich über den wichtigsten der neueren deutschen Kirchenkritiker informieren will, wird hier fündig:
1. Bericht über Deschner, dessen Werk und die konträren Reaktionen darauf: Link. 2. Von der gbs betriebene sehr informative Seite: Link.
3. *Abermals krähte der Hahn. Eine Demaskierung des Christentums von den Evangelisten bis zu den Faschisten.*
4. Die *Kriminalgeschichte des Christentums* in 10 plus 1 Bänden. Die zehn „*aus Feindschaft geschriebenen*" Bände gehen bis zum 18. Jahrhundert: Link. Noch vor dem 10. Band ist 2013 „Die Politik der Päpste: Vom Niedergang kurialer Macht im 19. Jahrhundert bis zu ihrem Wiedererstarken im Zeitalter der Weltkriege" erschienen. Darin geht es um die Päpste bis zu Pius XII., der zu den Verbrechen der Nazis und der Ustascha an Serben, Juden und Kommunisten geschwiegen hat.
5. Sowohl inhaltlich als auch künstlerisch hervorragendes filmisches Portrait von Deschner sowie etlichen seiner Anhänger und Kritiker, das Ricarda Hinz mit Unterstützung von Jacques Tilly gedreht und geschnitten hat: Link. Dieses außergewöhnliche historische Dokument wurde nie vom religiös verstrahlten deutschen Fernsehen gesendet.

Max Ehlers
In NRW gibt es etwa 900 Bekenntnisschulen, die bevorzugt Kinder katholischer oder evangelischer Eltern aufnehmen dürfen. ME gehört zur Initiative „*Kurze Beine – Kurze Wege*". „*Die überparteiliche Bonner Initiative „Kurze Beine – Kurze Wege" besteht aus gläubigen und nichtgläubigen Bürgern, die sich für eine Änderung der Aufnahmekriterien an Bekenntnisgrundschulen in NRW einsetzen und betroffenen Eltern Hilfestellung bei der Einschulung bieten. Unsere Forderung: Unabhängig von Bekenntnis, Herkunft und Glauben der Eltern sollen Kinder ein Aufnahmerecht an der nächstgelegenen öffentlichen Grundschule haben.*" Link

David Farago (1980-)
ist der „Streetworker" der gbs. Er plant und leitet antiklerikale Aufklärungsaktionen mit eigenen Objekten und Plastiken von Jacques Tilly. Bekannt wurde z.B. seine Aktionsreihe „*11tes Gebot*" („*Du sollst deinen Kirchentag selbst bezahlen*") mit einer Mose-Figur und seine eigenhändig angefertigte lange Bank zur mangelnden innerkirchlichen Aufarbeitung des Missbrauchsskandals. Von den Medien stark beachtet, war er auch mehrmals mit dem „*Hängematten-Bischof*" vor Ort. Während Kirchenkritiker oft vor Gesinnungsgenossen reden *(„preaching to the choir")* rückt DF dem ideologischen Gegner leicht provokativ in aller Öffentlichkeit auf die Pelle: 11tes-gebot.de.

Carsten Frerk (1945-)
ist von Anfang an eng mit der Giordano-Bruno-Stiftung (gbs) verbunden. 2005 wurde er Leiter der Forschungsgruppe Weltanschauungen in Deutschland (fowid): fowid.de. Von 2006 bis 2013 war er Redaktionsleiter des Humanistischen Pressediensts: hpd.de . Er war bis 2012 Mitglied des Kuratoriums der gbs und wechselte dann in den wissenschaftlichen Beirat. Gemeinsam mit Peder Iblher, Philipp Möller und Anderen initiierte er 2009 die „*Atheistische Buskampagne*" in Deutschland: tinyurl.com/mpcfusd3. Frerk informiert – wesentlich besser als die Kirchen selbst – über die komfortable finanzielle Situation der Kirchen. Dazu erschienen: *Finanzen und Vermögen der Kirchen in Deutschland (2002); Caritas und Diakonie in Deutschland (2005); Vio-*

lettbuch Kirchenfinanzen. Wie der Staat die Kirchen finanziert (2010) Links

Evelin Frerk (1947-)
fotografiert u.a. für den hpd und die gbs. Sie betreibt das Portal WHOISHU, in dem sie ihre Portraits von Säkularen, Humanisten, Agnostikern, Atheisten und Freidenkern zusammen mit kurzen Texten zeigt: who-is-hu.de.

Ricarda Hinz (1970-)
ist Mitbegründerin der gbs-Regionalgruppe *„Düsseldorfer Aufklärungsdienst e.V."*. Als „Videoteuse" hat sie u.a. diese herausragenden Dokumentarfilme erstellt: *Big Family – Die phantastische Reise in die Vergangenheit (2015): Link Hoffnung Mensch – Die Geschichte des evolutionären Humanismus (2015): Link 10 Jahre Ex-Muslime: Die Geschichte einer internationalen Menschenrechtsbewegung (2017): Link*.

Matthias Katsch (1963-)
ist Sprecher des Vereins *„Eckiger Tisch"*, der sich u.a. für eine angemessene Unterstützung und Entschädigung der Opfer sexuellen Missbrauchs in der römisch-katholischen Kirche einsetzt: Link.

Wolfgang Klosterhalfen (1945-)
reimbibel.de, 217stgb.com, kinderklinik-gelsenkirchen-kritik.de

Matthias Krause
Verfasser zahlreicher gut recherchierter Artikel beim hpd. Krause ist Urgestein des Ketzer-Podcasts: Links.

Heinz-Werner Kubitza (1961-)
hat Theologie studiert sowie den Tectum-Verlag gegründet und geleitet. Er war im CVJM und bei der Evangelischen Studentengemeinde in Marburg tätig. Kubitza hält *„Jesus von Nazareth für die am meisten überschätzte Figur der Weltgeschich-*

te". Als „schärfster Kritiker der Elche" hat er sehr lesenswerte bibel- und kirchenkritische Bücher verfasst:
Der Jesuswahn. Wie die Christen sich ihren Gott erschufen. Die Entzauberung einer Weltreligion durch die wissenschaftliche Forschung (2011); Verführte Jugend. Eine Kritik am Jugendkatechismus Youcat. Vernünftige Antworten auf katholische Fragen (2012); Der Dogmenwahn: Scheinprobleme der Theologie (2015); Der Glaubenswahn. Von den Anfängen des religiösen Extremismus im Alten Testament (2017)

Uwe Lehnert (1935-)
war Professor für Bildungsinformatik an der TU Berlin. Sein Buch „Warum ich kein Christ sein will. Mein Weg vom christlichen Glauben zu einer naturalistisch-humanistischen Weltanschauung. 7. Auflage. Tectum-Verlag, Marburg 2018" hat viele begeisterte Leser/innen gefunden. Lehnert stellt den jüdischen und christlichen Mythen ein naturwissenschaftlich fundiertes Weltbild gegenüber. Die 7. Auflage hat 490 Seiten und eignet sich daher nur für Menschen, die sich gründlich mit beiden Bereichen beschäftigen möchten. Einen „Blick ins Buch" und Rezensionen findet man hier: Link.

Ingrid Matthäus-Maier (1945-)
war 1974 wesentlich an dem FDP-Papier *„Freie Kirche im freien Staat"* beteiligt, das eine strikte Trennung von Kirche und Staat forderte. Nachdem die FDP 1982 eine Koalition mit der CDU eingegangen war, wechselte sie zur SPD. IMM kämpft bis heute gegen das besondere kirchliche Arbeits(un)recht (s. gerdia.de) und religiös motivierte Einschränkungen der professionellen Suizidhilfe.

„Als Mitglied im WDR-Rundfunkrat kritisiert sie die Regelung im Rundfunkstaatsvertrag zur Förderung der religiösen Ver-

kündigung. So werden vom WDR jährlich über 1.700 Verkündigungssendungen im Rundfunk und Fernsehen produziert und veröffentlicht. Sie legte offen, dass diese Sendungen allein in der WDR-Fernsehsparte im Jahr 2017 rund 600.000 Euro kosteten. Davon entfielen 75.000 Euro auf die 20 Ausgaben des Wort zum Sonntag, die der WDR produziert." Link

Philipp Möller (1980-)
Diplom-Pädagoge und Vertretungslehrer (2009-2011), Pressesprecher der deutschen Buskampagne (2009), der gbs (2009-2014), des Zentralrats der Konfessionsfreien (seit 2021), Peppige Rede (Disput Berlin, 2011): Link. Buch: *Gottlos Glücklich. Warum wir ohne Religion besser dran wären* (2017). Interview (2019): Link.

Frank Nicolai (1963-)
und Kolleg/inn/en beim Humanistischen Pressedienst (hpd.de): Link.

Marc Niedermeier (1972-) Das Wort zum Wort zum Sonntag: awq.de.

Helmut Ortner (1950-)
Printmedien-Entwickler und Autor, Beirat der gbs, Herausgeber von EXIT. Warum wir weniger Religion brauchen (2019).

Michael Schmidt-Salomon (1967-)
MSS ist der bekannteste Kopf der aktuellen Kirchenkritik in Deutschland und Mitbegründer sowie Vorstandssprecher der gbs. Von seinen öffentlichen Auftritten gibt es bei youtube zahlreiche Videos. Zu seinen Büchern zählen:
Manifest des evolutionären Humanismus (2005/2006); *Kirche im Kopf* (2007, gemeinsam mit Carsten Frerk); *Wo bitte geht´s zu Gott? fragte das kleine Ferkel* (2008); *Susi Neunmalklug erklärt die Evolution* (2009); *Jenseits von Gut und Böse* (2009); *Anleitung zum Seligsein* (2011); *Keine Macht den Doofen* (2012); *Die Grenzen der Toleranz* (2014); *Letzte Hilfe* (2014, gemeinsam mit Uwe-Christian Arnold); *Big Family* (2015); *Hoffnung Mensch: Eine bessere Welt ist möglich* (2015); Näheres: Link.

Wolfgang Sellinger ((1949-)
WS betreibt in Eichstätt die *Galerie der Kirchenkritik*. Er hat außerdem beim Katholikentag und zweimal in einer früheren großen Kirche ausgestellt. Link.

Herbert Steffen (1934-2022)
Der ehemalige Möbelfabrikant Steffen kannte den Katholizismus von innen. Er verbrachte neun Jahre in einem katholischen Internat und war Mitglied des Diözesanrats in Trier. Mitte der 80er-Jahre trat er aus der Kirche aus. Ca. 1987 las er im Urlaub Deschners Buch „*Und abermals krähte der Hahn*". Tief beeindruckt von diesem Werk und weiteren Büchern Deschners, hat Steffen anschließend Deschner unangemeldet besucht und seitdem dessen Arbeit an der *Kriminalgeschichte des Christentums* finanziell unterstützt: Link. 2004 gründete Steffen gemeinsam mit Michael Schmidt-Salomon und Carsten Frerk die Giordano-Bruno-Stiftung (gbs), die ihren Sitz jetzt in Oberwesel hat. Die gbs vertritt einen „evolutionären" Humanismus mit einer konsequenten Trennung von Kirche und Staat. Link Sie unterstützt zahlreiche Projekte, Initiativen, Arbeitsgruppen und Webseiten (s. Homepage) und ist die bekannteste kirchenkritische Organisation der BRD. reimbibel.de/steffen.

Jacques Tilly (1963-)
ist als Cartoonist und Wagenbauer für den Düsseldorfer Rosenmontagszug national und international bekannt geworden. Zu seinen politisch-satirischen Großplastiken gehören auch zahlreiche kirchenkritische: Link.

Interview mit dem Autor der Reimbibel

reimbibel.de/interview
nrhz.de/flyer/beitrag.php?id=14183

Von Peter Kleinert
Auslöser war der Besuch von
Benedikt XVI. in Auschwitz-Birkenau

NRhZ-LeserInnen, die von Anfang an dabei" sind, werden sich erinnern, dass wir bereits in Ausgabe Nummer 2 anlässlich des „Weltjugendtages" vor vier Jahren in einer Filmserie und einigen Artikeln den Kirchenkritiker Karlheinz Deschner vorgestellt haben. Nun haben wir Professor Wolfgang Klosterhalfen und seine vor ein paar Wochen erschienene „Reimbibel – Die schreckliche Schrift in Reimen und Versen" entdeckt. Da dieses hochinteressante und gleichzeitig ausgesprochen unterhaltsame Buch in den üblichen Medien nicht erwähnt wird, beginnen wir in dieser Ausgabe mit einer Serie. Dazu hier als Einführung ein Interview mit dem Autor. Die Redaktion

Peter Kleinert: Sie sind, wie man dem Cover Ihres Buches entnehmen kann, kein Dichter oder Kabarettist, sondern Medizin-Psychologe, und ich vermute mal, Sie sind 1945 nach Ihrer Geburt auch getauft worden. Haben Sie jemals an Gott geglaubt?

Wolfgang Klosterhalfen: Ich bin sogar konfirmiert worden und habe damals meinem Pfarrer, den ich sehr mochte, jedes Wort geglaubt. Allerdings erinnere ich mich noch gut daran, dass ich beim sogenannten Abendmahl sehr enttäuscht war, als ich merkte, dass sich psychisch rein gar nichts in mir ereignete. Nach all der Vorbereitung auf diesen Augenblick hatte ich wohl so etwas wie einen frommen Schauder erwartet. Diese Ent-Täuschung beim rituellen Kannibalismus war anscheinend der Anfang vom Ende meines Glaubens. Meine Eltern waren nach zwei Weltkriegen schon weitgehend vom Glauben abgefallen und hatten sich als Besitzer einer Apotheke nur sozial angepasst. Sie haben - von einer rigiden Sexualmoral abgesehen - ansonsten keinen religiösen Druck auf mich ausgeübt. Nach der Konfirmation bin ich kaum noch zu sogenannten Gottesdiensten gegangen und habe mich - wie so viele andere auch - sehr für das Diesseits aber wenig für religiösen Hokuspokus (hoc est corpus) interessiert.

Peter Kleinert: Es gibt ja in der katholischen Kirche nicht nur Leute wie den aktuellen Papst und seine Vorgänger, von denen einige sogar den Faschisten an die Macht geholfen haben, sondern auch solche wie Abbé Pierre, ein weltweit bekannter französischer Priester, der in der Résistance jüdischen Flüchtlingen half und die Wohltätigkeitsorganisation "Emmaus" gründete. Die sahen und sehen in der Bibel auch „die Heilige Schrift", ähnlich wie die gläubigen Muslime den Koran einschätzen. Was hat Sie dazu gebracht, die Bibel so intensiv zu lesen und auseinanderzunehmen?

Wolfgang Klosterhalfen: Weder Theismus noch der sogenannte Atheismus (der ja keine ausgearbeitete Ideologie darstellt) schließen soziales Engagement aus. Leider auch nicht Mobbing, Ausbeutung, Krieg und Gräueltaten. Gläubige sind oft der Auffassung, ihr prosoziales Verhalten komme aus ihrem Glauben. Ich vermute, dass die Ursachen tiefer liegen und deshalb auch unabhängig vom jeweiligen Glauben oder Unglauben das Verhalten bestimmen. Beispielsweise hat der Vater von Abbé Pierre nicht nur vorgebetet, sondern seinem Sohn auch humanes Verhalten vorgelebt. Und nicht zuletzt haben auch Empathie und Altruismus eine genetische Basis. Wichtiger als was Menschen glauben oder nicht glauben ist mir, wie sie sich im Allgemeinen sowie in schwierigen Situationen konkret gegenüber Mensch und Tier verhalten. Vor drei Jahren hatte ich noch nicht die geringste Ahnung davon, dass ich mal eine Reimbibel schreiben würde. Es sind verschiedene Faktoren zusammengekommen: weiter fortschreitende Säkularisierung, der 11. September und eine Vorlesungsreihe von Robert Gernhardt an der Heinrich-Heine-Universität Düsseldorf, der Ende 2005 seine Zuhörerschaft mit vielen Beispielen und theoretischen Erörterungen für gereimte Gedichte begeisterte. Der entscheidende Auslöser war aber, dass der Vorsitzende eines kapitalstarken, weltweit agierenden Kirchenkonzerns mit etwa einer Milliarde Kunden, der vom deutschen Staat jährlich mit einigen Milliarden Euro subventioniert wird, im Mai 2006 in Auschwitz-Birkenau behauptet hat, „eine Schar von Verbrechern" habe das deutsche Volk „gebraucht und mißbraucht". Diese skandalöse „Entnazifizierung" von Volk und Kirche und der verlogene Slogan „deus caritas est" haben zu „Josephs Legenden", meinem ersten antiklerikalen Gedicht geführt, das im Laufe der Zeit immer länger wurde. In diesem Zusammenhang fing ich an, die Bibel zu lesen und war entsetzt über deren grauenvolle Inhalte und über die Diskrepanz zwischen dem was dort steht und dem was von Berufschristen gepredigt wird.

Von den Deutschen ab 16 Jahren lesen nur vier Prozent häufig in der Bibel. Ich möchte daher mit meiner Reimbibel dazu beitragen, dass mehr Menschen zur Kenntnis nehmen, was tatsächlich in der Bibel steht, und wie umfangreich und gut begründet die Kritik an Bibel, christlichem Glauben und Kirche ist.

Peter Kleinert: Wie schätzen Sie denn "Jesu Bergpredigt" ein, mit der Sie sich ja ab Seite 209 befassen? Egal ob dieser Text von einem Messias stammt oder nicht, er wird ja von vielen, auch Ungläubigen, als ein Werk angesehen, das ein friedliches Miteinander propagiert - einige exegetische Ansätze sehen in ihr gar Ideen, die den Sozialismus längst vorwegnehmen.

Wolfgang Klosterhalfen: Abgesehen davon, dass man mit Appellen in der Regel wenig erreicht, sind die meisten Aussagen Jesu kaum geeignet, das menschliche Zusammenleben zu verbessern. Beispiele: Die Armen und Verfolgten werden auf das Jenseits vertröstet. Wie schön für Verbrecher aller Arten, denen man laut Jesus die andere Wange hinhalten, die man sogar lieben soll! Da haben die Juden im Warschauer Ghetto wohl was falsch gemacht. Finanzielle Bitten anderer sollen erfüllt werden. Sehr praktisch! „Denkt nicht, ich sei gekommen, um das Gesetz und die Propheten aufzuheben." Aha, das AT soll weiter gelten! „Jeder, der seinem Bruder auch nur zürnt, soll dem Gericht verfallen sein." Klingt nicht nach Nächstenliebe! Wer zu seinem Bruder sagt: „Du (gottloser) Narr!, soll dem Feuer der Hölle verfallen sein." Strafe muss sein! Ehebrecher ist bereits, wer eine Frau lüstern ansieht. Treue im Verhalten reicht nicht, man soll vollkommen sein wie Gott! Man soll beten: „Und führe uns nicht in Versuchung." Ein merkwürdiger Gott, der das tut! Man soll sich nicht um Nahrung, Wasser und Kleidung sorgen. So ein Blödsinn! Leere Versprechungen: man wird finden, empfangen, eingelassen werden. Nur wenige werden das Tor zum Leben finden. Sehr tröstlich! „Jeder Baum, der keine guten Früchte hervorbringt, wird umgehauen und ins Feuer geworfen." Wer viele Ketzer auf einmal verbrennt spart Holz! Ceterum censeo: Christen sollten vorm Verwesen mal die ganze Bibel lesen! Und sich eher an Mahatma Gandhi orientieren.

Peter Kleinert: Gab es unter den "Reimbibeln" Ihrer Vorgänger eigentlich auch so kritische und gleichzeitig vergnüglich zu lesende Werke wie Ihres?

Wolfgang Klosterhalfen: Am bekanntesten ist die Mittelfränkische Reimbibel, die etwa im Jahr 1150 erschien. Von ihr existieren aber nur noch Fragmente. Damals war es natürlich nicht möglich, sich über die Bibel und die Kirche lustig zu machen, ohne anschließend drakonisch bestraft zu werden. Nach dem Mittelalter sind wohl keine Reimbibeln mehr erschienen. Die Theologen werden wissen, warum sie nur noch ausgewählte Fabeln verreimt haben.

Peter Kleinert: Was stört Sie besonders am heutigen Christentum?

Wolfgang Klosterhalfen:
• Die religiöse Gehirnwäsche (mit Drohungen, Versprechungen, ständigen Wiederholungen von Behauptungen) bei wehrlosen Kindern und bei Jugendlichen durch Autoritäts- und Vertrauenspersonen.
• Die damit verbundene Gewöhnung, nicht bewiesene und nicht nachprüfbare Behauptungen als Wahrheiten zu akzeptieren. Religion ist die Mutter aller Esoterik.
• Die gerade in letzter Zeit in vielen Variationen geäußerte unverschämte Behauptung, Ungläubige seien moralisch minderwertig: z.B. „Moral braucht Gott", „Der Humanismus, der Gott ausschließt, ist ein unmenschlicher Humanismus." (Enzyklika „Caritas et Veritate", 29.7.2009)
• Die Verlogenheit der Kirchen im Umgang mit der Bibel.
• Vortäuschen von Frömmigkeit; Kontrolle des Arbeitsmarkts im sozialen Bereich; Etikettenschwindel bei kirchlichen Schulen, Kindergärten, Krankenhäuern, Caritas, Diakonie und Misereor, die nur zu einem geringen Teil aus Kirchensteuern finanziert werden.
• Der Klerus traktiert fast 2000 Jahre nach Erfindung des Christentums und trotz europäischer Aufklärung immer noch die Menschheit mit einem besonders widerwärtigen elaborierten Wahnsystem. Berechtigte Kritik wird wegtheologisiert.
• Studierte „Ebenbilder Gottes" vermitteln weniger versierten „Ebenbildern Gottes" gegen erhebliche Gebühren Logenplätze im Himmel.
• Kindern und Jugendlichen wird in den meisten Ländern dieser Erde - zum Teil auch noch in Deutschland - mit der Hölle gedroht.
• Last not least: Die äußerst umfangreiche, äußerst fürchterliche und weitgehend von den Kirchen, Schulen und Medien totgeschwiegene „Kriminalgeschichte des Christentums", wie Karlheinz Deschner ja auch sein inzwischen neun Bände umfassendes Werk genannt hat. Beispielsweise habe ich zum 70. Jahrestag des Überfalls auf Polen (1.9.1939) noch kein kirchenkritisches Wort vernommen. Auch nicht in der aktuellen Ausgabe des SPIEGEL, dessen Titelgeschichte dem 2. Weltkrieg gewidmet ist.

Peter Kleinert: Warum haben Sie Ihr Buch eigentlich nicht in einem "richtigen" Verlag herausgeben lassen, sondern bei Books on Demand? Hat sich da kein Verleger rangetraut? Oder haben Sie es gar nicht erst versucht?

Wolfgang Klosterhalfen: Ein kleiner kirchenkritischer Verlag hat vor längerer Zeit auf der Basis meiner Rohfassung der Bücher Mose abgelehnt; der Blessing-Verlag, der den „Gotteswahn" von Dawkins herausgebracht hat, hat mir nicht geantwortet. Da ich weder prominent bin noch einschlägige Beziehungen habe, werde ich nicht weiter antichambrieren, sondern abwarten und Tee trinken. BoD hat für mich den großen Vorteil, dass ich jederzeit mein Buch überarbeiten kann. Eine neue „Auflage" benötigt ca. zwei Wochen und kostet mich nur 39 Euro. Angesichts der Macht der Kirchen über den größten Teil der Medien würde ich es keinem Verlag verübeln, wenn er sich nicht traute, antiklerikale Schriften ins Programm aufzunehmen. Für kleine Verlage könnte das evtl. tödlich sein. BoD hat wegen seiner Verdienste um die Meinungsfreiheit, um die es (auch) in Deutschland nicht gut bestellt ist, noch viele Preise verdient.

Peter Kleinert: Kirchenkritiker wie der ehemalige Katholik Karlheinz Deschner, den Sie gelegentlich in Ihrem Buch zitieren, sind für ihre Haltung von der Kirche massiv aber ohne Erfolg unter Druck gesetzt worden. Haben Sie inzwischen auch schon solche Erfahrungen gemacht?

Wolfgang Klosterhalfen: Nein. Es wäre auch unklug von den Kirchen, mich anzugreifen, bevor mein Buch überhaupt einigermaßen bekannt geworden ist. Aber ich werde mal zur heiligen Zensursula beten, dass sie etwas gegen mein Buch unternimmt. Ihr Ministerium hat sich ja schon um das Ferkelbuch verdient gemacht. Herrn Deschner bewundere ich natürlich. Da man ihm argumentativ so gut wie nichts entgegen zu setzen hat, wird er - wie mir mein entsprechender Google-Alert anzeigt - in den Medien fast völlig totgeschwiegen.

Peter Kleinert: Als Sie Ihr Buch schrieben, welche Zielgruppe hatten Sie dabei im Auge, und wie sind deren Reaktionen?

Wolfgang Klosterhalfen: Zunächst habe ich einfach drauflos geschrieben. Und seine Leserschaft kann man sich ja sowieso kaum aussuchen. Besonders interessiert bin ich natürlich an Jugendlichen. Möglicherweise werden die aber meine Reime für „uncool" halten. Ich gebe mich jedoch der Hoffnung hin, dass es unter den Religionslehrer/inne/n viele vernünftige Menschen gibt, die gegenüber Bibel- und Kirchenkritik aufgeschlossen sind oder die zumindest erkennen, dass man die Reimbibel gut im Unterricht einsetzen kann. Ein Schüler könnte z.B. meine Hiob-Ballade oder die „Offenbarung des Johannes" vortragen, und dann diskutieren alle auf der Basis des gerade Gehörten, was sich der „liebe" Gott da wohl gedacht hat. Zwei Freunde von mir haben kürzlich zwei Religionslehrern sowie einem prominenten Katholiken meine Bibel geschenkt. Auf deren Reaktionen bin ich sehr gespannt. Bis jetzt habe ich nur Rückmeldung von etwa zwanzig antiklerikal eingestellten Leser/inne/n. Alle sind begeistert. Besonders gefreut habe ich mich über die ersten beiden Kritiken bei Amazon. Da ich die meisten Bibelgeschichten einfach nur nacherzähle, sollte die Reimbibel auch für Christ/inn/en interessant sein. Denen ist die „echte" Bibel ja meist so heilig, dass sie sie nicht anfassen. Meine etwas andere Bibel kann ich jedem Christen empfehlen. Sie ist nämlich besser editiert und liest sich leichter als das „Original". Und wer wissen möchte, was Ungläubige am Christentum auszusetzen haben, erfährt auch viel. (PK)

Wolfgang Klosterhalfen
hat in Tübingen, Düsseldorf, Nijmegen und Honolulu Psychologie studiert. 1971 Diplom, 1977 Promotion zum Dr. rer. nat., 1986 Habilitation für das Fach Medizinische Psychologie, 1992 Außerplanmäßiger Professor. Zahlreiche Veröffentlichungen in englischsprachigen Fachzeitschriften zu Lerntheorien und zur psychosomatischen Grundlagenforschung, besonders zur „Psychoimmunologie". ...

Von 4/1991 bis 9/2003 war ich an der Kinderklinik Gelsenkirchen tätig. WK

Halt und Orientierung durch die Bibel?
reimbibel.de/halt

Sofern sie nicht psychisch sehr krank sind, bieten Eltern ihren Kindern Halt und Orientierung. Sie sorgen für Sicherheit und gute Entwicklungsmöglichkeiten. Was sie tun und lassen sollen, lernen Kinder außerdem im Kindergarten und in der Schule. Darüber hinaus wirken hierzulande auch die Kirchen und die Medien als sog. Sozialisationsagenten darauf hin, dass möglichst alle Menschen sich an die vorherrschenden gesellschaftlichen Normen anpassen. Insgesamt entsteht dabei ein hoher Konformitätsdruck, dem sich fast alle Menschen weitgehend beugen.

Neben den Eltern und dem Staat definieren auch die Kirchen, was erwünschtes und was unerwünschtes Verhalten ist. Sie berufen sich dabei auf die Bibel bzw. ihre jeweilige Auslegung der „Heiligen Schrift". Aber was lehrt die Bibel eigentlich? Inwiefern kann sie Menschen Halt und Orientierung geben?

a) Das Alte Testament

Die dominierende Figur des ATs ist natürlich Jahwe (bzw. Elohim, Gott oder der Herr), der zu krankhafter Eifersucht und Rachsucht neigt. Als Vorbild, an dem man sich orientieren kann, ist er völlig ungeeignet. Jahwe fordert in erster Linie, ihn zu fürchten und zu ehren.

Die meisten Deutschen tun das nicht. Sie lesen weder regelmäßig in der Bibel, noch besuchen sie häufig sog. Gottesdienste. Auch an den Propheten, die wie Mose Gottes Befehle ausführen sowie seine Drohungen und Versprechungen weiterleiten, orientiert sich kaum noch jemand. Von Gott angeblich vor langer Zeit eingesetzte Könige können zumindest als abschreckende Beispiele dienen: Sie morden (zum Teil ganze Völkerschaften) oder beten Götzenbilder an. Vorbildlich verhalten sich auch von den normalsterblichen Protagonisten nur wenige, z.B. der brave Hiob, Ruth, deren Tochter und die anständigen Männer, die ihnen beistehen. Und auch die melancholischen Einsichten des Kohelet sind geeignet, zumindest einigen Menschen Halt und Orientierung zu bieten.

b) Das Neue Testament

Die Idee Gottes, sich in Gestalt seines von ihm mit einer Jungfrau gezeugten Sohns von Römern kreuzigen zu lassen, damit es ihm möglich wird, den von ihm selbst erschaffenen Menschen ihre ererbte Sündhaftigkeit zu vergeben, damit sie nicht nach ihrem Tod wie von Jesus angedroht ewig in der Hölle gequält werden müssen, ist derart absurd, dass nicht anzunehmen ist, dass Paulus geistig voll zurechnungsfähig war. Anscheinend orientieren sich aber bis heute immer noch viele Bürger (bis hin zu den Bundespräsidenten) an diesem Unsinn. Oder tun so.

Auch die literarisch erhöhte Figur des Jesus bietet wenig Halt und Orientierung. Diese Figur ist vermutlich aus einem jüdischen Endzeitprediger entstanden, der wie Milliarden Gläubige nach ihm aufgrund religiöser Indoktrination geistig nicht in der Lage war zu erkennen, dass es sich bei den überwiegend scheußlichen Texten des Tanachs (ATs) weitgehend um Fantasieprodukte handelte. Als Verkünder des bald zu erwartenden Gottesreiches auf Erden war er ein falscher Prophet.

Die von ihm gepriesene Nächstenliebe war nichts Neues, sein eigenes Verhalten oft sehr problematisch: reimbibel.de/jesus. Laut „Johannes" wird sich Jesus am Tage des Jüngsten Gerichts nicht als Dichter und Denker, sondern als Richter und Henker betätigen.

Kritik am staatlich organisierten und finanzierten Religionsunterricht
reimbibel.de/religionsunterricht

1. Grundsätzliches
Aus Artikel 7 des Grundgesetzes:
(1) Das gesamte Schulwesen steht unter der Aufsicht des Staates. (2) Die Erziehungsberechtigten haben das Recht, über die Teilnahme des Kindes am Religionsunterricht zu bestimmen. (3) Der Religionsunterricht ist in den öffentlichen Schulen mit Ausnahme der bekenntnisfreien Schulen ordentliches Lehrfach. Unbeschadet des staatlichen Aufsichtsrechtes wird der Religionsunterricht in Übereinstimmung mit den Grundsätzen der Religionsgemeinschaften erteilt. Kein Lehrer darf gegen seinen Willen verpflichtet werden, Religionsunterricht zu erteilen.

In Deutschland gibt es (ganz überwiegend katholische oder evangelische) Bekenntnisschulen und staatliche Schulen. *„Bekenntnisfreie Schulen"* gibt es bisher nicht. In den Bekenntnisschulen muss entsprechend dem dort geltenden Glauben Religionsunterricht erteilt werden. In staatlichen Schulen muss Religionsunterricht bei entsprechender Nachfrage angeboten werden.

In Deutschland gibt es ca. 70.000 katholische Religionslehrer/innen und vermutlich ähnlich viele evangelische. Diese sollen zwar im Auftrag ihrer Kirchen absurde Glaubensinhalte an ihre Schüler/innen weitergeben, dürften aber nicht selten den kirchlichen Lehrmeinungen relativ kritisch gegenüber stehen und sich z.B. von einer Ablehnung der Homosexualität und dem skandalösen Umgang mit Missbrauchsopfern distanzieren. Auch die amtliche Auffassung, die Autoren der Bibel seien vom Heiligen Geist inspiriert worden, dürften keineswegs alle Lehrer/innen teilen. Kürzlich las ich sogar ein außerordentlich bibelkritisches Buch eines ehemaligen Religionslehrers: *„ReLÜGion – Verkündigung wider besseres Wissen (2021)"* : *reimbibel.de/reluegion.*

Die Schulen sollten Erkenntnisse, aber nicht Bekenntnisse vermitteln. Der Verstand sollte die Oberhand behalten, nicht faschistoide Wahnvorstellungen (ein großer Bruder beobachtet jeden und wird Sünder ewig in der Hölle quälen). Der Staat sollte die religiöse Indoktrination von Kindern höchstens tolerieren, aber nicht organisieren und finanzieren. Er sollte sich endlich konsequent an den weiterhin gültigen Artikel 137 der Weimarer Reichsverfassung von 1919 halten:
„Es besteht keine Staatskirche. Jede Religionsgemeinschaft ordnet und verwaltet ihre Angelegenheiten selbständig. ..."
In der BRD gibt es jedoch eine starke rechtliche und finanzielle Privilegierung der Kirchen durch den Staat: Link. Die staatlich geförderte religiöse Gehirnwäsche beginnt oft schon in den evangelischen und katholischen Kindergärten, die ganz überwiegend nicht von den Kirchen, sondern vom Staat und den Eltern finanziert werden. Der Staat finanziert sowohl die Ausbildung von Religionslehrern als auch deren berufliche Tätigkeit.
2008/2009 erhielten staatliche und kirchliche Religionslehrer nach Berechnungen von Carsten Frerk (*Violettbuch Kirchenfinanzen*) zusammen etwa 1,6 Milliarden Euro.
Statt Kinder jüdischer, evangelischer, katholischer, muslimischer oder atheistischer Eltern voneinander getrennt in unterschiedlichen Schulen und Fächern zu unterrichten, sollten sie über religiöse, philosophische, psychologische und ethische Fragen gemeinsam diskutieren können. Dazu sollten in der BRD die Verfassungen der Länder geändert und ein fachübergreifender Unterricht eingeführt werden, der nicht religiös indoktri-

niert und stattdessen dem friedlichen Zusammenleben von Menschen mit unterschiedlichem ethnischen und religiösen Hintergrund dient. Sogar in Bayern ist nur noch eine Minderheit dafür, entweder Religions- oder Ethikunterricht zu erteilen: reimbibel.de/gfk2022.

2. Zur Gestaltung des Religionsunterrichts in den Bundesländern

Sowohl die Judenpogrome als auch die verbrecherischen Kriege unter Hitler wurden wesentlich von den Kirchen unterstützt: Das hat sie nicht daran gehindert, sich nach 1945 als organisatorisch gut erhaltene und immer noch hoch angesehene Institutionen aus der Asche zu erheben und massiv Einfluss auf die Politik zu nehmen. Dies geschah auch auf der Ebene der für die Kultur zuständigen Länder und Kommunen. Das kirchenfreundliche Reichskonkordat, das schon 1933 von Hitler mit dem Papst geschlossen wurde, gilt bis heute und wird auch auf die EKD angewendet: Link. Ab 1990 sind die Kirchen der BRD auch wieder in der früheren DDR religiös und politisch tätig und trotz geringer Mitgliederzahlen sehr einflussreich.

Die Situation ist in den einzelnen Bundesländern unterschiedlich. In Berlin ist die Teilnahme am Religionsunterricht seit 2006 freiwillig, der Ethikunterricht aber Pflicht: reimbibel.de/ethikunterricht. In Brandenburg gibt es *„Lebensgestaltung-Ethik-Religionskunde"* als Pflichtfach, Religionsunterricht ist freiwillig. In der sächsischen Verfassung steht: *„Die Bedeutung der Kirchen und Religionsgemeinschaften für die Bewahrung und Festigung der religiösen und sittlichen Grundlagen des menschlichen Lebens wird anerkannt."* In der Verfassungspräambel von Thüringen heißt es: *„und auch in Verantwortung vor Gott"*. Der ehemalige Verwaltungsrichter Gerhard Czermak schreibt dazu in dem Ratgeberbuch *„Konfessionslos in der Schule"* auf Seite 24, die Verfassungen von Berlin, Brandenburg, Bremen, Hamburg, Hessen, Mecklenburg-Vorpommern, Sachsen-Anhalt und Schleswig-Holstein *„enthalten keine Bestimmungen, die in religiös-weltanschaulicher Hinsicht auffällige Besonderheiten enthielten. ... Insgesamt ist festzustellen, dass vorwiegend die Verfassungen von bevölkerungsstarken Ländern der alten Bun- desrepublik zum Teil sehr deutlich religiöse Prägungen enthalten: Baden-Württemberg, Bayern (hauptsächlich Grund- und Hauptschulen), Nordrhein-Westfalen, Saarland."*

3. Zum Religionsunterricht in NRW

„Ehrfurcht vor Gott, Achtung vor der Würde des Menschen und Bereitschaft zum sozialen Handeln zu wecken, ist vornehmstes Ziel der Erziehung. ..." (§ 2,2 des Schulgesetzes; § 7 der Landesverfassung) Außer den 1889 Gemeinschaftsgrundschulen gab es 2020/21 in NRW 803 römisch-katholische und 89 evangelische Grundschulen. Dadurch wurden viele befreundete Kinder getrennt, und es wurden ihnen und ihren Eltern unnötig lange Schulwege zugemutet. Weniger als die Hälfte der Schüler/innen von Bekenntnisschulen (bzw. deren Eltern) haben das „richtige" Bekenntnis, müssen aber am jeweiligen Religionsunterricht teilnehmen. Gegen diese aberwitzigen Bekenntnisschulen protestiert seit 2009 die überkonfessionelle Bürgerinitiative *„Kurze Beine - Kurze Wege"*: Link.

Auch konfessionsfreie und muslimische Eltern müssen über ihre Steuern den Religionsunterricht und die Bekenntnisschulen mitbezahlen. Dies steht im Widerspruch zu Artikel 3 (3) GG:

„Niemand darf wegen ... seiner religiösen oder politischen Anschauungen benachteiligt oder bevorzugt werden."

Die Privilegierung der Kirchen und ihrer Mitglieder bei gleichzeitiger Benachteiligung des Rests der Bevölkerung beruht auf der überwiegend irrigen Vorstellung, die Verbreitung der von den beiden großen Kirchen vertretenen irrationalen Glaubensinhalte würde einem - auch später - friedlichen Zusammenleben von „römisch-katholischen" (30.8 %), „konfessionslosen" (21.3 %), „evangelischen" (20.4 %), „muslimischen" (20.2 %) und „sonstigen gläubigen" (7.4%) Kindern dienen. (Zahlen vom Schuljahr 2020/21) Es ist natürlich auch heute nicht zu erwarten, dass durch weltanschaulich bestimmte schulische Trennung und Indoktrination sich z.B. evangelisch und katholisch oder jüdisch und islamisch oder christlich und religionsfrei erzogene Kinder besser miteinander vertragen werden, als wenn sie gemeinsam zur Schule gehen und gemeinsam einen neutralen Religionskunde- und Ethikunterricht besuchen. Man könnte viel Geld, Mühe und späteren Streit sparen, wenn alle Kinder Fächer wie Religionskunde, Lebenskunde, Ethik, Philosophie und Psychologie gemeinsam besuchen und dort lernen würden, mit weltanschaulichen und mentalen Unterschieden gelassener umzugehen. Dort könnte Wissen vermittelt, über ethische und Sinnfragen gesprochen und in Projekten soziales Verhalten geübt werden.

4. Kritische Anmerkungen zu „FRAGEN UND ANTWORTEN ZUM RELIGIONSUNTERRICHT IN NORDRHEIN-WESTFALEN" des Schulministeriums in NRW
schulministerium.nrw/en/node/14690

Welche besonderen Perspektiven bietet der Religionsunterricht heute?
Die Religionszugehörigkeit und die Auseinandersetzung mit verschiedenen Religionen bilden die kulturelle Basis und Identität vieler Menschen.

Das ist Unsinn. Sowohl das Selbstbild einer Person als auch deren Beurteilung durch andere hängen auch von zahlreichen weiteren Faktoren ab: z.B. Alter, Geschlecht, Aussehen, Intelligenz, psychische Belastbarkeit, Sozialverhalten. Unsere Kultur wird „gottseidank" nicht nur von den Kirchen, sondern der gesamten Gesellschaft einschließlich Wissenschaft, Technik und Kunst geprägt.

Religionsunterricht trägt dazu bei, dass Schülerinnen und Schüler eine eigene Wertehaltung entwickeln, sie kritisch überprüfen und Brücken des Respekts, des Verständnisses und Miteinanders aufbauen.

Ziel der Kirchen ist es, durch den Religionsunterricht zur Entwicklung und Festigung des Glaubens und christlicher Einstellungen beizutragen. Dabei sollen nicht eigene Wertehaltungen entwickelt, sondern der jeweilige Glauben und die Wertvorstellungen der Kirche so vermittelt werden, dass die Schüler/innen sie zu ihren „eigenen" machen. Nicht zuletzt sollen die Religionslehrer/innen dazu beitragen, dass das große Ansehen der Kirchen erhalten bleibt bzw. wieder hergestellt wird, und die Kinder und Jugendlichen später bereit sind, als Kirchenmitglieder Kirchensteuer zu zahlen, sich als Kirchenmitglieder zu engagieren und CDU/CSU zu wählen.

Da sich die Bischöfe und Pfarrer größtenteils weigern, die Erkenntnisse der kritischen Theologie an theologische Laien weiterzugeben, sind kritisch denkende Religionslehrer/innen in einer schwierigen Lage. Der größere Teil ihrer „Kundschaft" interessiert sich wenig für die Bibel und den Glauben, und die eigentlich gebotene kritische Herangehensweise an ihre Religion könnte den Arbeitsplatz der Lehrer/innen gefährden. Ich vermute daher, dass sich viele von ihnen unter dem Radar der kirchlichen Aufsicht „durchschlängeln", und es so vermeiden, aus dem Paradies der Festanstellung vertrieben zu werden.

Je mehr Kinder und Jugendliche übereinander wissen, desto besser klappt das Zusammenleben.

Eine steile These. Denn ein Kind, das Intimes aus dem eigenen Leben und Erleben oder aus seiner Familie preisgibt, macht sich angreifbar. Hier bedarf es einer behutsamen Führung durch die Lehrerschaft. Und vermutlich einer Akzentverschiebung in deren Ausbildung, so dass Psychologisches dort mehr Raum bekommt. Ein großes Problem in den Schulen ist nämlich das Mobbing. Dies sollte zukünftig in den Schulen intensiver behandelt werden. Bevor es um Nächstenliebe geht, sollte erst mal ein fairer Umgang mit den Mitschüler/inne/n und Solidarität mit den Opfern von Mobbing geübt werden. Link.

Auch im Mittelpunkt des Religionsunterrichts stehen Kenntnisse über Werte wie Freiheit, Gerechtigkeit und Solidarität. Sie sollen im Religionsunterricht reflektiert und mit Leben gefüllt werden.

a) Freiheit

Dabei sollte besonders auf die Freiheit eingegangen werden, die die Staatsanwaltschaften der BRD bis heute den Kirchen bei Missbrauch und dessen Vertuschung gelassen haben. Hier riecht es stark nach Rechtsbeugung und Strafvereitelung. Den Eifer der Kirchen bei der Aufklärung von Missbrauch und Vertuschung hat Jacques Tilly hier wieder einmal gut auf den Punkt gebracht: reimbibel.de/tilly3. Viele Schüler/innen werden nicht wissen, dass auch im Vatikan systematisch Missbrauchsvertuschung betrieben wurde: Link.

In einem Cartoon von Jacques Tilly - reimbibel.de/tilly1 - heißt es zurecht: *„Gegen erbitterten kirchlichen Widerstand wurden durchgesetzt: Menschenrechte, Meinungsfreiheit, Religionsfreiheit, Pressefreiheit, Rechtsstaat, Frauenemanzipation, Aufhebung der Sklaverei, Folterverbot, Abschaffung der Todesstrafe, Freiheit der Kunst, Abschaffung der Prügelstrafe, Tierrechte."* Dazu ein katholischer Bischof: *„Ok, ok: aber das Patentrecht für die Nächstenliebe liegt immer noch bei uns!"*

b) Gerechtigkeit

Wenn es um Gerechtigkeit geht, kann der Gott der Bibel wegen seiner maßlosen Brutalität zumindest als abschreckendes Beispiel dienen. Er droht mit Sippenhaft, rottet Völker aus, erlaubt Sklaverei und die Unterdrückung von Frauen, befiehlt die Ermordung von Homosexuellen und Andersgläubigen. Seinen eigenen Sohn lässt er besonders qualvoll hinrichten.

c) Solidarität

Kirchen und Politik betrachten Menschen als Egoisten, die altruistisch handeln, wenn sie dafür belohnt werden. Deswegen erscheint ihnen auch eine gut bezahlte Tätigkeit von Predigern und Religionslehrern notwendig zu sein. Würden nur Laien ehrenamtlich die Kirchen verwalten und sog. Gottesdienste und Religionsunterricht abhalten, wäre zu befürchten, dass das Lügengebäude „Kirche" zusammenbrechen würde. Tatsächlich sind aber Menschen in hohem Maße intrinsisch motiviert, anderen Lebewesen zu helfen. Dieses – trotz letztlich egoistischer Gene – biologisch vorgegebene Bedürfnis geht sogar zurück, wenn man es künstlich durch Belohnung fördern will. Dass auch bei den vielen der Menschheit noch bevorstehenden Katastrophen mit viel echter Hilfsbereitschaft gerechnet werden kann, hat Andreas von Westphalen in der folgenden DLF-Sendung näher begründet: Link.

Thema sind auch essentielle Fragen wie: Was bedeuten für mich Liebe, Leid, Tod, oder was ist der Sinn des Lebens?

a) Liebe
Siehe oben oder reimbibel.de/liebe-in-der-bibel.

b) Leid

Das Leiden scheint zum Leben aller Menschen zu gehören: Kummer, Angst, Depression, Minderwertigkeitsgefühle, Liebeskummer, Kränkung, Trennung, Tod eines Angehörigen, Schuldgefühle, Einsamkeit, Verzweiflung, Geburtsfehler, Krankheiten, Verbrechen, Hunger, Dürre, Hitze, Kälte, Mangel an sauberem Wasser, Plagen, Katastrophen, Krieg, Unfälle, Schmerzen, Armut, Elend, Not, Vertreibung, Siechtum. In unterschiedlicher Häufigkeit, Dauer und Intensität haben viele Menschen darunter zu leiden. Da Gott angeblich allmächtig und gütig ist, stellt sich für Gläubige das sog. Theodizee-Problem, das ich hier in Reimen beschrieben habe: reimbibel.de/theodizee. Angesichts des Leids in der Welt ist jedem, der seinen Verstand nicht an der Kirchentür abgegeben hat, klar, dass Gott nicht sowohl allmächtig als auch gütig sein kann. Die Versuche von Theologen, dies Problem zu „lösen", wirken hilflos: Gott sei unbegreiflich, er wolle den Menschen (wie schon Hiob) prüfen und ihm Gelegenheit geben, Nächstenliebe zu zeigen. Das Christentum ist eine Leid-Kultur, in deren Zentrum das Leiden Jesu steht. Unter Bezug auf dessen Passion wird das Leiden des Menschen z.B. wie folgt verklärt:

„Über Jahrhunderte und Generationen hinweg hat sich immer wieder herausgestellt, daß Leiden eine besondere Kraft in sich birgt, die den Menschen innerlich Christus nahebringt, eine besondere Gnade also. Ihr verdanken viele Heilige, wie zum Beispiel der hl. Franziskus, der hl. Ignatius von Loyola u.a., ihre tiefe Umkehr. Frucht einer solchen Umkehr ist nicht nur die Tatsache, daß der Mensch die Heilsbedeutung des Leidens entdeckt, sondern vor allem, daß er im Leiden ein ganz neuer Mensch wird. Er entdeckt gleichsam einen neuen Maßstab für sein ganzes Leben und für seine Berufung. Diese Entdeckung ist eine besondere Bestätigung für die Größe des Geistes, der im Menschen auf unvergleichliche Weise den Leib überragt. Wenn dieser Leib schwerkrank ist und völlig daniederliegt, wenn der Mensch gleichsam unfähig zum Leben und Handeln geworden ist, treten seine innere Reife und geistige Größe um so mehr hervor und bilden eine eindrucksvolle Lehre für die gesunden und normalen Menschen." Papst Johannes Paul II.

Zu dem vielen Irrsinn, den die römisch-katholische Kirche propagiert, gehört auch die Verehrung von „Mutter" Teresa. Diese unbarmherzige Schwester wurde 2016 heiliggesprochen: /mutter-teresa.

c) Sinn des Lebens

Die einen sagen so, die anderen so: Link. Man sollte sich ausreichend, aber nicht zu viel um sich selbst und um andere kümmern. An sich selbst und an andere Menschen möglichst realistische Erwartungen haben. Gute Ideen und Organisationen unterstützen, vielleicht sogar selbst hervorbringen. Üble Ideen und Organisationen nach Kräften bekämpfen, es dabei aber auch nicht übertreiben. In *„Der Sinn des Lebens"* (The Meaning of Life), einem Film der britischen Komikertruppe Monty Python, gibt eine Fernsehansagerin den Sinn des Lebens bekannt:

„Seien Sie nett zu Ihren Nachbarn, vermeiden Sie fettes Essen, lesen Sie ein

paar gute Bücher, machen Sie Spaziergänge und versuchen Sie, in Frieden und Harmonie mit Menschen jeden Glaubens und jeder Nation zu leben."

Solche guten Ratschläge sollte man natürlich befolgen. Und nicht zu viel über den (Un)Sinn des Lebens nachgrübeln.

Religionsunterricht kann auch helfen, sogenannten „einfachen" Lösungen entgegenzutreten, wie sie von manchen fundamentalistisch orientierten Gruppen angeboten werden.

Religionsunterricht kann auch helfen, dass sich jemand zunächst verstärkt für moderate religiöse Auffassungen interessiert und von dort aus zu fundamentalistischen Positionen kommt. Gäbe es keine Religionen, gäbe es auch keine gewaltbereiten Relgioten.
Wenn fünf ehemalige Schüler der ehemals islamischen Religionslehrerin Lamya Kaddor (Grüne, MdB) sich dem IS anschließen, spricht das nicht gerade dafür, dass man mit Religionsunterricht viel zum friedlichen Zusammenleben beitragen kann: Link.

Er ermöglicht somit eine systematische und differenzierte Auseinandersetzung mit vielfältigen religiösen und moralischen Werten unserer Gesellschaft vor dem Hintergrund der eigenen konfessionellen Identität.

Für eine solche Auseinandersetzung eignet sich besser ein gemeinsamer nicht konfessioneller Religionskunde- und Ethikunterricht.

Was lernen Schülerinnen und Schüler im Religionsunterricht?

Religionsunterricht bietet mehr als ethische Orientierung.

Da Religionen von uralten Fantasiegeschichten ausgehen, viel Unsinn enthalten und vor allem die abrahamitischen Religionen intolerant sind und Gewalt verherrlichen, tragen sie nicht zu einer angemessenen ethischen Orientierung bei, wie sie z.B. in der Erklärung der Menschenrechte (UN, 1948) niedergelegt sind: Link.

Neben der Vermittlung von grundlegendem Wissen über die eigene Religion und ihren kulturellen und historischen Kontext schaut der Religionsunterricht hinter die „ersten" und die „letzten" Dinge, gerade auch dort, wo andere Wissenschaften keine Antworten geben können...

Andere Wissenschaften? Religion ist nicht Wissenschaft, sondern Irrsinn.

a) Die „ersten" Dinge
Über das uns bisher bekannte riesige Universum weiß die Bibel so gut wie nichts. Die beiden Schöpfungsberichte mag man schön finden, aber wissenschaftlich sind sie wertlos. Statt Kinder und Jugendliche religiös zu indoktrinieren, sollten sie schon in der Grundschule etwas über die Evolution erfahren: evokids.de, Link. Das Buch Genesis schaut nicht hinter die ersten Dinge, sondern erzählt Märchen und hochproblematischen Unsinn.

b) Die „letzten" Dinge
Zu den letzten Dingen gehört das Sterben. Es scheint, dass die meisten Tiere und Menschen unter Qualen sterben. Während es erlaubt und üblich ist, Haustieren sinnloses Leiden vor dem Tod zu ersparen, ist das Töten von Menschen, auch wenn dies vom Sterbenden erbeten wird, durch § 216 StGB verboten. Die inzwischen wieder legale ärztliche Suizidhilfe wurde und wird von kirchennahen Politiker/inne/n bis heute stark behindert: 217stgb.com. Es ist weiterhin zu befürchten, dass kirchennahe Abgeordnete (die

es nicht nur in der CDU/CSU gibt) einen neuen § 217 verabschieden werden, der psychiatrische Begutachtungen und lange Wartefristen vorschreibt. Das für einen Suizid besonders geeignete Betäubungsmittel Natrium-Pentobarbital darf in Deutschland weiterhin nur an Tierärzte ausgeliefert werden. Derzeit dürfte es sehr schwierig sein, hierzulande einen Arzt zu finden, der grundsätzlich bereit ist, notfalls Suizidhilfe zu leisten. Zudem gibt es eine zum Teil hochkriminelle, pseudomedizinische Lebensverlängerungsindustrie, die profitorientiert ist und durch unnötige Eingriffe und Behandlungen Menschen möglichst lang am Sterben hindert. Siehe das Buch von Matthias Thöns: *Patient ohne Verfügung (4. Aufl., 2018).*

Tote Menschen werden verbrannt oder zerfallen langsam in ihre Bestandteile. Wiederauferstehung und Jüngstes Gericht mit anschließender Unterbringung im Himmel oder in der Hölle sind nicht mehr als ein fast 2000 Jahre altes Gerücht.

Schülerinnen und Schüler lernen im Religionsunterricht auf der Grundlage der heiligen Schriften ihres Bekenntnisses. An Beispielen aus der Geschichte und dem Leben sowie den Traditionen der Kirchen und Religionsgemeinschaften beschäftigen sich Kinder und Jugendliche altersgemäß mit den Grundzügen eines religiös geprägten Lebens. So lernen sie Wertmaßstäbe und Orientierungen zu entwickeln, „hinter die Dinge zu sehen" und die Welt als „Schöpfung" zu verstehen.

Es ist erstaunlich, dass auch heute noch vielen Menschen die Bibel heilig ist. Den meisten Menschen ist dies leider extrem einflussreiche Buch aber so heilig, dass sie es erst gar nicht in die Hand nehmen oder nur einzelne Passagen daraus lesen. Davon profitieren die Kirchen, die aus diesem an Grausamkeiten Gottes reichen Sammelwerk „Rosinen" herauspicken und behaupten, der ebenfalls heilige Geist Gottes habe die Autoren dieser (meist üblen) Schriften inspiriert. Von längst schon bei anderen Völkern bekannten Verboten und Geboten abgesehen, liefert die Bibel weder Wertmaßstäbe noch Orientierung, sondern beschreibt Gott als einen besonders üblen Psychopathen: Link. In Teil 1 dieser schrecklichen Schrift droht und mordet dieser eifersüchtige Gott immer wieder wie ein Verrückter. In Teil 2 ruft er dazu auf, seinen Nächsten und sogar seine Feinde zu lieben. Zum Verständnis des Universums trägt die Bibel nichts, zum Verständnis der Natur und des Lebens auf der Erde nur wenig bei.

Da es sich bei den „heiligen Schriften" um eine Mischung von Irrtum und Schwindel handelt, schaut man nicht „hinter die Dinge", sondern wird als Schüler/in zum Teil immer noch dazu verleitet, an einen fiktiven „Schöpfer" zu glauben, der die Welt an sechs Tagen, Adam aus Lehm und Eva aus einer Rippe erschaffen hat. Zwar kann auch die Evolutionslehre nicht alles erklären, aber sie führt zu einem wesentlich besseren und vor allem realitätsnahen Verständnis des Universums, der Erde, der Pflanzen, Menschen, Tiere und Mikroorganismen als die Mythen, Märchen und Legenden der Bibel und die Katechismen der Kirchen.

Ein wichtiges Ziel des Religionsunterrichts ist dabei, das Zusammenleben mit Angehörigen anderer Glaubensgemeinschaften in gegenseitiger Achtung und Zuwendung zu fördern. Schülerinnen und Schüler lernen, dass Offenheit, Toleranz und Respekt zwischen Menschen und Gesellschaften mit verschiedenen Religionen und Weltanschauungen wichtig sind. Dies ist ein wesentlicher Bestandteil der persönlichen Identitätsbildung. ...

Ob der RU tatsächlich Achtung, Zuwendung, Offenheit, Toleranz und Respekt gegenüber Andersgläubigen und sog. Atheist/inne/n fördert, weiß niemand. Es ist eher zu erwarten, dass die „eigenen" Vorstellungen gefestigt werden, und das Verständnis für andere Welt- und Jenseitsanschauungen gering bleibt. Sogar schon geringfügige Unterschiede in den religiösen Auffassungen von Katholiken und Protestanten sowie Sunniten und Schiiten haben bis in die Gegenwart dazu geführt, dass sich von „Experten" aufgehetzte Menschen gegenseitig die Schädel eingeschlagen haben. Motto: *„Du wirst dran glauben oder du wirst dran glauben." (Michael Schmidt-Salomon)*

Zu den religiösen Traditionen von gläubigen Juden und Muslimen gehört die gesetzlich ausdrücklich erlaubte Beschneidung der Vorhaut von männlichen Säuglingen und Knaben. Eine irreversible Körperverletzung und Sauerei erster Güte.

Ist Religionsunterricht verpflichtend?

Bekenntnisorientierter Religionsunterricht ist ordentliches Unterrichtsfach, das auch benotet wird. Grundlage sind Artikel 7 des Grundgesetzes und Artikel 14 der Landesverfassung sowie das Schulgesetz für Nordrhein-Westfalen.
Der Religionsunterricht in einem Bekenntnis wird allgemein vom Schulministerium eingeführt. Der jeweilige Religionsunterricht wird in Übereinstimmung mit Grundsätzen der Kirche/Religionsgemeinschaft erteilt. ...

Ist eine Befreiung vom Religionsunterricht möglich?

Bei Schülerinnen und Schülern, die noch nicht 14 Jahre alt und somit noch nicht religionsmündig sind, erfolgt die Abmeldung durch die Eltern. Umgekehrt können Schülerinnen und Schüler in Abstimmung mit der unterrichtenden Religionslehrkraft auch dann am Religionsunterricht teilnehmen, wenn sie dem jeweiligen Bekenntnis nicht angehören.

Sofern der Unterricht interessant ist, kein guter „Ersatzunterricht" angeboten wird, und sich die eigene kritische Einstellung zu Glauben und Kirche nicht negativ auf die Zensur auswirkt, kann es sinnvoll sein, auf das Recht auszutreten zu verzichten. Von intensiven Auseinander-setzungen mit intensiv gläubigen Eltern möchte ich Kindern und Jugendlichen grundsätzlich abraten. Außerdem sollte man sich einen Austritt aus der Kirche gut überlegen, wenn man vorhat, eventuell im sozialen oder medizinischen Bereich beruflich tätig zu werden.

Schülerinnen und Schüler der Sekundarstufe I, die nicht am Religionsunterricht teilnehmen, erhalten in vielen Schulen das verpflichtende Angebot „Praktische Philosophie". In der Sekundarstufe II wird das Fach „Philosophie" erteilt.

Siehe dazu reimbibel.de/ethikunterricht. Wird kein „Ersatzunterricht" angeboten, muss die Schule wegen ihrer Aufsichtspflicht fürs *„Heidenhüten"* (P. Daheim) sorgen.

Ist die Teilnahme am Schulgottesdienst oder an religiösen Festen verpflichtend?

Der Schulgottesdienst ist eine freiwillige schulische Veranstaltung. Die Schülerinnen und Schüler entscheiden unabhängig von ihrer Teilnahme am Religionsunterricht, ob sie am Schulgottesdienst teilnehmen. Bei noch nicht 14 Jahre alten Schülerinnen und Schülern entscheiden dies die Eltern. Für Schülerinnen und Schüler, die nicht am Schulgottesdienst teilnehmen, stellt die Schule die Aufsichtspflicht sicher. ...

Schluss mit der religiösen Indoktrination an Schulen!
reimbibel.de/religionen-trennen

Religionen trennen, spalten,
weil sie sich für wichtig halten,
aber Fake News nur verwalten.
Doch um Zukunft zu gestalten,
hilft uns nicht das Händefalten.

Die den Glauben progagieren,
Kinder schon indoktrinieren,
sollten langsam mal kapieren,
dass sie sich nur noch blamieren,
wenn sie über „Gott" dozieren.

Die den Unsinn kultivieren,
kann und muss man kritisieren,
wenn sie Kinder infizieren,
drohen und moralisieren
und oft Andre diffamieren.

Schüler soll man motivieren,
dass sie nicht den Quatsch goutieren,
den oft Lehrer präsentieren,
wenn sie frömmelnd spekulieren,
wenn sie Unsinn implantieren.

Was glauben die Deutschen noch?
reimbibel.de/statistik

1950 waren noch fast alle Deutschen Mitglied der katholischen oder der evangelischen Kirche. Aber spätestens 1968 begann eine Erosion des christlichen Aberglaubens.
Laut Allensbach (1989) glaubten von den Katholiken nur noch 84% an Gott, 63% an dessen Allmacht, 51% an die Jungfräulichkeit Marias und 46% an eine Auferstehung von den Toten. Bei den Evangelischen lagen die entsprechenden Zahlen noch deutlich niedriger. 2001 glaubten von den Deutschen nur noch 61% an Gott, 34% an den Himmel, 16% an den Teufel und 12% an die Hölle. Laut der EKD waren 2022 nur noch 13% der Bevölkerung im kirchlichen Sinne religiös.

Ethikunterricht
reimbibel.de/ethikunterricht

Statt wie üblich Kindern und Jugendlichen in den Schulen entsprechend der Weltanschauung ihrer Eltern getrennt Religionsunterricht und evtl. Ethikunterricht zu erteilen, wäre es besser, grundsätzlich alle Schüler/innen gemeinsam über Religionen, Ethik, Politik und Philosophie zu unterrichten und mit allen gemeinsam zu diskutieren. Dagegen wehren sich die Kirchen vehement.

2005 wurde die 23-jährige deutsch-kurdische Berlinerin Hatun Sürücü von ihrem Bruder ermordet, weil sie sich den konservativen Vorschriften ihrer Familie entzogen hatte. Daraufhin hat der Berliner Senat entschieden, ab 2006 für die Klassen 7 bis 10 einen gemeinsamen Ethikunterricht als Pflichtunterricht einzuführen. Dies ist anscheinend von den Schüler/innen bis heute gut angenommen worden. Religionsunterricht wird - ebenfalls in den Stufen 7 bis 10 - nur noch als Wahlfach angeboten. Aber der Teufel steckt wieder mal im Detail, und es zeigt sich, dass auch hier die Kirchen und deren Anhänger/innen die Finger im Spiel haben.

Zu den Möglichkeiten und Problemen des Berliner Ethikunterrichts hat Beate Turner eine Reihe von Texten verfasst. Es geht dabei besonders um die Vereinnahmung des Ethikunterrichts durch die Kirchen und kirchennahe Lehrer/innen und Autor/innen. Turner macht nicht nur deutlich, wie schwach die religiös motivierte Argumentation in diesen Texten meist ist, sondern unterbreitet auch selbst viele gute Vorschläge für die schulische Erörterung ethisch relevanter Fragen: Links. Ihre kritisch-konstruktiven Betrachtungen empfehle ich auch denen, die nicht unmittelbar als Lehrer, Eltern oder Schüler mit dem Ethikunterricht zu tun haben, sich aber für

ethische Fragen und deren Diskussion in der Öffentlichkeit interessieren. Ebenfalls empfehlen kann ich den 2021 erschienenen Artikel *"Ethikunterricht für alle"* von Naila Chikhi: Link.
Themenplan der Fachbereiche Religion und Ethik am Herder-Gymnasium in Berlin: reimbibel.de/21-2
Lehrplan Ethik (Entwurf, 2020, NRW) reimbibel.de/22-2

Reimbibeln für Schüler und Schülerinnen
reimbibel.de/reimbibeln-fuer-schueler

Christen betreiben seit 2000 Jahren religiöse Desinformationskampagnen. Hier und heute spielt dabei der Religionsunterricht eine wesentliche Rolle. Der Staat organisiert und finanziert an den meisten Schulen in Deutschland immer noch die christliche Gehirnwäsche von Schüler/innen. Nicht zuletzt dadurch werden leichtgläubige Kinder und Jugendliche daran gewöhnt, zusammengesponnenen Blödsinn zu glauben.

Ich habe daher im Mai 2022 damit begonnen, vor Schulen Reimbibeln zu verschenken. Nicht unbedingt zur Freude der Schulleiter/innen, Das reicht bisher von keine Reaktion auf zugeschickte Reimbibeln über *"Geht schon mal rein, ihr braucht das nicht anzunehmen!"* (Annette-Gymnasium in Düsseldorf) bis zur unnötigen Alarmierung polizeilicher Einsatzkräfte (Goethe-Gymnasium): reimbibel.de/goethe-gymnasium-duesseldorf.

Wer an antiklerikaler Aufklärung interessiert ist, Zeit und Geld hat und nicht untätig hinnehmen möchte, dass viele Schüler/innen immer noch auf Kosten aller Steuerzahler gezielt verblödet werden, kann von mir diese Ausgabe der Reimbibel zum Verschenken vor Schulen für ca. 6 Euro erhalten.

Die Briefe des René an Max Hofer
reimbibel.de/rene

„Hochverehrter Oberhirte,
folgendes mich sehr verwirrte:
Vegetarier bin ich nun,
esse weder Rind noch Huhn.
Ist es dann noch für mich gut,
wenn ich esse Fleisch und Blut
unsres Herrn beim Abendmahl?
Gehe ich im Glauben fehl,
dass dies Stück aus Weizenmehl
durch den Priester fleischlich wird,
wenn sich nicht die Kirche irrt?
Außerdem wird Wein zu Blut,
was den Fall erschweren tut.
Rettet mich aus Seelenqual!
Wäre wirklich äußerst froh,
käme Antwort subito.
Fredi Kummer freundlich grüßt
seinen lieben Bischof Wüst."

Lange hat man nachgedacht,
was man mit Herrn Kummer macht.
Schrieb dem Kummer einen Brief,
weil der ja nach Hilfe rief:
„Bischof Wüst hat mir gesagt,
dass von Skrupeln Sie geplagt.
Dessen Wort zur Fastenzeit
schick' ich Ihnen zum Geleit.
Segen wünsch' ich Ihnen sehr,
Hofer, Max, der Sekretär."

„Jetzt fühl ich mich fast noch dummer"
schrieb darauf der Fredi Kummer.
„Sieben Seiten las ich zwar,
doch noch sehe ich nicht klar."
Hofer sprach darauf mit Hopp,
der in solchen Fragen topp.
Beide zu den Schluß gelangen:
„Können Kommunion empfangen."

Isst nun Fleisch und trinkt das Blut,
doch weil sein Gehirn nicht ruht,
lässt er das dann wieder sein,
Kummer braucht jetzt reinen Wein:

„… bitte ich Sie, zu verkünden,
wie es aussieht mit den Gründen."

Das geht Hofer nun zu weit,
schließlich kostet so was Zeit:
„Brieflich kann ich das nicht sagen,
bitte Ihren Priester fragen."

Kummer ist 'ne harte Nuss,
will den Grund für den Beschluss.
Kummer schreibt zurück an Hofer:
„Jetzt wird es ja immer doofer.
Schreibe mir die Finger wund,
doch erfahre nicht den Grund."
Gibt noch diesen Fingerzeig:
„Trete in Oblatenstreik."

Doch direkt nach diesem Letter
findet Kummer seinen Retter.
Weil er's endlich wissen muss,
fragt er einen Chemikus.

Dieser sagt ihm klipp und klar:
„Abendmahl ist durchführbar.
Brot bleibt Brot und Wein bleibt Wein,
soll ja nur symbolisch sein.
Vegetarisch wirst Du bleiben
beim Oblateneinverleiben."
Also wurde Kummer fündig,
weiß den Grund jetzt kurz und bündig.
Fredi Kummer ist begeistert,
wie der Chemikus das meistert.
Schreibt drum an den Hofer Max:
„War für'n Chemiker ein Klacks".

Hofer zeigt sich hocherfreut,
was er dann jedoch bereut.

Fredi Kummer schreibt ihm nämlich:
„Nur Erlaubnis – das ist dämlich.
Hörte ich doch nicht den Grund
von Hochwürden bis zur Stund'."

Spät erst wurde Hofer klar,
wer der Briefe Schreiber war.
René Schweizer heißt der Mann,
der den Schabernack getan.

Josephs Legenden
reimbibel.de/jl

Einst Chef der Glaubensperversion,
dient Joseph nun als Papst in Rom.
Ein Mann von hohem Intellekt,
den er jedoch sehr oft versteckt.

„Der Herrgott neigt nicht zur Gewalt!"
Ein leicht umstritt'ner Sachverhalt.
Ich rat dem Papst, vor solchen Thesen
die Bibel mal von vorn zu lesen.

Zum Beispiel neigt der Herr zur Wut,
dann gibt's schon mal 'ne kleine Flut.
Der gottverstockte Pharao,
ward nie mehr seines Lebens froh.

Und immer wieder: Völkermord,
des Herren liebster Freizeitsport.
Was Er dereinst mit Hiob trieb,
war auch nicht wirklich menschenlieb.

„Die Nazis haben uns verführt!",
sprach Ratz in Auschwitz tief gerührt.
Der Heil'ge Vater hat Format
und quatscht nicht blöd vom Konkordat.

„Nicht ganz so gut wie Christen
sind Allahs Islamisten!"
Nach dieser kleinen Ferkelei
flog Joseph flugs in die Türkei,

wo er keck „Allah akbar" rief.
Dann lächelte er etwas schief.
Danach prüft er, zurück in Rom:
„Wie halten wir's mit dem Kondom?

Das rettet zwar manch Leben,
doch fördert es das Streben
nach Fleisch- und Sinneslust,
was schmerzlich uns bewusst."

Drum macht Jupp Propaganda
vom Nordpol bis Ruanda:
„Beherrschet eure Körperlust,
ein frommer Christ genießt den Frust.

Zwar Jesus ging beim Weibe ein,
doch nahm er je Kondome? Nein!
Er war dagegen ziemlich strikt,
sonst gäb's davon ja ein Relikt."

So ward gelöst der Fickkonflikt
durch das Verdikt des Benedikt.
Und jubelnd singt der Engel Chor:
„Der Alois, der hat Humor."

Sein nächstes großes Reiseziel
war dann das schöne Land Brasil.
„Wir haben mit der Welt Erbarmen,
vor allem mit den armen Armen.

Doch bitte keine Übereilung,
bewährt hat sich die Landverteilung."
Dann wünschte er noch Höllenqualen
den bösen Evangelikalen.

Den Indianern schenkt er Trost,
was diese allerdings erbost:
„Das Christentum ward ausgedehnt
auf Menschen, die das still ersehnt."

Sehr viele wurden ausgerottet,
weil sie nicht Gott den Herrn vergottet.
Zu retten der Indianer Seelen,
versuchte man's mit Mord und Quälen.

Zum Schluss sprach Ratz noch schnell
und eilig Galvao wegen Heilens heilig.
Beim Beten konnte dieser schweben,
fast Tote konnten wieder leben.

Als Kardinal war Ratz sehr schroff
zu Küng und Leonardo Boff.
Hans Küng verlor sein Lehreramt,
zum Schweigen wurde Boff verdammt.

Die Pius-Brüder hat er lieb,
nachdem man sie zuerst vertrieb.
Die werden doch nicht etwas wissen,
was Jupp nicht dient als Ruhekissen?

Der Papst neigt nicht zu Sinneswandel,
in Köln gab's sogar Ablasshandel.

Auch hält er viel von Exorzisten,
das freut so manchen frommen Christen.

Bleibt noch, die Juden zu bekehren,
damit den Heiland sie verehren.
Die Juden weigern sich indessen,
den Leib des Herren aufzuessen.

Die Pädokriminalität
bekämpfte Joseph eher spät.
Von Missbrauch wusste er zwar viel,
doch Transparenz ist nicht sein Stil.

Noch schlimmer als der schlimmste Christ
ist für den Papst der Atheist.
Befreit vom Weihrauchkirchenmief,
sinkt solch ein Mensch moralisch tief.

Da er nicht an die Hölle glaubt,
er Mord und Totschlag sich erlaubt.
Am liebsten überfällt er Polen,
und was er hat, ist meist gestohlen.

Der Chef der Glaubensdiktatur
sorgt sich ums Wohl der Kirche nur.
Sein Geist war bis zuletzt sehr wach,
doch wurde sein Gedächtnis schwach.

Kirchenkritische Plakate
reimbibel.de/kk

Ich hab was gegen die Bibel, das Christentum und die verfassungswidrige Privilegierung der Kirchen durch Bund, Länder und Kommunen: Argumente.

Diese Argumente präsentiere ich seit 2023 in Form von 18 kleinen Plakaten. Für vier Tage Infostand in der Düsseldorfer Altstadt kostete mich diese Ausübung der Meinungsfreiheit beim Ordnungsamt eine Sondernutzungsgebühr von 35 Euro.

Da Demos kostenlos sind, suche ich für deren Durchführung jeweils mindestens zwei Personen, die mitmachen. In Düsseldorf, Köln und weiteren Städten.

§ 166 StGB

Mittels § 166 StGB kann die "Beschimpfung von Bekenntnissen, Religionsgesellschaften und Weltanschauungsvereinigungen" bestraft werden. Er lautet seit dem 1.1.2021:

(1) Wer öffentlich oder durch Verbreiten eines Inhalts (§ 11 Absatz 3) den Inhalt des religiösen oder weltanschaulichen Bekenntnisses anderer in einer Weise beschimpft, die geeignet ist, den öffentlichen Frieden zu stören, wird mit Freiheitsstrafe bis zu drei Jahren oder mit Geldstrafe bestraft. (2) Ebenso wird bestraft, wer öffentlich oder durch Verbreiten eines Inhalts (§ 11 Absatz 3) eine im Inland bestehende Kirche oder andere Religionsgesellschaft oder Weltanschauungsvereinigung, ihre Einrichtungen oder Gebräuche in einer Weise beschimpft, die geeignet ist, den öffentlichen Frieden zu stören."

1985 wurde ein Medizinstudent freigesprochen, der die RKK als „größte Verbrecherorganisation aller Zeiten" bezeichnet hatte. Dabei half ihm ein Gutachten von Karlheinz Deschner.

2012 entschied ein Amtsgericht in Berlin, die röm.-kath. Kirche dürfe vor dem Hintergrund der Missbrauchsfälle „Kinderfickersekte" genannt werden.

Ob jemand bestraft wird, hängt stark von der Reaktion der beschimpften Person oder Organisation ab. Als Beweis für eine Störung des öffentlichen Frie-dens wurde auch schon ein auf die Beschimpfung folgender körperlicher Angriff auf die Person angesehen, von der die Beschimpfung ausging. Verurteilungen sind aber inzwischen selten. Weil bereits Beleidigungen und Volksverhetzung strafbar sind, sollte § 166 StGB ersatzlos gestrichen werden.

Reaktionen auf die Reimbibel

Von 2009 - 2013 erschien die Reimbibel als ein kleines Taschenbuch. Es gab bei Amazon viel Lob. Ein Leser vergab aber nur drei Sterne und schrieb:

„Ich glaube nicht, dass Klosterhalfen
beim Reimen die im Kloster halfen!
Zu boshaft sind die Verse
(nicht alle, doch diverse).
Fünf Punkte für die Poesie,
Null Punkte für die Blasphemie."

Ein weiterer Leser fühlte sich getäuscht. Er hatte nicht erwartet, dass es sich bei mir um einen „glühenden Atheisten" handelt.

In einer Zeitschrift für Religionslehrer war von plattem Atheismus die Rede. Eine gut begründete Kritik hat es von christlicher Seite bisher nicht gegeben.

Als ich im November 2023 auf der Facebook-Seite von Bibel TV ein bibelkritisches Gedicht gepost habe (reimbibel.de/quasisuizid), schrieb mir Elisabeth Hope:
„SIE WOLLEN ES NICHT VERSTEHEN UND ZIEHEN ES INS LÄCHERLICHE! (DEM TEUFEL GEFÄLLT ES - DA ER DANN NICHT ALLEINE IN DER EWIGEN VERDAMMNIS IST.)"

Für Erheiterung bei mir sorgte die Antwort der Redaktion von Bibel TV:

„Hallo **Wolfgang Klosterhalfen**, sollten Sie mal Interesse an dem Original anstatt Klosterhalfens kleine Reimbibel haben, dann schauen Sie gerne in unserer Bibelthek vorbei: https://www.bibeltv.de/bibelthek/"
Danach wurde ich von Facebook zum Bibel-TV-Top-Fan ernannt. Haleluja!

Religionskritik

Religionskritik ist so alt wie die Religionen selbst. Das gilt auch für die drei abrahamitischen Religionen und deren Abspaltungen. Im Alten Testament wird immer wieder berichtet, dass der Jahwe-Kult auf Ablehnung stieß. Und später kritisieren Jesus und Paulus das Judentum.

Kaum war das Christentum an der Macht, hat es die „Heiden" nicht nur kritisiert, sondern auch brutal verfolgt. Religionskriege gibt es bis heute. Mal ist das so offensichtlich wie auf dem Balkan oder im Nahen Osten, mal weniger deutlich wie beim Krieg Russlands gegen die Ukraine.

Offfensichtlich hat es in den letzten 2.000 Jahren trotz Philosophie, Aufklärung, bedeutender naturwissenschaftlicher Erkenntnisse, Aufklärung, kritischer Theologie und Kirchenkrittik zuviel Toleranz der Intoleranz und zu wenig überzeugende Religionskritik gegeben.

Kreuze in bayerischen Behörden

Das Bundesverwaltungsgericht entschied Ende 2023, dass das Aufhängen von Kreuzen in allen bayerischen Behörden nicht der staatlichen Pflicht zu religiösweltanschaulicher Neutralität widerspreche (Az. BVerwG 10 C 3.22 und 10 C 5.22).

2018 hatte Ministerpräsident Markus Söder (CSU) per Verwaltungsvorschrift verfügt, dass im Eingangsbereich eines jeden Dienstgebäudes als Ausdruck der geschichtlichen und kulturellen Prägung Bayerns gut sichtbar ein Kreuz anzubringen sei. Quelle: hpd.de

Wird das Bundesverfassungsgericht nun feststellen, dass Bayern gegen seine Neutralitätspflicht verstoßen hat?

Bibel oder Koran?

1. Und wo ein Mannsbild wird nicht beschnitten an der Vorhaut seines Fleisches, des Seele soll ausgerottet werden aus seinem Volk, darum dass es meinen Bund unterlassen hat.

2. Wer Vater oder Mutter flucht, der soll des Todes sterben.

3. Die Zauberinnen sollst du nicht leben lassen.

4. Gürte ein jeglicher sein Schwert um seine Lenden und durchgehet hin und zurück von einem Tor zum andern das Lager, und erwürge ein jeglicher seinen Bruder, Freund und Nächsten.

5. Wer die Ehe bricht mit jemandes Weibe, der soll des Todes sterben, beide, Ehebrecher und Ehebrecherin.

6. Denn wer seinen Leib nicht kasteit an diesem Tage, der soll aus seinem Volk ausgerottet werden. Und wer dieses Tages irgend eine Arbeit tut, den will ich vertilgen aus seinem Volk.

7. Und will wilde Tiere unter euch senden, die sollen eure Kinder fressen und euer Vieh zerreißen und euer weniger machen, und eure Straßen sollen wüst werden.

8. Werdet ihr aber dadurch mir noch nicht gehorchen und mir entgegen wandeln, so will ich euch im Grimm entgegen wandeln und will euch siebenmal mehr strafen um eure Sünden, daß ihr sollt eurer Söhne und Töchter Fleisch essen.

9. So erwürget nun alles, was männlich ist unter den Kindern, und alle Weiber, die Männer erkannt und beigelegen haben; aber alle Kinder, die weiblich sind und nicht Männer erkannt haben, die laßt für euch leben.

10. Ist's aber Wahrheit, daß die Dirne nicht ist Jungfrau gefunden, so soll man sie heraus vor die Tür ihres Vaters Hauses führen, und die Leute der Stadt sollen sie zu Tode steinigen,

11. Und fürchtet euch nicht vor denen, die den Leib töten und die Seele nicht können töten. Fürchtet euch aber vielmehr vor dem, der Leib und Seele verderben kann in der Hölle.

12. Wohl dem, der deine jungen Kinder nimmt und zerschmettert sie an dem Stein!

13. Und der Mann ist nicht geschaffen um des Weibes willen, sondern das Weib um des Mannes willen.

Test und Quellenangaben hier:
reimbibel.de/bibel-oder-koran

Staatsleistungen

Auf der „Basis" uralter Verträge, z.B. dem Reichsdeputationshauptschluss von 1803, erhalten die Kirchen jährlich Staatsleistungen. Diese betragen zur Zeit etwa 600 Millionen Euro. Laut Reichsdeputationshauptschluss waren aber die Zahlungen an Bischöfe auf deren Lebenszeit begrenzt. Seit 1919 ist der deutsche Staat gesetzlich verpflichtet, diese Leistungen abzulösen. Die Bundesländer weigern sich aber, die von den Kirchen geforderten hohen Summen zu leisten. Daher müssen bis heute auch "Atheisten" z.B. die Gehälter von Bischöfen bezahlen. Noch größere finanzielle Vorteile haben die Kirchen, weil theologischen Fakultäten und Religionslehrer vom Staat bezahlt werden. Außerdem sind die Kirchen von den folgenden Steuern befreit: Kapitalertragssteuer, Grundsteuer, Grunderwerbssteuer, Erbschaftssteuer.
Sie zahlen auch keine Gerichtsgebühren.

Staatliche Mitfinanzierung von Kirchentagen

In Deutschland findet jedes Jahr ein Katholikentag oder ein evangelischer Kirchentag statt. Diese Glaubensfeste werden fast ausschließlich von Christen besucht, aber von den jeweiligen Städten und Bundesländern sowie dem Bund finanziell unterstützt. Das Geld geht nicht direkt an die beiden Kirchen, sondern an einen Verein, der von christlichen Laien jeweils neu gegründet wird und im Unterschied zu den reichen Kirchen ohne Vermögen ist. Diese Subventionierung steht im Widerspruch zum Grundgesetz, wonach es keine Staatskirche gibt und gemäß Artikel 3 niemand wegen seines Glaubens oder seiner religiösen Anschauungen bevorzugt werden darf.
Informationen zu den letzten Kirchentagen, auf denen auch der Bundespräsident und der Bundeskanzler sprachen:

Ev. Kirchentag in Nürnberg (2023)
Besucher: 70.000, der Bundespräsident sprach im Rahmen des Eröffnungsgottesdienstes und leitete einen Bibelkreis.
Staat: 10.000.000 € (143 € pro Christ/in)
Kirche: 11.000.000 €

Katholikentag in Erfurt (2024)
Besucher: 40.000
Staat: 2.300.000 € (57 € pro Christ/in)
Kirche: 4.800.000 €
Für das berühmte Krämerbrückenfest gab Erfurt 2023 nur rund 300.000 Euro aus – konnte damit aber über 110.000 Besucher anlocken. (Quelle: hpd.de)

Ev. Kirchentag in Düsseldorf (2027)
Besucher: 100.000 (?)
Bund: 500.000 € (5 € pro Christ/in)
Land: 7.500.000 € (75 € pro Christ/in)
Stadt: 75.800.000 € (58 € pro Christ/in)
Düsseldorfer Karneval: 0.03 € pro Person
reimbibel.de/2027-2

Zum Streit um die professionelle Suizidhilfe

§ 21 Am 6.11.2015 haben vor allem Abgeordnete der CDU/CSU sowie etwa 40% der SPD-Fraktion erfolgreich dafür gestimmt, dass die sog. geschäftsmäßige Suizidhilfe durch § 217 StGB verboten wird. Mit dem irreführenden Begriff "geschäftsmäßig" war gemeint "auf Wiederholung angelegt".

§ 217 war stark religiös motiviert. Nicht der Mensch habe das Recht, über Art und Zeitpunkt seines Todes zu entscheiden, sondern nur Gott. Entsprechend ging die Initiative für ein Suizidhilfeverbot von den Kirchen, deren Organisationen und christlichen Abgeordneten aus.

Durch § 217 sollte Sterbehilfe-Vereinen und wiederholt tätigen Suizidhelfern "das Handwerk gelegt werden". Die Folge war, dass aussichtsloses Leiden vor dem Tod nicht mehr auf sichere und schmerzlose Weise abgekürzt werden konnte.

Diesem inhumanen und verfassungswidrigen Gesetz haben anschließend der Bundesrat, Bundeskanzlerin Merkel und Bundespräsident Gauck zugestimmt.

Nach (zu) langer Prüfung von Verfassungsbeschwerden von Patienten, Ärzten und Suizidhelfern hat das Bundesverfassungsgericht am § 217 für verfassungswidrig und daher nichtig erklärt. In seiner Presseerklärung hat das Gericht festgestellt:

"Das allgemeine Persönlichkeitsrecht (Art. 2 Abs. 1 in Verbindung mit Art. 1 Abs. 1 GG) umfasst ein Recht auf selbstbestimmtes Sterben. Dieses Recht schließt die Freiheit ein, sich das Leben zu nehmen und hierbei auf die freiwillige Hilfe Dritter zurückzugreifen. Die in Wahrnehmung dieses Rechts getroffene Entscheidung des Einzelnen, seinem Leben entsprechend seinem Verständnis von Lebensqualität und Sinnhaftigkeit der eigenen Existenz ein Ende zu setzen, ist im Ausgangspunkt als Akt autonomer Selbstbestimmung von Staat und Gesellschaft zu respektieren. Mit dieser Begründung hat der Zweite Senat mit Urteil vom heutigen Tage entschieden, dass das in § 217 des Strafgesetzbuchs (StGB) normierte Verbot der geschäftsmäßigen Förderung der Selbsttötung gegen das Grundgesetz verstößt und nichtig ist, weil es die Möglichkeiten einer assistierten Selbsttötung faktisch weitgehend entleert. Hieraus folgt nicht, dass es dem Gesetzgeber von Verfassungs wegen untersagt ist, die Suizidhilfe zu regulieren. Er muss dabei aber sicherstellen, dass dem Recht des Einzelnen, sein Leben selbstbestimmt zu beenden, hinreichend Raum zur Entfaltung und Umsetzung verbleibt."

Für noch einigermaßen gesunde Bürger/innen, die an Suizidhilfe interessiert sind, ist die folgende Passage aus der Begründung des Urteils wichtig:

„Das Recht auf selbstbestimmtes Sterben ist als Ausdruck personaler Freiheit nicht auf fremddefinierte Situationen beschränkt. Das den innersten Bereich individueller Selbstbestimmung berührende Verfügungsrecht über das eigene Leben ist insbesondere nicht auf schwere oder unheilbare Krankheitszustände oder bestimmte Lebens- und Krankheitsphasen beschränkt. Eine Einengung des Schutzbereichs auf bestimmte Ursachen und Motive liefe auf eine Bewertung der Beweggründe des zur Selbsttötung Entschlossenen und auf eine inhaltliche Vorbestimmung hinaus, die dem Freiheitsgedanken des Grundgesetzes fremd ist." (Rn 210)

Siehe auch: 217stgb.com

Schlusswort

Das Christentum in seinem Lauf
hält die Vernunft so schnell nicht auf.
Partiell um den Verstand beraubt,
der Christ an Gott im Himmel glaubt.

Das Christentum ist ohne Frage
der größte Blödsinn unsrer Tage.
Es ist noch immer einflussreich
und predigt Kinderhirne weich.

reimbibel.de/christentum
reimbibel.de/kirchenkritik

NON CREDO QUIA ABSURDUM

Fragen, Kommentare, Anregungen:
wk@reimbibel.de
fb.com/wolfgang.klosterhalfen

Der böse, böse Beelzebub
dies böse, böse Büchlein schrub.
Er will die Christen damit testen,
ihm widerstehen nur die Besten.